新 視 野

中華經典文庫

新 視 野

中華經典文庫

水經注

名譽主編 饒宗頤

導讀及譯注 張偉國

中華書局

新視野中華經典文庫

水經注

□
導讀及譯注
張偉國

□
出版
中華書局（香港）有限公司
香港北角英皇道 499 號北角工業大廈一樓 B
電話：(852) 2137 2338　傳真：(852) 2713 8202
電子郵件：info@chunghwabook.com.hk
網址：http：//www.chunghwabook.com.hk

□
發行
香港聯合書刊物流有限公司
香港新界大埔汀麗路 36 號
中華商務印刷大廈 3 字樓
電話：(852) 2150 2100　傳真：(852) 2407 3062
電子郵件：info@suplogistics.com.hk

□
印刷
深圳中華商務安全印務股份有限公司
深圳市龍崗區平湖鎮萬福工業區

□
版次
2016 年 3 月初版

□
規格
32 開（205 mm × 143 mm）

□
ISBN：978-988-8394-28-9

出版說明

為甚麼要閱讀經典？道理其實很簡單——經典正正是人類智慧的源泉、心靈的故鄉。也正是因此，在社會快速發展、急劇轉型，因而也容易令人躁動不安的年代，人們也就更需要接近經典、閱讀經典、品味經典。

邁入二十一世紀，隨着中國在世界上的地位不斷提高，影響不斷擴大，國際社會也越來越關注中國，並希望更多地了解中國、了解中國文化。另外，受全球化浪潮的衝擊，各國、各地區、各民族之間文化的交流、碰撞、融和，也都會空前地引人注目，這其中，中國文化無疑扮演着十分重要的角色。相應地，對於中國經典的閱讀自然也就有不斷擴大的潛在市場，值得重視及開發。

於是也就有了這套立足港臺、面向海外的「新視野中華經典文庫」的編寫與出版。希望通過本文庫的出版，繼續搭建古代經典與現代生活的橋梁，引領讀者摩挲經典，感受經典的魅力，進而提升自身品位，塑造美好人生。

本文庫收錄中國歷代經典名著近六十種，涵蓋哲學、文學、歷史、醫學、宗教等各個領域。編寫原則大致如下：

（一）精選原則。所選著作一定是相關領域最有影響、最具代表性、最值得閱讀的經典作品，包括中國第一部哲學元典、被尊為「群經之首」的《周易》，儒家代表作《論語》、《孟子》，道家代表作《老子》、《莊子》，最早、最有代表性的兵書《孫子兵法》，最早、最系統完整的醫學典籍《黃帝內經》，大乘佛教和禪宗最重要的經典《金剛經》、《心經》、《六祖壇經》，中國第一部詩歌總集《詩經》，第一部紀傳體通史《史記》，第一部編年體通史《資治通鑒》，中國最古老的地理學著作《山海經》，中國古代最著名的遊記《徐霞客遊記》，等等，每一部都是了解中國思想文化不可不知、不可不讀的經典名著。而對於篇幅較大、內容較多的作品，則會精選其中最值得閱讀的篇章。使每一本都能保持適中的篇幅、適中的定價，讓普羅大眾都能買得起、讀得起。

（二）尤重導讀的功能。導讀包括對每一部經典的總體導讀、對所選篇章的分篇（節）導讀，以及對名段、金句的賞析與點評。導讀除介紹相關作品的作者、主要內容等基本情況外，尤強調取用廣闊的「新視野」，將這些經典放在全球範圍內、結合當下社會生活，深入挖掘其內容與思想的普世價值，及對現代社會、現實生活的深刻啟示與借鑒意義。通過這些富有新意的解讀與賞析，真正拉近古代經典與當代社會和當下生活的距離。

（三）通俗易讀的原則。簡明的注釋，直白的譯文，加上深入淺出的導讀與賞析，希望幫助更多的普通讀者讀懂經典，讀懂古人的思想，並能引發更多的思考，獲取更多的知識及更多的生活啟示。

（四）方便實用的原則。關注當下、貼近現實的導讀與賞析，相信有助於讀者「古為今用」、自我提升；卷尾附錄「名句索引」，更有助讀者檢索、重溫及隨時引用。

（五）立體互動，無限延伸。配合文庫的出版，開設專題網站，增加朗讀功能，將文庫進一步延展為有聲讀物，同時增強讀者、作者、出版者之間不受時空限制的自由隨性的交流互動，在使經典閱讀更具立體感、時代感之餘，亦能通過讀編互動，推動經典閱讀的深化與提升。

這些原則可以說都是從讀者的角度考慮並努力貫徹的，希望這一良苦用心最終亦能夠得到讀者的認可、進而達致經典普及的目的。

「弘揚中華文化」是中華書局的創局宗旨，二〇一二年又正值創局一百週年，「承百年基業，傳中華文明」，本局理當更加有所作為。本文庫的出版，既是對百年華誕的紀念與獻禮，也是在弘揚華夏文明之路上「傳承與開創」的標誌之一。

需要特別提到的是，國學大師饒宗頤先生慨然應允擔任本套文庫的名譽主編，除表明先生對本局出版工作的一貫支持外，更顯示先生對倡導經典閱讀、關心文化傳承的一片至誠。在此，我們要向饒公表示由衷的敬佩及誠摯的感謝。

倡導經典閱讀，普及經典文化，永遠都有做不完的工作。期待本文庫的出版，能夠帶給讀者不一樣的感覺。

中華書局編輯部

二〇一二年六月

目錄

洛水

穀水

渠水

中華大地的血脈——《水經注》導讀

張偉國

《水經注》是中古時代一部史學奇書。它所記述的是當時已知世界的河流沿岸景物、城邑、人物和歷史。它的作者酈道元（？至五二七），字善長，范陽郡涿縣（今河北省涿州市）人，生平事跡記於正史《魏書‧酷吏傳》中。酈氏世代仕宦北朝：道元的曾祖父酈紹，為北魏兗州監軍；祖父酈嵩，官至天水太守；父親酈範，服官五十年左右，獲范陽公封爵。道元自幼隨父親任官而奔走四方，孝文帝時開始步上仕途，以尚書郎的官職隨孝文帝北巡，其後在北魏京城洛陽任官，又曾多次出守地方州縣，因此有機會在中原北方遊歷。宣武帝永平年間（五〇八至五一二），道元出任魯陽（今河南省魯山縣）太守，創立學校，廣行教化。據史書稱，酈道元為官「執法情刻」、「素有嚴猛之稱」，得罪不少權貴。北魏皇族汝南王元悦好男色，其男寵丘念恃勢弄權犯法，被酈道元逮捕，元悦向掌握朝政的靈太后懇求特赦，道元卻趕在聖旨到達之前處死丘念。元悦因此與道元結下深仇。酈道元在東荊州（今河南省泌陽縣境內）刺史任上，威猛為治，被百姓上告，因而免官，在京賦閒期間，專心撰寫《水經注》，歷時七、八年。

孝昌三年（五二七），北魏境內民變蜂起，雍州刺史齊王蕭寶夤奉命領兵到關中平亂，卻意圖乘機割據反叛。元悦等權貴推薦酈道元擔任關右大使，赴關中監察蕭寶夤。蕭寶夤疑忌道元不利於己，命其部屬郭子帙發兵圍攻道元所留宿的陰盤驛亭（今陝西省西安市臨潼區，在秦始皇陵附近），道元與隨行的弟弟道峻及兩子一同遇害。由於酈道元為官鐵面無私，得罪不少權貴，他死後二十七年，曾經與他同時為官的史臣魏收編撰《魏書》，將酈道元列入酷吏傳。

《水經注》是酈道元唯一的傳世著作，顧名思義，酈道元撰書的原意是為《水經》作注。《水經》是一部列舉全國水系的古書，記述了一百三十七條主要河流，全書一萬餘字，每條河流只作綱領式記錄，內容非常簡略。《水經》的作者說法不一，其中一說是前漢人桑欽，另一說法是西晉人郭璞。先師嚴耕望教授認為：桑欽是前漢人，而《水經》中有魏晉時才出現的地名，不可能出自桑欽手筆；有些地名在東晉、十六國之後才使用，也不會是西晉人郭璞所撰。也有學者認為前人撰述的《水經》可能不止一種，經過多次傳抄、增補而形成，酈道元只是以當時通行的《水經》為綱，增補更詳細的資料作注，而「道元好學，歷覽奇書」，他不但學識豐富，而且見聞廣博，在為《水經》作注過程中，補充了大量內容，在《水經》原有一百三十七條河流之外，增加了超過一千條支流，所記述的大小河流多至一千二百五十二條，是《水經》的十倍以上。此外，還有五百多處湖泊和沼澤、二百多處泉水和井水等地下水、六十多處瀑布、四十六處岩溶洞穴、三十一處溫泉、九十餘處津渡、九十多座橋樑；此外，注文提及的古城邑遺址數以百計、宮殿百餘處、陵墓二百六十餘處、寺院二十六座等等；加上歷史人物的活動、郡縣的置廢沿革、戰場的描述、道路關隘、風景奇觀、民間傳說、碑刻題銘、詩歌民謠等。這使原本枯燥的水名、地名，加入了豐富的人文歷史內涵。現存《水經注》版本中，可計算出酈道元旁徵博引，參考和引述前人著作多達四百三十七種，輯錄漢魏金石碑刻三百五十種，其中絕大部份早已散佚，全靠《水經注》的徵引而得以保全片言隻語，可謂彌足珍貴。

《水經注》的材料來源，嚴耕望教授認為，主要有以下幾種：其一，酈道元曾親自遊歷過不少地方，他所到之處，親自採訪、詢問當地人士，以及他對地理情況的詳細觀察，把獲取的資料記述在《水經注》相關的條目中。道元雖然自稱「不愛涉水，不喜攀登」，但他事實上到過許多地方，北起今內蒙古，東至山東，西到陝西，都曾因公務而涉足，他在《水經注》的自序中說的：凡所到之處，都「脈其枝流之吐納，診其沿路之所躔，訪瀆搜渠，緝而綴之」。例如他描述洛陽附近黃河孟津的冰層：「寒則冰厚數丈。冰始合，車馬不敢過。」提到「河水」即黃河渾濁時，引用民間觀察：「河水濁，澄清一石水，六斗泥。」又如他出任潁川郡（河南省禹州市境內）太守時，在郡治長社縣修築客館，掘得一巨大樹根，他在《水經注》中記載了這一異象，並作了一番考究，他說：「余以景明中出宰茲郡，于南城西側，修立客館，版築既興，于土下得一樹根，甚壯大，疑是故社怪長暴茂者也。稽之故說，縣無龍淵水名，蓋出近世矣。」其二，道元好涉獵羣書，對於水名、地名以至郡縣沿革、封邑興廢，他都不厭其煩地旁徵博引，務求得出最可信的判斷，他所引述的經、史典籍及前人注疏，列明出處者超過四百種。嚴耕望教授指出：古人抄錄前人著作而不一定列明出處，因此道元所徵引書籍，必定遠超這數目。由於道元生長及仕宦於北魏，北魏政權範圍以外的南方長江流域、嶺南、雲南，他都從未涉足，只能引自南方人士所撰書籍、文獻。

道元很重視實地考察，以檢核史書的紀述是否確當，並據此糾正史書上的不少錯誤，例如史書上記載，春秋末年晉國大夫智伯説過：汾水可以淹魏氏的都城安邑，絳水可以淹韓氏的都城平陽，道元沿着這兩條水考察，發現汾水河床較高，安邑處於其東岸低處，汾水泛濫，可以被淹沒；但平陽地勢高於絳水河床，絳水淹平陽則絕無可能。他又根據多種文獻記載，在「穀水」的注裏，辨析前人把澗水錯成了澗水。道元雖然是為《水經》作注，但當《水經》有誤，道元直接指出錯誤，例如《水經》稱「汶水又西流入濟」，他引《淮南子》曰：汶出弗其，西流合濟。高誘云：弗其，山名，在朱虛縣東。道元作出判斷：「余按誘説是，乃東汶，非《經》所謂入濟者也，蓋其誤證耳。」

道元對當時人的傳聞，亦不厭其煩地作出考證，例如在《易水注》中，在「易水又東逕易縣故城南」之下，先引述闞駰的説法：「太子丹遣荊軻刺秦王，與賓客知謀者，祖道（餞別）于易水上。《燕丹子》稱，荊軻入秦，太子與知謀者，皆素衣冠送之于易水之上，（略）疑于此也。」於是後世談史者認定燕太子丹餞別荊軻的地點在易縣的燕下都，但道元作出辨正，他説：「余按遺傳舊跡，多在武陽，似不餞此也。」

道元對地理情況觀察入微，但也很仔細，並把觀察所得記錄在《注》中，例如詳細地記錄了不少河谷的寬度、河床的深度、含沙量、冰期，以及不同季節的水量和水位變化等，有些地方更提出數據，例如華池「池方三百六十步」之類，提供了可資後世參考的科學信息。

酈道元為《水經》作注，增補資料，考核地理是撰述的重點，但他行文時，經常採用文學筆觸，作繪聲繪色的描述，其部份章節，被視為中古文學作品的代表，有學者評為：「寫水着眼於動態」，「寫山則致力於靜態」，它「是魏晉南北朝時期山水散文的集錦，神話傳說的薈萃，名勝古跡的導遊圖，風土民情的採訪錄」。酈道元《水經注》的詞藻豐富，僅就描寫的瀑布，就有：瀧，洪、懸流、懸水、懸濤、懸泉、懸澗、懸波、頹波、飛清等詞，可謂變化無窮，其文學價值也足以垂範千載。

《水經注》的內容極其豐富，但閱讀並不容易。首先，《水經注》成書於約一千五百年前，書中所記述的河流、地理情況、行政區劃以至地名，難免與今日有所差異。千多年來的滄海變遷，古代的一些重要水道，經歷過無數次改道，早已湮沒消失，《水經》所載水道，到酈道元時代其中一些已有改變，而《水經注》成書時的一些河流、水道、湖沼，也很有可能在今日已非當年狀貌。數千年間，城市的興衰，地方行政區的廢置遷徙，地名的變更，正如酈道元所說：「然地理參差，土無常域，隨其強弱，自相吞并，疆里流移，寧可一也？」更使現代人閱讀《水經注》時增添困難。

其次，《水經注》中記述了大量西周、春秋戰國、秦漢、魏晉的史事和人物，距今千年甚至數千年以上。這些史事和人物，對於酈道元時代以至其後熟習傳統經史的讀書人來說，不少是耳熟能詳的典故。但近代教育，已逐漸疏遠古典，對這些千年以前的事和人，可能所知甚少，甚至聞所未聞，初接觸《水經注》有時會茫無頭緒，然而對於有興趣追尋古史細節的讀者，《水經注》是探求這些遙遠史事的事發地點，追訪這些古代人物活動空間的寶庫。

其三，《水經注》全書的結構是經文的注疏形式，因此只能就《水經》的綱領增補細節和考據，行文顯得細碎支離，敘事、寫景都是點到即止，而且加插了大量典籍文獻的引文和考證，不可能一氣呵成。《水經注》敘述每條河流，必定從源頭開始，向某方向流，流經（逕）某地，該地古代有甚麼歷史大事，有甚麼前人活動，留下甚麼史跡、掌故；然後河流再向前流，經某地，再細述當地情況；當遇上另一河流匯入，則從這河流的源頭說起，直至與主流會合，再重回敘述主流。假如匯入的河流眾多，往往不斷追溯支流，而主流的敘述卻斷斷續續，閱讀時不易前後呼應。假如閱讀時能隨手查對地圖，則較容易掌握水道的脈絡。

其四，《水經注》自成書的年代，尚未有印刷術，自成書至北宋中期約五百七十年，只有抄本流傳，傳抄過程中錯漏難免，錯簡、脱漏在不同版本中，常有差異，為後世閱讀者增添困難。《水經注》傳抄至北宋初已缺五卷，後人將其所餘三十五卷重新編定為四十卷。可知的最早《水經注》木刻印刷版本是宋哲宗元祐二年（一〇八七）的「成都府學宮刊本」，宋以後的版本，以明初《永樂大典本》較完整，但由於《永樂大典》的散佚，抄錄在《大典》中的水經注也有部份缺失。明、清兩朝不少學者，曾經依據古代抄本、宋刻殘本，《永樂大典》抄本等版本，對《水經注》作細心而且精密的整理、校訂，取得重要的成果，並刊行多重校證版本。其中最早刊行的是明朱謀㙔《水經注箋》（刊於一六一五年），以校訂為主；晚明鍾惺、譚元春的《評點本》，則着重點評詞章筆法。到了清朝，考據學大盛，《水經注》的整理和考訂達到了高峰，重要的成果有全祖望《七校水經注》、趙一清《水經注釋》、戴震校勘《水經注》等。而戴震校勘《水經注》成就極大，受清乾隆帝重視，但戴震校勘的《水經注》也引起後世學術界「剽竊」的爭論。

戴震校勘魏酈道元《水經注》，始於乾隆三十年（一七六五），至乾隆四十年（一七七五），先後三次校訂，歷時十年完成，用功極勤。戴震分出《水經注》中的「經」和「注」，並且輯補缺漏字兩千一百二十八個，刪妄增字一千四百四十八個，更正錯字三千七百一十五個，使得《水經注》正本清源，還其本來面貌，深得乾隆帝讚賞，收錄於內府刊刻的《武英殿聚珍本》叢書中。及至清末民初，學者王國維對於戴氏質疑，撰寫〈書戴校水經注後〉一文，指斥戴震抄襲趙一清。但胡適為戴震辯護，認為戴震在《水經注》研究方面沒有抄襲的嫌疑。然而另一位以研究《水經注》著名的學者楊守敬認同戴氏剽竊的說法，楊氏在《水經注疏》每每舉出實例，點出「此戴襲趙之確證」，例如卷五寫道：「趙氏不撿……而……以訂酈氏，大謬。戴氏亦不加詳考，竟依改，可哂也。」也就是說，趙氏弄錯了，戴氏也跟着錯。學術界為戴氏是否剽竊爭論不休，但俱往矣。

當代研究《水經注》的專家陳橋驛教授認為，戴震校勘《水經注》，刪去妄增之字一千多個，改正錯訛三千多處，補葺闕佚兩千多處，足見功夫之深，正如清代著名文字學家段玉裁所說：戴震的成就超卓，「凡故訓、音聲、算數、天文、地理、制度、名物、人事之善惡是非，以及陰陽、氣化、道德、性命，莫不究乎其實」，使千年古籍《水經注》在後世讀者面前，展現其超越時代的價值。

晚清學者王先謙的《合校水經注》及楊守敬、熊會貞的《水經注疏》可以說是清代《水經注》考證、校勘的殿軍。楊守敬與其弟子熊會貞用了畢生精力撰寫了《水經注疏》，並且編繪了古今對照、朱墨套印的《水經注圖》，二〇一四年鳳凰出版社出版有段熙仲點校、陳橋驛複校的《水經注疏》（臺北定稿本），為今後研究利用《水經注》提供了方便。民國時，胡適曾經用二十多年的光陰研究《水經注》，寫有七十餘篇手稿，收於《胡適手稿》一至六集。

一九四九年以後，新的《水經注》校勘、注釋版本湧現，而對《水經注》的研究蓬勃發展。當代最重要的「酈學」專家是浙江大學已故陳橋驛教授。陳氏窮畢生之精力，研究、考證《水經注》，即便在「文革」的艱難時刻，仍然考訂、抄寫不輟，終成大家，成果豐碩，可以説是當代酈學泰斗、酈學元勳。近十多年來，內地、港、臺以及外國學者，對《水經注》的研究和譯注，與日俱增，各有長處，不能盡錄，現摘要列舉《水經注》古今版本和近年部份著述如下（本書用的是陳橋驛教授中華書局校注本，並參以楊守敬、王國維等版本）：

北宋初以前僅有抄本流傳

「宋成都府學宮刊本」，元祐二年（一〇八七）刊本，殘缺

《永樂大典·水經注》，民國續古逸叢書影印本

田奕等整理：《永樂大典本水經注》，瀋陽：萬卷出版社，二〇〇九

朱謀㙔：《水經注箋》（一六一五年刊本）

鍾惺、譚元春：《評點本水經注》

全祖望：《七校本水經注》

趙一清：《水經注釋》

戴震校勘：《武英殿聚珍本水經注》

張匡學：《水經注釋地》

楊守敬、熊會貞：《水經注疏》（影印手稿本），北京：中國科學出版社，一九五五至一九五七

楊守敬、熊會貞：《楊熊合撰水經注疏》四十卷，影印前中央圖書館所藏手稿本，臺北：中華書局（臺灣），一九七一

楊守敬、熊會貞：《水經注圖》，朱墨套印木刻本

王先謙：《水經注校》，清木刻本

王國維：《水經注校》（袁英光、劉寅生整理點校），上海：上海人民出版社，一九八四

陳橋驛：《水經注校證》，北京：中華書局，二〇〇七

陳橋驛：《水經注研究》（一、二、三、四集）

陳橋驛：《酈學札記》，上海：上海書店出版社，二〇〇〇

鄭德坤：《水經注引得》，北平：燕京大學圖書館，一九三四

段仲熙：點校《水經注疏》附〈《水經注》六論〉，南京：江蘇古籍出版社，一九八九

陳橋驛、葉光庭、葉揚譯注：《水經注全譯》，貴陽：貴州人民出版社，二〇〇九

李峋岩編譯：《圖解水經注》，西安：陝西師範大學出版社，二〇一〇

陳橋驛、葉光庭注譯：《新譯水經注》，臺北：三民書局，二〇一一

黃懺華：《水經注撏華》，揚州：廣陵書社，二〇一三

王守春：《酈道元與〈水經注〉新解》，深圳：海天出版社，二〇一三

筆者應中華書局（香港）有限公司的邀請，選注選譯《水經注》的部份章節，目的是向社會大眾推廣閱讀中國古代典籍，只求清楚明晰，能吸引讀者對典籍的興趣，和對典籍內容的初步認識，不敢奢望有任何突破前賢的成果。然而，筆者在注譯時考慮到《水經注》的特殊體裁，及酈道元在為《水經》加注時，很多史事、地名、人名、官名、器物，都是點到即止，沒有進一步解釋，古人對歷史典故名物可能知悉較深，閱讀《水經注》時不必詳細解釋，但對於現代較少接觸史籍的人來說，這些魏晉、秦漢、春秋戰國，甚至三代遠古的史事、名物，有些同名異事，有些隨時代而意義改變，假如交代解釋不清楚，便如瞎子摸象，更難以明白書中內容，例如「太尉」、「督郵」是甚麼官職？不同時代權力有甚麼差異？秦郡、漢郡有何不同？地名改變，人名稱謂，變化萬千，酈道元行文時，隨手書寫：漢光武帝有時稱為世祖；曹操有時稱曹公，有時稱武帝。現代讀者難免感到迷惑，因此筆者在注釋之中，盡量增補史事，交代典章制度，務求使讀者增加認知史事及人物的細節，提高其閱讀《水經注》的興趣。

現存《水經注》全本四十卷數十萬字，筆者選擇部份章節作注譯。前人一些選譯本，多選對山川風景描述較佳的章節，介紹酈道元的文學水平，然而卻使讀者忽略了《水經注》在歷史地理方面的建樹。為使讀者了解《水經注》的體裁和史學的特色，筆者選譯了「河水」、「濟水」、「洛水」、「渠水」、「江水」及「浪水」等六條河流，先注譯《水經》經文，然後每條河流選取若干章節作注譯，每節加上小標題，以便讀者檢索。希望讀者讀畢這選注之後，提起興趣細讀《水經注》全書，增長歷史和地理知識，貫通對中華大地的血脈深情。

酈道元《水經注》原序

本篇導讀——

《水經注》全書流傳千餘年，雖然有部份章節散佚失傳，但至今仍有四十卷數十萬字，分量頗大，而且每卷長短不一，部份重要河流如河、渭、汾、洛等記述特別詳細，而另一些位置偏遠的河流則記述比較簡略，本書受篇幅所限，不可能全書注譯，只能選取若干篇章，作摘要導讀、注釋及譯為現代語文，每段增加標題，以醒眉目。藉此拋磚引玉，希望讀者能細讀全書，領略酈氏史地學之精髓，並欣賞其描寫景物的文筆。

《易》稱天以一生水，故氣微于北方，而為物之先也[1]。《玄中記》[2]曰：「天下之多者水也，浮天載地，高下無所不至，萬物無所不潤。及其氣流居石，精薄膚寸，不崇朝[3]而澤合靈宇者[4]，神莫與并矣。是以達者不能惻其淵沖[5]，而盡其鴻深[6]也。」昔《大禹記》[7]著山海，周而不備[8]；《地理志》其所錄，簡而不周；《尚書》、《本紀》與《職方》[9]俱略；都賦[10]所述，裁不宣意[11]；《水經》[12]雖粗綴津緒，又闕旁通[13]。所謂各言其志，而罕能備其宣導[14]者矣。今尋圖訪賾[15]者，極聆州域之說[16]，而涉土遊方[17]者，寡能達其津照[18]，縱彷彿前聞[19]，不能不猶深屏營也[20]。

余少無尋山之趣，長違問津之性[21]，識絕深經[22]，道淪要博[23]，進無訪一知二之機[24]，退無觀隅三反之慧[25]。獨學無聞，古人傷其孤陋；蠲喪辭書[26]，達士嗟其面墻。默室求深，閉舟問遠，故亦難矣[27]。然毫管窺天，歷筒時昭[28]，飲河酌海，從性斯畢[29]。竊以多暇，空傾歲月[30]，輒[31]述《水經》，布廣前文。《大傳》[32]曰：「大川相間，小川相屬，東歸于海。」脈其枝流之吐納，診其沿路之所躔[33]，訪瀆搜渠，緝而綴之。《經》有謬誤者，考以附正文所不載，非經水常源者，不在記注之限。但綿古茫昧[34]，華戎代襲[35]，郭[36]邑空傾，川流戕[37]改，殊名異目，世乃不同。川渠隱顯，書圖自負[38]，或亂流而攝詭號[39]，或直絕而生

通稱[40]，枉渚交奇[41]，洄湍決澓[42]，躔絡枝煩，條貫系夥[43]。《十二經》通，尚或難言，輕流細漾[44]，固難辨究，正可自獻逕見之心，備陳輿徒[45]之說，其所不知，蓋闕如[46]也。所以撰證本《經》，附其枝要者，庶備忘誤之私，求其尋省之易。

注釋

1 物之先：意思是萬物的起源。2《玄中記》：西晉學者郭璞撰，蒐集古今神怪異聞，全書現已失傳。3 不崇朝：同「不終朝」，頃刻之間。4 澤合靈宇：天地之間受到滋潤。5 淵沖：奧妙。6 鴻深：偉大、浩瀚。7《大禹記》：先秦地理書，託稱夏禹所撰，現已失傳。8 周：指描述的範圍廣泛；備：指詳細、完備。9 以上諸書都是記述古代地理的文獻，酈道元認為，各有缺點和不足。10 都賦：漢晉之間一些文人所撰，描述京城輝煌繁華的賦，例如班固的《兩都賦》、張衡的《兩京賦》、左思的《三都賦》等。史載左思「貌寢（醜）口訥（口吃）」，但辭章壯麗，《三都賦》發表之後，洛陽人爭相買紙抄錄，一時間「洛陽紙貴」。11 裁不宣意：受體裁所限，不能宣達確切地理信息。12《水經》：相傳即前漢桑欽所撰，酈道元據此作注。13 粗：簡略；津緒：水道的起源和流向。闕：缺乏；旁通：相關的連繫。14 備：完備、完整；宣導：整理。15 賾（粵：責；普：zé）：「聖人有以見天下之賾。」（《易．繫辭》）意思是幽深難見。此處指鮮為人知的史跡。16 極：指盡量搜羅；聆：聽取；州域：指各地；說：指民間流傳的談說。17 涉土遊方：指到各地遊歷。18 寡：甚少；津照：指與水道印證。19 縱：縱使、儘管；彷彿（粵：訪忽；普：fǎng fú）：又作髣髴，依稀的意思；前聞：之前曾聽聞。20屏營：指無所適從。21違：指沒有；問津：典故出自「孔子使子路問津」（《論語．微子》），即問路，其後引伸為探求真相的意思。22識：指學識；絕：指完全沒有，是酈道元自謙之語；深經：指祕笈經典。23道：指品德修養；淪：指失，沒有的意思，也是酈道元自謙之語；要博：指博大精深。24進：指進取之心；訪一知二：即聞一知二，出自《論語．公冶長》「回（顏回）也，聞一以知十；賜（子夏）也，聞一以知二」，意思是聽到一點就能理解更多，善於類推。25覩隅三反：即舉一反三，典故出自《論語．公冶長》：孔子對他的學生說：「舉一隅，不以三隅反，則不復也。」意思是說，我舉出一個牆角，你們應該要能靈活地推想到另外三個牆角，如果不能的話，我也不會再教你們了。據稱後漢名士蔡邕好讀《左傳》，「通敏兼人，舉一反三」。26蠲（粵：捐；普：juān）：通「捐」，失去。27「余少」至「難矣」段：以上數句酈道元自謙孤陋寡聞。28「然毫」兩句：毫管，指細管；昭，清楚。意思是儘管自己的水平能力極為有限，但細心努力，也能獲得成果。29飲河酌海：指從大河大海中飲幾口，意思只有微小收獲。從性斯畢：指符合天性便能滿足。30空傾歲月：指白白浪費時間。31輒（粵：哲；普：zhé）：原義是古代馬車兩側能向外反的配件，借用為副詞，意時是時常、隨意。32《書經大傳》。33躔（粵：纏；普：chán）：原義是野獸的足跡，泛指行跡。34綿古：指遠古；茫昧：指事情模糊不清。35華戎代襲：酈道元身處胡人入主中原的北魏，有華戎代襲的感懷。36郭：指城郭。37戕（粵：牆；普：qiāng）：殺害、摧毀的意思。38書圖自負：意思是圖籍、文獻的記述有差異、矛盾。39「或亂」句：亂流，指水道改變；詭號，指名稱不同。即水流擾亂而名稱改變。40「或直」句：直絕，指水道合流；通稱，即名稱通用。兩條水道會合後，名稱混而為一。41渚：水中的小洲；交奇：此起彼沒，互相交錯。42洄（粵：回；普：huí）：河水迴旋逆流；湍（粵：喘；普：tuān）：水勢急猛，激流；決：大水沖破堤岸或溢出；澓（粵：復；普：fú/fù）：迴旋的流水。43夥（粵：火；普：huǒ）：多的意思。44漾（粵：讓；普：yàng）：水面的波紋。45輿徒：研習輿地的人。46「其所」句：典故出自《論語・子路》：「君子于其所不知，蓋闕如也。」

譯文

《易經》認為，上天以其唯一的大道化生成水，天地之氣在北方較為微弱，水成為萬物的先驅。《玄中記》說：「天下間最豐沛的物體就是水，在天上飄浮、在地上承載的，高山深淵，沒有達不到的地方，世上萬物，沒有不受其滋潤。當流動的水氣接觸到山石，便會緊密地凝聚，片刻之間雨露下降，甚至神靈也不能與之相比。因此，就算見識廣博的人也不能完全忖惻它的奧妙，徹底了解它的浩瀚。」從前的《大禹記》所著錄的山和海，範圍廣大但不夠完備；《地理志》所記載，過於簡單而不夠周全；《尚書》、《本紀》及《職方》等文獻，都流於疏略；都賦所描述，限於體裁不能準確達意；《水經》雖然粗略地列出水道的源流，但又缺乏相互連繫。所謂各有各的說法，卻很少完備的疏導和整理。現在依據圖籍尋訪史跡的人，只着意於地方州域的談說，而親自到各地遊歷的人，很少能配合水道比照，即使與曾經聽聞的依稀相似，卻不能不深感無所適從。

我自小沒有尋訪名山的興趣，成年以後也缺乏尋根究底的喜好。論學識，我從來沒有讀過經典祕笈；論修養，我沒有博大精深的修行；論進取，我沒有說一知二之機敏；論退思，我沒有見一隅而推知三隅的智慧。我的知識單薄，而且見聞孤陋，這正與古人因自感孤陋而傷懷，捐棄喪失了辭書，與有識之士曾因為淺薄無知而嗟嘆的情況相似。獨自靜坐於狹小房間之中，希望求得高深學識；在靠岸小舟之中，希望尋訪遠地，實在太難辦到了。不過用細管窺天，有時也能從管中看得清楚；飲幾口河水幾酌海水，也可以滿足簡單的天性。我自念空閒日子甚多，與其浪費歲月，倒不如闡述《水經》，為前人的著述增添內容。《大傳》說：「大川各自分開，小川互相連接，最終向東歸於大海。」於是我探尋水脈及枝流之起源和流向，探究沿途流經的路線，訪查小瀆支渠的資料，加以輯錄編排。《水經》有錯誤的地方，加以考究訂正，經文沒有提及的河流，但有常流不斷的水道，則不在此限。然而遠古渺茫的史事，華人胡人的王朝更替，城邑的荒廢，川流的改動，地名更改，時常有所變遷。川渠有時隱沒，有時出現，地理書籍和輿圖的記述經常不一致，有的因水流擾亂而名稱改變，或者有些水道因合流而產生通稱，洲渚沼澤水流交錯，湍急的河流水道迂迴，河網錯縱複雜，頭緒紛繁，縱使讀通《十二經》，也許仍有河流不能說得清楚，至於小流細漾，原本就難以辨究。我正可以藉此著述，獻出直抒己見的心意，詳細講述地理學家們的論說。至於不知道的地方，也就由它留空吧。我之所以撰文論證《水經》，附加枝節和要點者，是為了自己參考，以免日後遺忘或錯漏，方便私人查閱而已。

河水

卷一至卷五

本篇導讀——

君不見黃河之水天上來，奔流到海不復回。（李白）

先秦及漢初的文獻沒有「黃河」一詞，古籍稱黃河為「河」，或稱為「大河」。成書於漢武帝時的《史記．河渠書》，詳細講述治理黃河的歷史，卻也只稱它為「河」。其他河流也各有專名，例如「江」、「淮」、「汾」、「渭」、「汶」、「泗」、「伊」、「洛」、「汝」、「潁」等。「黃河」一詞最早見於後漢班固的《漢書．地理志》，以「黃」字形容河水的渾濁。黃色就是大河的最明顯特徵，因此「黃河」之名逐漸通行。《水經注》以《河水》為開端，全書四十卷，《河水》獨佔五卷，詳細記述黃河主流經過的地方景物和歷史掌故，而黃河的重要支流，如渭水、汾水、伊水、洛水等，也獨立成卷，可見黃河流域地位的重要。

黃河是中國的母親河，從上古石器時代以來，她孕育了不知多少代的炎黃子孫。對了，炎帝神農氏和黃帝軒轅氏，是我們所公認的兩位祖先，傳說他們活動於黃河中游的平原、河谷，辛勤耕作，把河灘、荒野開墾成農田，發展農耕，孕育出華夏文明，並以此為核心，向四周擴展，經歷數千年的互動、同化，把古代中原的華夏先民與四方的戎狄夷蠻融合為漢民族，因此，炎帝、黃帝被後世公認為中華民族的始祖。

中華民族起源於黃河，中華文化肇始於黃河，然而，黃河之水從何而來呢？古人無法得知黃河的真正源頭，只能靠傳說和推想。唐代大詩人李白的名句「君不見黃河之水天上來，奔流到海不復回」，雖然是文學的想象，但也反映了古人對黃河之水源出於天的崇敬。當然，據現代的科技和深入的實地考察，我們已得知黃河的源頭不在天上，而在青藏高原上的巴顏喀拉山脈北麓的冰川，流經青海、四川、甘肅、寧夏、內蒙古、陝西、山西、河南、山東九個省區，全長約五千四百六十四公里，最後在山東省東營市注入渤海。但數千年來的黃河，幾經滄海變遷，古代黃河下游流經的地方，與今日並不相同。

黃河自滎陽（今鄭州附近）到開封一帶，歷史上曾多次改道，《水經注》對多條黃河故道，例如「禹河」、「大河故瀆」、「王莽河」等都有記述。讀者可以追溯古代不同時期黃河流經的地方，以對應史事。《水經注》成書之後，黃河也有過多次重大的改道，北宋末年，黃河從開封附近折向東南流，曾經奪淮河流入黃海，擾亂了淮河下游水系，後來因沉積日漸嚴重，尾閭淤塞，改道經徐州直出黃海。至清咸豐五年（一八五五），黃河在開封銅瓦廂缺堤改道，折向東北流，奪濟河出渤海，也就是現代黃河的下游河道。因此，《水經注》所記述的黃河下游，並非現代的黃河下游；而《水經注》的濟水下游，卻相當於現代的黃河下游。

經 *崑崙墟[1]在西北，去嵩高[2]五萬里，地之中也。河水出其東北陬[3]，屈從其東南流，入渤海[4]。又出海外[5]，南至積石山[6]下，有石門；又南入蔥嶺山[7]，又從蔥嶺出而東北流，其一源出于闐國南山[8]，北流與蔥嶺河合，又東注蒲昌海[9]；又東入塞[10]，過敦煌、酒泉、張掖郡[11]南；又東過隴西河關縣[12]北，洮水[13]從東南來流注之；又東過金城[14]允吾縣北；又東過榆中縣北。又東過天水[15]北界；又東北過武威[16]媼圍縣南；又東北過天水勇士縣北；又東北過安定縣北界麥田山；又北過北地[17]富平縣西；又北過朔方[18]臨戎縣西，屈從縣北東流，至河目縣西，屈南過五原[19]西安縣南，屈東過九原縣南；又東過臨沃縣南；又東過雲中[20]楨陵縣南；又東過沙南縣北，從縣東屈，南過沙陵縣西；又南過赤城東；又南過定襄[21]桐過縣西；又南過西河[22]圁陽縣東；又南過離石縣西；又南過中陽縣西；又南過土軍縣西；又南過上郡[23]高奴縣東；又南過河東[24]北屈縣西；又南過皮氏縣西；又南出龍門口[25]，汾水[26]從東來注之；又南過汾陰縣西；又南過蒲阪縣西；又南至華陰潼關[27]，渭水[28]從西來注之；又東過河北縣南；又東過陝縣北；又東過大陽縣南；又東過砥柱[29]間；又東過平陰縣北，清水[30]從西北東注之；又東至鄧；又東過平縣北，湛水從北來注之；又東過鞏縣[31]北，洛水[32]從縣西北流注之；又東過成皋縣北，濟水[33]從北來注之；又東過滎陽縣北，蒗蕩渠[34]出焉；又東北過武德縣東，沁水[35]從西北來注之；又東北過黎陽縣南；又東北過衞縣南；又東北過濮陽縣北，瓠子河[36]出焉；又東北過東阿縣北；又東北過茌平縣西；又東北過高唐縣東；又東北過楊虛縣東，商河[37]出焉；又東北過漯陽縣北；又東北過利縣北；又東北過甲下邑，濟水[38]從西北來注之；又東北入於海[39]。

注釋

*本書每篇開章錄《水經》某水系全文，屬內各小節選讀某條《經》文、部份《注》文。

1 **崑崙墟**：戰國至秦、漢時傳説中的世界巔峰，在中原以西，沒有確定位置，前漢張騫通西域之後，把西域南側的山脈稱為崑崙山。「墟」是故址的意思。2 **嵩高**：又名崇山，即嵩山，在今河南省鄭州市附近。古人認為河南是天下之中，因此崇高山被稱為五嶽之中的中嶽。3 **陬**：即角落。4 **入渤海**：在中原東方，被山東半島與遼東半島環抱形成海灣，今天津市在渤海西岸。古代黃河及濟河、漳河、灤河、遼河等分別流入渤海，北宋末至清咸豐初，黃河改道向東南方流入黃海，咸豐五年（一八五五）再改道奪取濟河，濟河下游成為黃河河道，注入渤海。5 **海外**：指中原之外。6 **積石山**：在今青海省與甘肅省交界。7 **蔥嶺山**：即今帕米爾高原。8 **南山**：即今新疆與西藏交界的崑崙山脈。于闐，今寫成「于田」。9 **蒲昌海**：即今新疆東部的羅布泊。10 **塞**：指邊塞。11「**過敦煌**」句：以上諸郡始設立於漢武帝擊走匈奴之後，與武威合稱「河西四郡」，位於今甘肅省西部河西走廊，為絲綢之路上交通孔道及戰略要塞。12 **隴西河關縣**：隴西，即隴山以西，是高原山地，古代民族雜居，戰國時秦取得其地，設置隴西郡。河關縣，是漢朝時，黃河進入中原第一縣，在今甘肅蘭州市以西。13 洮水：黃河上游支流。14 金城：漢昭帝時設置金城郡，治所在今甘肅省蘭州市。15 天水：西晉時分隴西郡設置天水郡。16 武威：河西四郡之中最東一郡，設置於漢武帝時，為河西樞紐，後漢涼州首府，治所在姑臧縣，五胡十六國時，曾是前涼、後涼等割據政權首都。17 北地：戰國時秦國設置北地郡，管轄西北方涇水流域至今寧夏一大片的邊疆。18 朔方：漢郡，在黃河、陰山之間，為中原王朝與北方遊牧民族角力之戰略要塞。19 五原：漢北方邊郡，位於今內蒙古包頭市一帶。20 雲中：在陰山與黃河之間，今內蒙古呼和浩特及山西省大同市一帶，戰國時趙國開闢北方邊疆，設郡。21 定襄：前漢分雲中郡東南部設置定襄郡，治所在今內蒙古和林格爾縣。22 西河：戰國時魏國在西部邊疆設西河郡，因黃河自北往南流過得名，其後被秦國攻佔，前漢設置西河郡，管轄呂梁山區黃河兩岸。23 上郡：戰國時秦國在北方設置上郡，管轄首都咸陽以北山區，治所在今陝西省延安市。24 河東：位於黃河由北往南折向由西往東流的東側，春秋戰國時期為晉國及魏國核心地區，其後被秦國攻佔，由於從秦國視野在黃河以東，所以設置河東郡，即今山西省南部臨汾、運城等地。25 龍門口：黃河其中一段激流，在今陝西省韓城市以東。由於河流侵蝕，激流向上游推移，後退至今壺口瀑布。26 汾水：黃河中游重要支流，縱貫今山西省中部及南部。27 潼關：黃河轉彎處的重要關隘，北臨黃河，南阻秦嶺，東連函谷，西通關中，歷來是戰略要地。28 渭水：黃河中游重要支流，自東至西橫過關中平原，經天水、寶雞、西安、渭南、華山，至潼關匯入黃河。29砥柱：黃河中游穿越中條山及崤山，河道中山石冒起，形成河中島嶼，稱為砥柱，水流湍急，自古有人門、鬼門、神門之稱，所以又稱「三門峽」。南岸設置湖縣及函谷關，以拱衞長安。函谷古代又稱為「陝」，因此函谷以西稱為「陝西」。唐朝在漢湖縣設置陝州，近代陝州改名三門峽市。二十世紀五十年代在三門峽東部建築大壩，蓄河水成水庫，三門險要已淹沒在水庫之下。30清水：清水河，古稱西洛水、高平川水、蔚茹水，寧夏境內最大、最長的黃河支流。31鞏縣：今河南省鞏縣。周朝為鞏伯食邑，秦開始設縣，在洛河匯入黃河處。唐朝詩聖杜甫是鞏縣人。32洛水：黃河中游重要支流，流經古都洛陽。33濟水：黃河中游重要支流，古人認為濟水越過黃河，再向東流出，然後經泰山以北，注入渤海。34蒗蕩渠：古代從黃河分出的一條人工水道，現已湮沒。35沁水：黃河中游重要支流，從太行山流出，東南流匯入黃河。36瓠子河：前漢中期黃河改道後出現的分支，長期成為黃河下游水患的源頭。37商河：黃河下游其中一條分支。38濟水：濟水其中一條分支，又與黃河下游合流。39海：指渤海。

譯文

崑崙墟在西北方，距離嵩高山五萬里，在大地的中央。河水在它的東北角流出，曲折地在它的東南面流過，注入渤海。又有說河水源出於海外，往南流至積石山下，有一處石門；又往南流進入蔥嶺山；又從蔥嶺流出而向東北方流去。其中一處源頭發源於于闐國的南山，往北流，與源出於蔥嶺的河道會合；又往東注入蒲昌海；又往東流進入內地，經過敦煌、酒泉、張掖郡的南面；又往東經過隴西郡河關縣的北面，洮水從東南面而來注入河水；又往東經過金城郡允吾縣的北面；又往東經過榆中縣的北面；又往東經過天水郡的北界；又往東北經過武威郡媼圍縣的南面；又往東北經過天水郡勇士縣的北面；又往東北經過安定縣的北界麥田山；又往北經過北地郡富平縣的西面；又往北經過朔方郡臨戎縣的西面，曲折地從縣的北面向東流過，到河目縣的西面，曲折地向南流過五原郡西安縣的南面，曲折地往東流過九原縣的南面；又往東經過臨沃縣的南面；又往東經過雲中郡楨陵縣的南面；又往東經過沙南縣的北面，在縣城向轉東流，往南經過沙陵縣的西面；又往南經過赤城的東面；又往南經過定襄郡桐過縣的西面；又南經過西河郡圁陽縣的東面；又往南經過離石縣的西面；又往南經過中陽縣的西面；又往南經過土軍縣的西面；又往南經過上郡高奴縣的東面；又往南經過河東郡北屈縣的西面；又往南經過皮氏縣的西面；又往南流出龍門口，汾水從東面而來注入；又往南經過汾陰縣的西面；又往南經過蒲阪縣的西面；又往南到了華陰縣的潼關，渭水從西面而來注入；又往東經過河北縣的南面；又往東經過陝縣的北面；又往東經過大陽縣的南面；又往東經過砥柱之間；又往東經過平陰縣的北面，清水從西北面向東流，注入河水；又往東到了鄧鄉（在洛陽西北四十二里）；又往東經過平縣的北面，湛水從北面而來注入；又往東經過鞏縣的北面，洛水從縣的西北面流過注入河水；又往東經過成臯縣的北面，濟水從北面而來注入；又往東經過滎陽縣的北面，蒗蕩渠分流出來；又往東北經過武德縣的東面，沁水從西北面而來注入；又往東北經過黎陽縣的南面；又往東北經過衛縣的南面；又往東北經過濮陽縣的北面，瓠子河分流出來；又往東北經過東阿縣的北面；又往東北經過茌平縣的西面；又往東北經過高唐縣的東面；又往東北經過楊虛縣的東面，商河分流出來；又往東北經過漯陽縣的北面；又往東北經過利縣的北面；又往東北經過甲下邑，濟水從西北面而來注入；又往東北注入大海。

河源、崑崙之墟

經 *崑崙墟在西北。

注 **三成為崑崙丘。《崑崙說》曰：「崑崙之山三級：下曰樊桐，一名板桐；二曰玄圃，一名閬風；上曰層城，一名天庭；是為太帝之居。」[1]

經 去嵩高五萬里，地之中也。

注 《禹本紀》與此同。高誘[2]稱：「河出崑山，伏流地中萬三千里，禹導而通之，出積石山。」案《山海經》[3]：「自崑崙至積石千七百四十里。」自積石出隴西郡至洛，準地志可五千餘里。又案《穆天子傳》[4]：天子自崑山入于宗周[5]，乃里西土之數。自宗周瀍水以西，至于河宗之邦、陽紆之山，三千有四百里，自陽紆西至河首四千里，合七千四百里。《外國圖》[6]又云：「從大晉國正西七萬里，得崑崙之墟，諸仙居之。」數說不同，道阻且長，經記綿褫，水陸路殊，逕復不同，淺見末聞，非所詳究，不能不聊述聞見，以志差違也。

經 其高萬一千里，

注 《山海經》稱方八百里，高萬仞。郭景純[7]以為自上二千五百餘里，《淮南子》[8]稱高萬一千里百一十四步三尺六寸。

注釋

＊《水經》原文，以**經**作標誌。＊＊《水經注》原文，以**注**作標誌。1「《崑崙說》曰」段：古代神話傳說其中一種天地結構的說法，可能源於印度，經佛教僧侶傳入中原。2 高誘：後漢學者，以注釋《戰國策》著名。3《山海經》：先秦地理書，多神話傳說。4《穆天子傳》：西晉時在一個戰國魏王墓中發現的竹簡典籍之一，記述西周穆王往西方巡遊的過程。5 宗周：西周天子的都城，即鎬京，今西安市以西灃河岸邊有豐鎬遺址。6《外國圖》：已失傳的古地圖。7 郭景純：西晉學者郭璞，字景純。8《淮南

子》：前漢淮南王劉安及其賓客編撰的典籍，保留了大量民間傳說。

譯文

崑崙墟在西北方。

崑崙山丘重疊為三層，《崑崙說》說：「崑崙之山有三層：下面一層稱為樊桐，又名板桐；第二層稱為玄圃，又名閬風；上面一層稱為層城，又名天庭；這是太帝的居處。」

距離嵩高山五萬里，在大地的中央。

《禹本紀》的說法也相同。高誘說：「河發源於崑山，在地底潛流一萬三千里，大禹疏導使它暢通，然後從積石山流出。」查閱《山海經》「從崑崙至積石山有一千七百四十里」，從積石山出隴西郡到洛水，按各種地理書的推算，有五千多里。又查閱《穆天子傳》所載，天子（周穆王）從崑山到達周朝的都城，以向西行的里程計算：從周都城瀍水以西，到河宗之邦、陽紆之山，計三千四百里；從陽紆以西到河首四千里，共計七千四百里。《外國圖》又說：「從大晉國正西方七萬里，就到達崑崙之墟，是眾神仙所居。」以上幾種說法各不相同，但由於路程遙遠，而且險阻難行，經籍記載又年代久遠，脫略模糊，水路陸路行程有差異，往返路線不同，加上我的見聞淺陋，未有作過詳細的研究，我不能不隨手摘錄前人的見聞，記錄各不一致的說法而已。

它的高度是一萬一千里。

《山海經》說：「崑崙山方圓八百里，高萬仞。」郭景純認為，崑崙山上升二千五百多里；《淮南子》說：「崑崙山高萬一千里百一十四步三尺六寸。」

賞析與點評

大河的源頭在何處？《水經注》的開端就是嘗試找尋大河源。《水經》經文第一句是：「崑崙墟在西北，去嵩高五萬里，地之中也。河水出其東北陬，屈從其東南流，入渤海。」意思是大河源出於崑崙墟的東北角，最終流入渤海。「崑崙墟」在哪裏？古人不大清楚，大抵從輾轉的傳聞得知，遙遠的西北方有高山名為崑崙，是眾仙所居的地方，應該是大河的源頭所在。漢武帝派遣張騫通西域之後，中原人對西域的情況認識加深，於是把西域南方的大山稱為崑崙山，從崑崙山流出的眾多河流，匯集成為大河（現代的塔里木河），而這條西域大河，沿天山南麓向東流，注入一個大湖，名為蒲昌海（今羅布泊）。西域與中原關山遠隔數千里，這條西域大河與中原的大河並不連接，於是有人提出西域大河與中原大河是同一條，只是注入蒲昌海之後，「伏流地中萬三千里」，經由大禹疏導，再從積石山流出。似乎解決了「河出崑崙」的說法與西域大河注入蒲昌海的矛盾。由於時代的局限，以及實地考察難以進行，酈道元只能遵從俗說，他在《水經注》卷一中說：「余考羣書，咸言河出崑崙，重源潛發，淪於蒲昌，出於海水。」但隨着唐初征服居住於今青藏高原上的遊牧民族吐谷渾，中原人對黃河源頭的了解加深，逐漸知道河水「伏流地中萬三千里」這說法是無稽之談。中唐時，杜佑主編的史書《通典》批評這說法是「灼然荒唐」。

後漢、魏晉時期，佛教在中原已廣泛傳播，按照佛教源於印度神話的說法，世界的中心是須彌山（梵文：Sumeru，又譯為蘇迷嚧、蘇迷盧山、彌樓山，意思是寶山。意譯是妙高山，或稱妙光山），周圍有鹹海環繞，海上有四大部洲和八小部洲。

人們居住在四大部洲之中的南贍部洲（又稱閻浮提），中原位於南贍部洲其中一角，而各大部洲的水道，都從須彌山流出。《水經注》成書的南北朝後期，不少帝王將相崇信佛教，佛教的世界觀深受信眾尊奉，因此酈道元以大量篇幅引述佛教經典，把天竺（印度）的恆河等河流，與西域大河及中原大河連成一體。現傳日本奈良法隆寺的《五天竺圖》，據說是唐代繪畫的世界地圖，就是據佛教的想象加上實際的地理知識繪畫而成。不過大河源出須彌山只是傳說而已，唐朝以後已不受有識之士所重視。《水經注》保留了當時社會流傳的觀點。

經 **河水**

河者，水之氣，四瀆之精也

注《春秋說題辭》[1]曰：「河之為言荷也，荷精分布，懷陰引度也。」《釋名》[2]曰：「河，下也，隨地下處而通流也。」《考異郵》曰：「河者，水之氣，四瀆之精也，所以流化。」《元命苞》[3]曰：「五行始焉，萬物之所由生，元氣之腠液也。」《管子》[4]曰：「水者，地之血氣，如筋脈之通流者，故曰水具財也。五害之屬，水最為大。水有大小，有遠近，水出山而流入海者，命曰經水；引他水入于大水及海者，命曰枝水；出于地溝，流于大水，及于海者，又命曰川水也。」《莊子》曰：「秋水時至，百川灌河，經流之大。」《孝經援神契》[5]曰：「河者，水之伯，上應天漢。」《新論》[6]曰：「四瀆之源，河最高而長，從高注下，水流激峻，故其流急。」徐幹《齊都賦》[7]曰：「川瀆則洪河洋洋，發源崑崙，九流分逝，北朝滄淵，驚波沛厲，浮沫揚奔。」《風俗通》[8]曰：「江、河、淮、濟為四瀆。瀆，通也，所以通中國[9]垢濁。」《白虎通》[10]曰：「其德著大，故稱瀆。」《釋名》曰：「瀆，獨也。各獨出其所而入。」

注釋

1《春秋說題辭》：後漢時流行的讖緯書，現已失傳。2《釋名》：先秦的字書，是唐以後十三經之一。3《考異郵》及《元命苞》都是後漢時流行的讖緯書，現已失傳。

4《管子》：戰國時諸子學說之一，託名春秋時齊大夫管仲所撰。5《孝經援神契》：後漢時流行的讖緯書，現已失傳。6《新論》：後漢學者桓譚撰，現存。7徐幹：後漢末至曹魏時文學家，以其《三都賦》聞名，《齊都賦》是其中之一。8《風俗通》：又名《風俗通義》，後漢應劭撰，現存。9中國：指中原之地。10《白虎通》：又名《白虎通義》，後漢章帝召集羣儒、諸生於白虎觀討論經學今古文經義，其後由班固記錄成書。現存一部份。

譯文

河水

《春秋說題辭》說：「河」的意思是載荷（承載）。承載着天地的精氣，分佈各處；懷藏着屬陰的水，流通引度。《釋名》說：「河，就是下的意思，循着地勢的低處而通流。」《考異郵》說：「河是水的精氣，四瀆的精華，隨着它的流佈而化育事物。」《元命苞》說：「五行始於水，萬物由此而萌生，它是元氣所凝成的血脈。」《管子》說：「水是大地的血氣，一如血液在筋脈中流通，因此可以說，水是財富資源。五種災害之中，也以水為最大。水有大有小，有遠有近，水從山中流出注入於海，稱為經水（幹流）；引導其他的水道流入大水注入大海的，稱為枝水（支流）；從地溝滲出，流入大水，流注入大海的，又稱為川水。」《莊子》說：「秋水隨着季節而來，千百條川流灌注入大河，經水的流非常大。」《孝經援神契》說：「河在諸水之中，列於首位，上與天上的銀河相應。」《新論》說：「四瀆的水源，以河水最高最長，從高處流注而下，水勢兇猛，水流湍急。」徐幹《齊都賦》說：「川瀆之中，有浩蕩奔流的大河，發源於崑崙山，九條支流分道流逝，往北匯聚於茫茫大海，驚濤駭浪淩厲兇猛，浪花飛湧。」《風俗通》說：「江、河、淮、濟合稱為四瀆。瀆是通的意思，它把中原的污垢穢濁蕩滌而去。」《白虎通》說：「它的德性恢宏廣闊，所以稱為瀆。」《釋名》說：「瀆，是單獨的意思。各自從所在之處單獨流出，而入於大海。」

賞析與點評

這節引述古代典籍對「河」字的解釋，引出大河是大地血脈的觀點。

河色黃

經 **出其東北陬，**

注 **《山海經》曰：「崑崙虛在西北，河水出其東北隅。」《爾雅》曰：「河出崑崙虛，色白；所渠并千七百一川，色黃。」《物理論》[1]曰：「河色黃者，**

眾川之流，蓋濁之也。」百里一小曲，千里一曲一直矣。漢大司馬張仲議曰：「河水濁，清澄一石水，六斗泥。而民競引河溉田，令河不通利。至三月，桃花水至則河決，以其噎不泄也。禁民勿復引河。」[2]是黃河兼濁河之名矣。《述征記》曰：「盟津、河津恆濁，方[3]江為狹，比淮、濟為闊。寒則冰厚數丈，冰始合，車馬不敢過，要須狐行，云此物善聽，冰下無水乃過。人見狐行，方渡。」余案《風俗通》云：「里語稱狐欲渡河，無如尾何。」且狐性多疑，故俗有狐疑之說，亦未必一如緣生之言也。

注釋

1《物理論》：現已散佚。2「河水濁」至「復引河」段：記述不同季節河水的動態。3方：比較。

譯文

源出於它的東北角，《山海經》說：「崑崙虛在西北，河水發源於它的東北角。」《爾雅》說：「河水發源於崑崙虛，水色清澈；會合了一千七百零一條川流之後，水色又黃又濁。」《物理論》說：「河水之所以顏色轉黃，因為眾多的川流，把水弄濁。」河道百里一處小彎，千里一道曲流、一道直流。漢朝大司馬張仲評論說：「河水渾濁，盛一石河水加以沉澱澄清，含泥就有六斗。但是老百姓爭相引導河水灌溉農田，以致河水太少不能通航。到了三月，桃花水一到，河水就會決堤。這是因為水道阻塞，水流不能暢通，需要禁止老百姓繼續引河水灌溉。」於是黃河又兼有濁河之名。《述征記》說：「盟津、河津經常渾濁，比起江水要狹窄，比起淮水、濟水要寬闊。寒冬時節，河水結冰達到數丈厚，河面剛開始冰封時，車馬還不敢過河，必須等到有狐狸在冰上行走之後。據說這動物聽覺非常靈敏，聽不到冰下流水聲，然後放膽走過。人們看見狐在冰上走動，才踏冰過河。」我查閱《風俗通》稱：「俗語說，狐狸想過河，但尾巴無可奈何。」況且狐狸生性多疑，所以俗語有「狐疑」一詞，但也未必都如郭緣生所說。

賞析與點評

本節討論河水渾濁色黃的原因，是由於「眾川」的匯入，帶來的泥沙使河水渾濁，民間有「一石水，六斗泥」的俗語。又記述人們在寒冬過河的情況。

陽紆陵門之山、河伯馮夷、河圖

經 屈從其東南流，入渤海。

注《山海經》曰：「南即從極之淵也，一曰中極之淵，深三百仞，惟馮夷[1]都焉。」《括地圖》曰：「馮夷恆乘雲車，駕二龍。河水又出于陽紆陵門之山，而注于馮逸[2]之山。」《穆天子傳》曰：「天子西征，至陽紆之山，河伯馮夷之所都居，是惟河宗氏。天子乃沉圭璧[3]禮焉。河伯乃與天子披圖視典，以觀天子之寶器、玉果、璇珠、燭銀、金膏等物，皆《河圖》所載，河伯以禮，穆王視圖，方乃導以西邁矣。」粵[4]在伏羲，受龍馬圖于河，八卦是也。故《命曆序》[5]曰：「《河圖》，帝王之階，圖載江河、山川、州界之分野。後堯壇于河，受《龍圖》，作《握河記》。逮虞舜、夏、商，咸亦受焉。」李尤《盟津銘》：「洋洋河水，朝宗于海，逕自中州[6]，《龍圖》所在。」《淮南子》曰：「昔禹治洪水，具禱陽紆。蓋于此也。」高誘以為陽紆秦藪，非也。

注釋

1馮夷：傳說中的古代部落首領，相傳成為河伯，即黃河之神。2馮逸：馮逸與馮夷音近，應是同一人。3圭璧：古代祭祀用的玉器，以示對上天及祖先的崇敬。圭為長方型尖頂玉版，璧為圓型中央有孔玉環。4粵：發語詞，無義。5《命曆序》：古代緯書，已佚。6中州：指中原。

譯文

拐彎從它的東南方流去，注入渤海。

《山海經》說：「南面就是從極之淵，又稱中極之淵，深三百仞，馮夷就居住在那裏。」《括地圖》說：「馮夷經常乘坐雲車，由兩條龍牽駕。河水又從陽紆之山、陵門之山流出，奔注於馮逸之山。」《穆天子傳》說：「天子（周穆王）西行，到達陽紆之山，河伯馮夷住在那地方。馮夷就是河宗氏。天子把圭璧投入水中，作為獻禮。於是河伯和天子一起展開圖像，閱覽典籍，觀看天子的寶器、玉果、璇珠、燭銀、金膏等物件，這些都記載在《河圖》之中。河伯呈獻這些物件為禮，穆王細看圖像，然後帶領他向西方前行。」伏羲曾經在河上接受龍馬圖，那就是八卦。因此《命曆序》說：「《河圖》是登上帝王之位的臺階，圖中記載了江河、山川、州界的分野。後來帝堯在河上築壇，接受了《龍圖》，撰寫了《握河記》。及至虞舜、夏、商，也都接受過《河圖》。」李尤《盟津銘》說：「滔滔的河水，匯集於大海，它流經中州，那是《龍圖》所在之處。」《淮南子》說：「從前大禹治理洪水，陽紆之山祭祀祈禱，就在這地方。」高誘在注解中認為陽紆是秦國的澤藪，這不正確。

賞析與點評

這段引述《山海經》、《穆天子傳》等古籍，講述河伯馮夷與周穆王披視《河圖》的神話。

河出海外、大禹導河積石

經 又出海外，南至積石山下，有石門。

注 《山海經》曰：「河水入渤海，又出海外，西北入禹所導積石山。」山在隴西郡河關縣西南羌中[1]。余考羣書，咸言河出崑崙，重源潛發，淪于蒲昌，出于海水[2]。故《洛書》曰：「河自崑崙，出于重野。」謂此矣。逕積石而為中國河，故成公子安《大河賦》曰：「覽百川之宏壯，莫尚美于黃河；潛崑崙之峻極，出積石之嵯峨。」釋氏《西域記》[3]曰：「河自蒲昌，潛行地下，南出積石。」而《經》文在此，似如不比，積石宜在蒲昌海下矣。

注釋

1「山在」句：指羌人部落散佈的地區，即今青海高原。2「余考」至「海水」段：蒲昌海即今新疆羅布泊。古人相信，西域的大河（塔里木河）是黃河的上源，注入蒲昌海之後，潛行入地底，再在隴西積石山流出，成為中原的黃河。3《西域記》：指東晉高僧道安《西域記》。

譯文

又流出海外，往南流至積石山下，有石門。

《山海經》說：「河水注入渤海，水道又流出海外。河水往西北方流入大禹所疏導過的積石山。」這座山在隴西郡河關縣西南方的羌人地域。我考核各種書籍，都說大河源出於崑崙，潛流入地底然後再次發源，就在蒲昌海陷沒入地，再在海水中冒出。所以《洛書》說：「河源自崑崙山，經過重野流出。」就是這意思。流經積石山之後成為中原的大河，因此成公子安《大河賦》說：「覽觀百川之宏偉壯闊的雄姿，沒有比黃河更美啊；它潛流於崑崙極高之處，從積石的高山峻嶺中流出。」僧人《西域記》說：「大河從蒲昌海開始，潛入地底而行，往南從積石流出。」但此處的《經》文似乎次序倒錯，積石應該列於蒲昌海的後面。

賞析與點評

本節徵引古籍，申述「河出崑崙，重源潛發，淪于蒲昌，出于海水」的說法，但不能解釋不同說法之間的矛盾。這是因為酈道元的時代，中原人沒有遠赴青藏高原，考察河源的條件，只能以訛傳訛。本節之後，引述佛教經典，細述須彌山及四大部洲的印度神話傳說，此處從略。

北屈縣、風山、孟門山

經 又南，過河東北屈縣[1]西。

注 河水南逕北屈縣故城，西四十里有風山，上有穴如輪，風氣蕭瑟，習常不止，當其衝飄也，略無生草，蓋常不定，眾風之門故也。風山西四十里，河南孟門山。《山海經》曰：「孟門之山，其上多金玉，其下多黃堊、涅石。」《淮南子》曰：「龍門未闢，呂梁未鑿，河出孟門之上，大溢逆流，無有丘陵高阜滅之，名曰洪水。大禹疏通，謂之孟門。」故《穆天子傳》曰：「北登孟門，九河之隥。」孟門，即龍門之上口也，實為河之巨阨，兼孟門津之名矣。此石經始禹鑿，河中漱廣，夾岸崇深，傾崖返捍，巨石臨危，若墜復倚。古之人有言，水非石鑿，而能入石，信哉！其中水流交沖，素氣雲浮，往來遙觀者，常若霧露霑人，窺深悸魄。其水尚崩浪萬尋，懸流千丈，渾洪贔怒，鼓若山騰，濬波頹疊，迄于下口。方知慎子[2]下龍門，流浮竹，非駟馬之追也。又有燕完水注之，異源合舍，西流注河。

注釋　1北屈縣：今山西省吉縣。壺口瀑布在縣西黃河中央。2慎子：戰國思想家慎到。

譯文

河水又往南流，經過河東郡北屈縣西面。

河水往南流，經過北屈縣故城，西面四十里有一座風山，山上有洞穴好像車輪，寒風和氣流強勁陰冷，終年不停止，迎着強風的地方，寸草不生，風向不定，大概是由於這是各方來風的門戶。風山西面四十里處，有黃河南側的孟門山。《山海經》說：「孟門之山，其上多金玉，其下多黃堊、涅石。」《淮南子》說：「龍門未開闢，呂梁未鑿穿的時候，黃河從孟門之上流出，大水逆流溢湧，沒有丘陵高山消滅水勢，稱之為洪水。大禹疏通洪水，稱之為孟門。」因此《穆天子傳》說：「北登孟門，九河之隥。」孟門，是龍門之上的缺口，實在是黃河上的巨大障阻，也有孟門津的名稱。這裏的岩石經過大禹的鑿開，河道中央平緩廣闊，兩邊河岸又高又深，傾斜的崖壁互相依撐，巨石懸空危掛，彷彿往下墜落卻被擋擱。古時有人說「水不是鑿石工具，卻能穿入石中」，說得太對了！

這裏水流互相沖擊，白色的水氣像飄浮的雲霧，往來在遠處遙觀的人，時常似被霧露霑濕。向深處窺望，更加驚心動魄。河水激起沖崩崖岸的波濤，化為千丈瀑布，澎湃的滾滾濁流如波神震怒，聲如巨鼓雷哮，震動山谷。翻起層層疊疊的巨浪，直奔下方谷口。然後可知昔日慎子從龍門順河而下，浮在竹筏上漂流，快得連駟馬也追不上。又有燕完水注入，源頭不同但匯合為一，向西流，注入大河。

賞析與點評

本節描述大河流經孟門的景象。孟門是今陝西省與山西省之間的山陝峽谷其中一段，在陝西宜川縣與山西吉縣之間，黃河在峽谷中流過，成為兩省的分界。黃河的滾滾洪濤之中，有兩塊梭形的巨石，巍然屹立，形成兩個河心島，古人稱之為孟門山。相傳這兩個小島原為一座山，阻塞了河道，引發洪水泛溢，大禹治水時，把石山一劈為二，導水暢流。兩個小島彷似河中的方舟，在波濤中屹立，一前一後，從高處俯視，又像大河中的一對門戶。傳說古時有孟氏兄弟被河水沖走，漂流到這裏獲救，所以稱為大、小孟門山。

大孟門山長約三百米，寬五十米，高出水面約十米；小孟門山在大孟門山的上游十多米處，長五、六十米，都是堅硬的沉積砂岩構成。據現代地理學家的研究，孟門山原是黃河河床上的一處斷層，河水從斷裂線急瀉而下，形成瀑布和激流，兇猛的水勢不斷侵蝕河床，瀑布逐年移向上游，時至今日，已上移五公里到今日的壺口瀑布。大、小孟門山是昔日瀑布位置上殘留的巨型堅硬岩石塊。

酈道元以細緻的文學筆觸，描述孟門的詭奇。

皮氏縣、龍門山、龍門口

【】[*]注 河水又南，洛水[1]自獵山枝分東派，東南注于河。昔魏文侯築館洛陰，指謂是水也。經 又南過皮氏縣西，注 皮氏縣，王莽之延平[2]也，故城在龍門東南，不得延逕皮氏，方居龍門也[3]。經 又南出龍門口，汾水從東來注之。注 昔者大禹導河積石，疏決梁山，謂斯處也。即《經》所謂龍門矣。《魏土地記》曰：「梁山北有龍門山，大禹所鑿，通孟津河口。」廣八十步，岩際鐫跡，遺功尚存[4]。岸上并有廟祠，祠前有石碑三所，二碑文字紊滅，不可復識，一碑是太和[5]中立。《竹書紀年》：「晉昭公元年，河赤于龍門三里」；「梁惠成王[6]四年，河水赤于龍門三日」。京房[7]《易妖占》曰：「河水赤，下民恨。」

注釋

*【】《水經》條文下有酈《注》文夥，筆者選讀某條《經》文裏《注》文，有時分在多節。現以【】為標識，意為接上節的同條《注》文。1 洛水：這是指西洛水。2 王莽之延平：王莽在位時曾大量更改地名，詳見《漢書．地理志》。《水經注》也記錄不少王莽時曾用過的地名。3「皮氏縣」至「龍門也」段：酈道元辨正皮氏縣故城的位置。4「岩際」兩句：指崖壁上刻有文字，記述大禹治水功績。5 太和：曹魏明帝及北魏孝文帝先後使用「太和」年號。酈道元沒有說明是哪一個太和，推斷應該是北魏孝文帝

太和。6梁惠成王：即魏惠王，也就是《孟子》所說的梁惠王。7京房：前漢易學宗師之一，為「京氏易」學派開創者。

譯文

河水又往南流，洛水從獵山往東分出水道，向東南流，注入大河。昔日魏文侯在洛水北岸建築宮館，指的就是這條水道。又往南流，經過皮氏縣西面。皮氏縣，王莽時稱為延平，故城在龍門東南面，不可能繞道先經過皮氏，再到達龍門。又往南流，出龍門口，汾水從東面而來注入。昔日大禹在積石疏導黃河，在梁山打開缺口，相傳就是在這地方。亦即《書經》所說的龍門。《魏土地記》說：「梁山北面有龍門山，大禹所鑿開，貫通孟津河口。」闊八十步，岩壁上刻上大禹治水的事跡，他遺留的功績仍然保存。岸上又有廟祠，祠前有石碑三座，其中兩碑文字已經磨滅，不可以辨識；另一石碑是太和年間所立。《竹書紀年》記：「晉昭公元年，河水在龍門變成紅色，延綿三里」，「梁惠成王四年，河水在龍門變成紅色，連續三日」。京房《易妖占》說：「河水變成紅色，老百姓有怨恨。」

賞析與點評

黃河流經壺口和孟門之後，會合從東面而來的汾河（汾水），會合處的對岸（西岸）是龍門山，相傳大禹治水時，鑿通了龍門山，把河水引向南方。

【注】河水又南，右合陶渠水。水出西北梁山，東南流逕漢陽太守殷濟精廬南，俗謂之子夏[1]廟。陶水又南逕高門南，蓋層阜墮缺，故高門之稱矣。又東南逕華池南。池方三百六十步，在夏陽城西北四里許。故司馬遷《碑文》云：「高門華池，在茲夏陽。」今高門東去華池三里。溪水又東南逕夏陽縣故城南。服虔曰：「夏陽，虢[2]邑也，在太陽[3]東三十里。」又歷高陽宮北，又東南逕司馬子長墓[4]北。墓前有廟，廟前有碑。永嘉四年，漢陽太守殷濟瞻仰遺文，大其功德，遂建石室，立碑樹桓。《太史公自敘》曰：「遷生于龍門。」是其墳墟所在矣。溪水東南流入河。昔魏文侯與吳起浮河而下，美河山之固，即于此也。

注釋

1子夏：孔子弟子。2虢（粵：隙；普：guó）：西周封國，為周太王後裔虢仲、虢叔所封，原本在關中寶雞一帶，隨周王東遷，分為兩國，西虢在陜（今三門峽），東虢在檜（今鄭州），二虢國君世代為周天子卿士，其後鄭國強大，鄭莊公與虢公爭權，鄭滅東虢，而西虢衰落，其後被晉國所滅。晉滅虢過程中，發生著名的「假虞滅虢」（或「假途滅虢」）典故。虢國後人，改以郭為氏，因此郭姓族譜，俱以虢仲、虢叔為祖先。二十世紀五十年代，考古學家在三門峽黃河岸邊，發現大量虢國貴族墓，出土數以千計精美青銅器及車馬坑，現建有「虢國博物館」。3太陽：又名大陽。4司馬子長墓：現存，在今陝西省韓城市南芝川鎮黃河岸上，俗名「太史祠」。

譯文

河水又往南流，右方會合陶渠水。陶渠水源出西北方的梁山，向東南流，經過漢陽太守殷濟的精廬南面，民間稱之為子夏廟。陶水又向南流，經過高門的南面，由於這裏有層層疊起的高坡，中間忽然崩陷，形成缺口，因此得稱高門。陶渠水又向東南流，經過華池南面，池周迴三百六十步，在夏陽城西北方四里左右。因此司馬遷《碑文》說：「高門華池，在夏陽這裏。」現今高門距離華池以東三里。溪水又往東南流，經過夏陽縣故城南面，服虔說：「夏陽，虢國的城邑，在大陽東面三十里。」又經過高陽宮北面，又往東南流，經過司馬子長（漢太史公司馬遷）墓北面。墓前有祠廟，廟前面有碑。西晉永嘉四年（三一〇），漢陽太守殷濟到這裏瞻仰遺文，欽佩他的功業和德行，於是為他建造石室，立石碑，築圍場。《太史公自敍》說：「我出生於龍門。」這裏是他的墳墓所在地。溪水往東南流，注入大河。昔日魏文侯與吳起順大河漂流而下，讚美河山的險固壯麗，就是這裏。

賞析與點評

黃河右岸龍門山一帶，是戰國初期魏、秦兩國角力的前線，有不少魏國的遺跡。龍門山附近的陝西省韓城市（漢朝為左馮翊夏陽縣）芝川鎮，是漢太史公司馬遷的家鄉，因此司馬遷在《史記·太史公自序》中說：「遷生龍門。」時至今日，司馬遷祠仍然屹立在黃河岸邊。

蒲坂、舜廟、桑落酒

經 又南過蒲坂縣[1]西。

注 《地理志》[2]曰：「縣，故蒲也。王莽更名蒲城。」應劭曰：「秦始皇東巡，見有長坂，故加坂也。」孟康曰：「晉文公以賂秦，秦人還蒲于魏，魏人喜，曰：蒲反矣，故曰蒲反也。」薛瓚注《漢書》曰：「《秦世家》以垣為蒲反。然則本非蒲也。舜所都也。或言蒲坂，或言平陽及潘者也。今城中有舜廟。」[3]魏秦州刺史治。太和遷都罷州，置河東郡，郡多流雜，謂之徙民。民有姓劉名墮者，宿擅于釀，採挹河流，醞成芳酎，懸食同枯枝之年，排于桑落之辰，故酒得其名矣。然香醑之色，清白若滫漿焉，別調氛氳，不與他同，蘭薰麝越，自成馨逸，方土之貢，選最佳酌矣。自王公庶友，牽拂相招者，每云：「索郎有顧，思同旅語。」索郎反語[4]為桑落也，更為籍徵之雋[5]句，中書之英談。[6]

注釋

1蒲坂縣：又名蒲反，春秋戰國時為秦晉／秦魏邊境之地，互相爭奪，戰事頻繁，戰國後期為秦國佔領，秦軍因此打通黃河津渡，可以進入河東。北朝後期，蒲阪為東、西魏戰略要地，唐朝在此設置蒲州。2《地理志》：指《漢書．地理志》。3「《地理志》」至「故曰蒲反也」段：酈道元列舉蒲坂得名的不同說法。4反語：南北朝時借用佛經梵文的拼音法，創造漢語「反切」，即採用前一字的聲母，及後一字的韻母，標示讀音。例如「索」的聲母為「s」，「郎」韻母為「ong」，「索郎反」即讀為「song」，即「桑」音。5雋（粵：俊；普：jùn）：本義為鳥肉肥美、味道好，又與「俊」通假，優秀、才智出眾、意味深長的意思。6「民有姓劉」至末段：介紹河東名酒「桑落酒」的來源及釀酒者的推廣手法。

譯文

又往南經過蒲坂縣西。

《地理志》說：「蒲坂縣就是從前的蒲，王莽改稱蒲城。」應劭說：「秦始皇東巡時，看見有長長的山坡，所以加上坂字。」孟康說：「晉文公以這地方賄賂秦國，（後來）秦國把蒲歸還給魏，魏人非常高興，說：『蒲回歸了！』因此稱為蒲反。」薛瓚注《漢書》說：「《秦世家》中把垣當作蒲反，但這本來不是蒲。」皇甫謐說：「這是舜的都城，或稱為蒲坂，或稱為平陽及潘，現今城中仍有舜廟。」魏的時候是秦州刺史治所。太和年間遷都之後，撤銷了秦州，設置河東郡，郡內有許多犯罪流放的犯人和各種難民雜居，稱為徙民。徙民之中有姓劉名墮的人，向來擅長釀酒，從河流中取水，經多次醞釀成為芳香的醇酒，存放很長時間，等到桑椹熟透墜落之時，加入釀造，因此這種酒以此得名，稱為桑落酒。這種香醇的美酒，色澤清白如米漿水，有特殊的香氣，與其他酒不一樣，既似蘭薰，又似麝香，自成一種飄逸的馨香，方士之貢，被選為進貢皇帝的最佳美酒。從王公貴人到庶民百姓，朋友之間招待聚飲，都要說：「索郎在打招呼啊！」索郎二字的反切讀法就是桑落，更成為書籍上的名句，文人雅士的美談。

賞析與點評

蒲坂是黃河的重要渡口，由關中的長安（今西安市）前往汾河下游的河東（今山西省南部），必須在蒲坂渡過黃河。因此在春秋時期和戰國初年，蒲坂是秦、晉／秦、魏爭奪的戰略要地。後來秦國強大，佔據了蒲坂，魏國的老地盤河東深受威脅，魏國遷都大梁（今河南省開封市），其後河東被秦國取得，設置了河東郡。到了唐朝，蒲坂是重要的交通要衝，設置了蒲州，蒲州有普救寺，是著名詩人元稹撰寫的傳奇故事《會真記》（即後世的戲曲《西廂記》的藍本）發生的地方，現在是山西省永濟市蒲州鎮。《水經注》還介紹了一種當時河東名酒：桑落酒。

【注】郡南有歷山，謂之歷觀。舜所耕處也，有舜井。嬀、汭二水出焉，南曰嬀水，北曰汭水，西逕歷山下，上有舜廟。周處[1]《風土記》曰：「舊說，舜葬上虞。」[2]又《記》云：「耕于歷山。而始甯、剡二縣界上，舜所耕田，于山下多柞樹，吳、越之間，名柞為櫪，故曰歷山。」余案周處此志為不近情，傳疑則可，證實非矣。安可假木異名，附山殊稱，強引大舜，即比甯懷，更為失志記之本體，差實錄之常經矣。歷山、嬀、汭，言是則安，于彼乖矣[3]。《尚書》所謂「釐降二女于嬀汭」也。孔安國曰：「居嬀水之內。」王肅曰：「嬀汭，虞地名。」皇甫謐曰：「納二女于嬀水之汭。」馬季長[4]曰：「水所出曰汭。」然則汭似非水名，而今見有二水異源同歸，渾流西注入于河。

注釋

1周處：西晉時吳人，以「除三害」改過自新聞名。2上虞：上虞在長江以南，今浙江省紹興、寧波之間的上虞區，距離中原非常遠，舜在此地耕種，可能是後世傳聞。也有可能有大舜苗裔支派遷徙至江南，把傳說遷移至南方。3「余案」至「于彼乖矣」段：酈道元認為舜之歷山在河東合理，在江南不靠譜。4馬季長：後漢著名學者馬融，字季長。

譯文

郡的南面有歷山，稱之為歷觀。這是舜耕田的地方，有舜井。嬀、汭二水從這裏流出，南面的稱為嬀水，北面的稱為汭水，西經歷山下，上面有舜廟。周處《風土記》說：「舊說，舜葬在上虞。」又《記》說：「耕於歷山。而始甯、剡二縣交界之處，有舜所耕的田，在山下有很多柞樹，吳、越之間，稱柞樹為櫪樹，因此稱為歷山。」我查驗周處的說法不合情理，傳疑是可以的，但沒有確實證據，怎可以借樹木的異名，附會為山的別稱？強行附會與大舜有關，就與甯、懷史跡類比，更加失去地方志記應有的本體，欠缺記錄事實的準則。歷山、嬀、汭的所在地，定在這裏沒有不妥，依他的說法就不正確了。《尚書》所謂「釐降二女于嬀汭」。孔安國說：「位於嬀水之內。」王肅說：「嬀汭，虞代地名。」皇甫謐說：「娶二女于嬀水之汭。」馬季長（馬融）說：「水所出之處稱為汭。」然則汭似乎不是水道的名稱，但現今看見有兩條不同源頭的水道，歸於同流，混合往西注入於河。

賞析與點評

今山西省南部，就是秦、漢時的河東郡，這裏歷史非常悠久，據說帝堯和帝舜的都城也設在河東，直至酈道元的年代，還留下一些與帝舜有關的遺址和地名，如歷山、嬀汭等，古代有學者認為「嬀汭」是嬀水和汭水兩條河流的名稱，而酈道元對「嬀汭」作了分析，認為汭是指「水所出之處」，不是河流的專名。

壺口雷首（堯山）、雷水、涑水注于河

【一】注 河水南逕雷首山西。山臨大河，北去蒲坂三十里，《尚書》所謂壺口雷首者也。俗亦謂之堯山，山上有故城，世又曰堯城。闞駰曰：「蒲坂，堯都。」按《地理志》曰：「縣有堯山、首山祠，雷首山在南。」事有似而非，非而似，千載眇邈，非所詳耳。[1]

又南，涑水注之。水出河北縣雷首山。縣北與蒲坂分，山有夷齊廟。闞駰《十三州志》曰：「山，一名獨頭山，夷齊所隱也。山南有古冢，陵柏蔚然，攢茂丘阜，俗謂之夷齊[2]墓也。」其水西南流，亦曰雷水。《穆天子傳》曰「壬戌，天子至于雷首，犬戎胡[3]觴[4]天子于雷首之阿[5]，乃獻良馬四六，天子使孔牙受之于雷水之干」是也。昔趙盾[6]田[7]首山，食[8]祁彌明翳桑[9]之下，即于此也。涑水[10]又西南流，注于河，《春秋左傳》謂之涑川者也，俗謂之陽安澗水。

注釋

1酈道元對古史傳說採取傳疑態度。2夷齊：指商末周初的賢人伯夷、叔齊，據《史記．伯夷列傳》所記，二人不滿周武王父死不葬，爰及干戈，又以臣弒君，所為不孝不仁，於是不食周粟，采薇首陽山而食，最後餓死。3犬戎胡：古遊牧民族。4觴：獻酒、敬酒。5阿：指山坡。6趙盾：春秋時晉國執政。7田：田獵。8食（粵：飼；

普：sì）：賜給食物的意思。9翳桑：又大又濃密的桑樹。10涑水：古代河東郡一條注入黃河的支流，北宋名臣司馬光的家鄉在涑水上游的夏縣，因此司馬光別號「涑水先生」。

譯文

河水往南流，經過雷首山西面。山在大河旁邊，北面距離蒲坂三十里，就是《尚書》所說的壺口雷首，眾人亦稱之為堯山。山上有座古城，民間又稱為堯城。闞駰說：「蒲坂，堯的都城。」據《漢書·地理志》所說：「縣有堯山、首山祠，雷首山在南面。」但很多事情有的似而非，有的非而似，千年以前的遙遠往事，非我們所能詳細分辨。

河水又往南流，涑水入注。涑水源出於河北縣的雷首山。河北縣北面與蒲坂縣分界。山上有夷齊廟。闞駰《十三州志》說：「雷首山一名獨頭山，伯夷叔齊隱居的地方。」山的南面有古冢，陵墓周圍種植茂盛的柏樹，濃密地佈滿山丘，民間稱之為夷齊墓。涑水向西南流，亦稱為雷水。《穆天子傳》說「壬戌日，天子到達雷首，犬戎胡人在雷首山下向天子敬酒，獻上良馬二十四匹，天子派遣孔牙在雷水岸上接受獻禮」，就是在這裏。昔日趙盾在首山田獵，在桑樹蔭下給祁彌明送上食物，就是這裏。涑水又向西南流，注入大河，《春秋左傳》所稱之涑川，民間稱之為陽安澗水。

賞析與點評

今日的山西省南部，也就是古代的河東郡，相傳是帝堯定都的地方，當地遺留了堯山、首山祠等古跡，但酈道元不能確定史跡的真偽，這是實事求是的治史態度。

華山、巨靈手印、中祠、南祠、天井、胡越寺、搦嶺、上宮神廟、太上泉、屈嶺

經 又南至華陰潼關[1]，渭水從西來注之。

注 汲郡[2]《竹書紀年》[3]曰：晉惠公十五年，秦穆公帥師送公子重耳，涉自河曲。《春秋左氏》僖公二十四年，秦伯納之，及河，子犯以璧授公子曰：「臣負羈縱，從君巡于天下，臣之罪多矣，臣猶知之，而況君乎？請由此亡。」公子曰：「所不與舅氏同心者，有如白水。」投璧于此。子推笑曰：「天開公子，子犯以為功，吾不忍與同位。」遂逃焉。

河水歷船司空[4]，與渭水會。《漢書·地理志》：「舊京兆尹[5]之屬縣也。」左丘明《國語》云：「華岳本一山當河，河水過而曲行，河神巨靈[6]，手盪腳踏，開而為兩，今掌足之跡，仍存華岩。」《開山圖》曰：「有巨靈胡者，遍得坤元之道，

能造山川，出江河，所謂巨靈贔屭[7]，首冠靈山者也。」常有好事之士，故升華嶽而觀厥跡焉。自下廟歷列柏南行十一里，東迴三里，至中祠，又西南出五里，至南祠，謂之北君祠，諸欲升山者，至此皆祈請焉。從此南入谷七里，又居一祠，謂之石養父母，石龕、木主存焉。

又南出一里，至天井，井裁容人，穴空，迂迴頓曲而上，可高六丈餘。山上又有微涓細水，流入井中，亦不甚霑人。上者皆所由陟，更無別路，欲出井望空，視明如在室窺窗也。出井東南行二里，峻坂斗上斗下，降此坂二里許，又復東上百丈崖，升降皆須扳繩挽葛而行矣。南上四里，路到石壁，緣旁稍進，逕百餘步。自此西南出六里，又至一祠，名曰胡越寺，神像有童子之容，從祠南歷夾嶺，廣裁三尺餘，兩箱懸崖數萬仞，窺不見底，祀祠有感，則雲與之平，然後敢度，猶須騎嶺抽身，漸以就進，故世謂斯嶺為搦嶺矣。度此二里，便居山頂。上方七里，靈泉二所：一名蒲池，西流注于澗；一名太上泉，東注澗下。上宮神廟近東北隅，其中塞實雜物，事難詳載。自上宮東北出四百五十步，有屈嶺，東南望巨靈手跡，惟見洪崖、赤壁而已。都無山下上觀之分均矣。

注釋

1 潼關：在黃河拐彎處的西南岸上，自古以來為關中戰略重地，潼關失守，關中長安不保。2汲郡：在河南洛陽往北渡過黃河，即為戰國、秦、漢時的河內郡，今為河南省焦作、新鄉兩市，西晉時分河內郡汲縣等地設置汲郡。其後有盜墓人發現戰國魏王墓，出土大量竹簡典籍。3《竹書紀年》：西晉汲郡戰國魏王墓出土竹簡典籍之一，其記事與正史記述有異，例如《竹書紀年》稱舜篡位而非堯舜禪讓之類。唐以後已散佚，後世學者從古書徵引語句中，輯出不完整版本。4船司空：地名，前漢置縣，管轄潼關。5舊京兆尹：秦設置內史管轄關中京畿之地；前漢景帝時，分為左、右內史；武帝時，又分為京兆尹、左馮翊、右扶風三個行政區，稱為「三輔」。6巨靈：秦人神話中之河神名。7贔屭（粵：避戲／翳；普：bì xì）：傳說是龍生九子之一，貌似龜，有牙齒，力大可馱負三山五嶽，能在江河湖海裏興風作浪。大禹治水時把牠收服，為大禹推山挖溝，疏導河流。後人常把石碑的底座雕刻成贔屭狀，表示承載歷史的豐功偉績。

譯文

河水又往南流，到達華陰潼關，渭水從西面來注入。

汲郡出土的《竹書紀年》說：「晉惠公十五年，秦穆公率領大軍護送公子重耳返回晉國，在河曲涉水渡河。」《春秋左氏》記：「僖公二十四年，秦伯送重耳回國，到達黃河邊，子犯向公子呈上玉璧說：『微臣犯了罪，跟隨主公你周遊天下，微臣的罪過太多了。以微臣的愚昧也會明白，何況英明的君主？請主公准許我從此開始流亡。』公子說：『假如不與舅氏同心，就如白水一般，一去不回。』把玉璧投入水中。介子推笑着說：『上天為公子開路，子犯自以是他的大功，我不願意與他同在朝中任職。』於是出逃而去。」

河水經過船司空，與渭水會合。《漢書·地理志》：「昔日京兆尹管轄的屬縣。」左丘明《國語》說：「華山原本是一座橫截大河的山，河水彎曲繞行而過，河神巨靈，用手震擊，用腳蹴踏，把山劈開為兩半。」現今手掌和足印的痕跡，仍在華山的岩石上。《開山圖》說：「有巨大的神靈名叫胡，學遍了再造乾坤的道術，能製作山川，造出江河，所謂巨靈有贔屭的威力，是山上諸神靈的首領。」經常有好事之人，特意登上華嶽觀看岩壁上的痕跡。從下廟起，向南沿路種植柏樹、長達十一里，向東拐彎三里，到達中祠，又向西南延行五里，至南祠，稱為北君祠，所有想登山的人，到這裏都要祈禱。由這裏開始往南進入山谷，前行七里，又到一處祠廟，稱為石養父母，石龕、木主仍然保存。

又往南前行一里，到達天井，井剛好容得下一個人，洞穴中空，迂迴曲折而上，有六丈多高。山上又有微水細流，涓涓滴滴流入井中，不會霑濕路過的人。登山者必須由這處往上行，沒有其他的路。從井裏仰望天空，看到明亮的地方，就像在房間從窗戶往外看。走出這井向東南行二里，險峻的山坡陡直而上，陡直而下，走下這山坡二里左右，又再向東上百丈崖，上崖下崖都必須攀着繩索、挽着葛藤而行。向南往上四里，路在石壁邊緣蜿蜒而過，經過百餘步，由這裏往西南向外行六里，又到達一處祠廟，名為胡越寺，神像容貌像童子，從祠往南經過夾嶺，小路只有三尺多寬，兩側的懸崖有萬仞深，探頭窺望看不見谷底。先可向神靈拜祭禱告，如有感應，會有雲霧升起與小路齊平，然後才有勇氣走過去。但仍需俯身伏在嶺上，移動身體，慢慢地爬行前進，因此眾人把這山嶺稱為搦嶺。經過這裏再行二里，便到達山頂。山頂方圓七里，有兩道靈泉：其一名為蒲池，往西流注入溪澗；另一名為太上泉，往東注入澗下。上宮神廟在近東北角處，裏面塞滿雜物，沒法說得清楚。離開上宮向東北走四百五十步，有屈嶺，向東南方眺望巨靈手印，只能見到洪水流過的山崖，和赤紅的石壁而已。不及從山下往上望那麼真切清楚了。

賞析與點評

黃河流經壺口、龍門、蒲坂等名勝之後，到了華陰的潼關，另一條重要的支流渭河從西面而來，在潼關附近與黃河會合。由於秦嶺的餘脈崤山橫亙在潼關以南，黃河被迫折向東流，形成一處大拐彎。崤山、潼關一帶由於山川險要，而且是從關中東出中原的必經之地，因此自古以來發生過不少重要的戰爭。崤山以西，渭河南岸的華山，更是古代五嶽之中的西嶽，歷來以險要見稱。酈道元在《水經注》中，撰寫了一則引人入勝的華山遊記，值得細閱。

【注】河在關內南流，潼激關山，因謂之潼關[1]。濩水注之，水出松果之山。北流逕通谷，世亦謂之通谷水，東北注于河，《述征記》所謂潼谷水者也。或說因水以名地也。河水自潼關東北流，水側有長坂，謂之黃巷坂。坂傍絕澗，陟此坂以升潼關，所謂「溯黃巷以濟潼矣」。

歷北出東崤，通謂之函谷關[2]也。邃岸天高，空谷幽深，澗道之峽，車不方軌，號曰天險。故《西京賦》曰：「岩險周固，衿帶易守，所謂秦得百二，并吞諸侯也。」是以王元說隗囂[3]曰：「請以一丸泥[4]，東封函谷關，圖王不成，其弊足霸矣。」郭緣生《記》曰：「漢末之亂，魏武征韓遂、馬超，連兵此地。今際河之西，有曹公壘。道東原上，云李典營。義熙十三年，王師曾據此壘。」《西征記》曰：「沿路逶迤，入函道六里，有舊城，城周百餘步，北臨大河，南對高山。」[5]姚氏[6]置關以守峽，宋武帝[7]入長安，檀道濟、王鎮惡[8]，或據山為營，或平地結壘，為大小七營，濱帶河險，姚氏亦保據山原陵阜之上，尚傳故跡矣。關之直北，隔河有層阜，巍然獨秀，孤峙河陽，世謂之風陵[9]。戴延之所謂風塠者也。南則河濱姚氏之營，與晉對岸。

注釋

1「河在關內」三句：酈道元解説潼關之得名。2「歷北」兩句：潼關以東重要關隘，北靠黃河，南逼崤山，中間數百里通道，穿越峽谷，形勢險要，古稱桃林塞，現稱崤函古道。戰國時秦國在古道西端建設關城駐兵鎮守，防範關東六國入侵。其後秦國強盛，秦兵東出函谷關，終於統一天下。前漢武帝時，應將軍楊僕之請，移關城於古道東端，監臨關東諸郡。3隗囂：王莽末羣雄之一，割據關中隴西，後為漢光武帝所敗。4丸泥：把軍令裹在泥丸中派人傳達。5「沿路」六句：此即漢函谷關城，在今河南省新安縣西，關城遺址尚存，國道、隴海鐵路分別在關城兩側。6姚氏：羌人姚萇、姚興父子之後秦國，為五胡十六國之一，都長安。7宋武帝：東晉權臣劉裕，率兵北伐，入長安，滅後秦，其後篡晉改國號為宋，是為宋武帝。8檀道濟、王鎮惡：俱為劉裕部將，為劉裕守長安。9風陵：在今山西省永濟市，現有風陵道大橋及鐵路橋橫跨黃河。

譯文

河水在關內往南流，水流撞激關山，因此稱為潼關。濩水在這裏注入大河。濩水源出於松果之山，往北流，經過通谷，民間也稱之為通谷水，往東北流，注入河，這就是《述征記》所說的潼谷水。也有説法是地名依水名而來。河水從潼關往東北方流去，水道邊有長長的堤坂，稱為黃巷坂。堤坂依深澗旁而建，沿堤坂往上行，可以到達潼關，所謂「上溯黃巷通往潼關」，就是指這堤坂路。

往北出了東崤，通稱為函谷關。陡直的岸壁高入天際，空谷幽暗深沉，澗邊的山路狹窄，容不下兩車並行，號稱天險。因此《西京賦》說：「四周絕壁堅不可摧，形勢險要易守難攻，所謂秦國有以二當百的優勢，因而併吞了列國。」因此王元游說隗囂說：「只需要用一顆丸泥（派一點兵），在東端封住了函谷關，就算做不成皇帝，至低限度也足以稱霸一方。」郭緣生《述征記》說：漢朝末年天下大亂，魏武帝征伐韓遂、馬超，在這裏連兵會戰。現在西面的河岸上，有曹公壘；道路東面的平原上，據說是李典駐軍的營地。東晉義熙十三年，朝廷的大軍曾經佔領這處營壘。《西征記》說：「沿着彎曲的道路，進入狹窄的道徑前行六里，有一座舊城，環城一周百餘步，北靠大河，南對高山。」這是後秦姚氏為防守峽谷而設立的關隘。宋武帝領兵進入長安，檀道濟、王鎮惡等將領，有些依山紮營，有些在平地結壘，大大小小共有七處營盤，依靠大河天險；姚氏也佔據着山上平地和山岡，遺跡仍然存在。函谷關的正北，隔着大河，有一座層疊的山嶺，高聳特出，屹立在河的北岸，民間稱之為風陵，也就是戴延之所稱的風塠。南岸的姚氏營地，與晉軍隔岸對峙。

賞析與點評

風陵渡位於黃河轉向東流的河灣之處，是古代黃河上最大的渡口，現在是山西、陝西、河南三省的交界點，今山西省芮城縣有風陵渡鎮，架設了貫通三省的風陵渡高速公路大橋。相傳軒轅黃帝與蚩尤大戰於涿鹿，蚩尤施展法術，頓時大霧迷天，黃帝的將士迷失方向，不能作戰。在危急關頭，黃帝部將風后（也稱風伯），獻上指南車，給大軍指明方向，擺脫了困境，終於戰勝蚩尤。可惜風伯戰死沙場，黃帝把他葬在黃河邊上，後世稱風伯的墓冢為風后陵，又稱風陵。風陵附近的渡口就是風陵渡。

崤山山脈逼近風陵渡以南的黃河南岸，因此自潼關以東至陝縣百多公里的道路，必須從崤山的峽谷中穿過，這峽谷古代稱為函谷，是非常重要的戰略要塞，西周初稱為桃林塞，春秋時晉國越過黃河控制了這要塞，在峽谷的西口建築關城，駐兵鎮守，稱為函谷關。

秦函谷關

經 又東過河北縣南，

注 （門水）又東北逕邑川城南，即漢封竇門之故邑，川受其名，亦曰竇門，城在函谷關南七里。又東北，田渠水注之。水出衙山之白石谷，東北流逕故丘亭東，是薛安都[1]軍所從城也。其水又逕鹿蹄山西，山石之上有鹿蹄，自然成著，非人功所刊[2]。歷田渠川，謂之田渠水，西北流注于燭水。燭水又北入門水。水之左右，即函谷山也。

門水又北逕宏農縣[3]故城東。城即故函谷關校尉舊治處也[4]，終軍[5]棄繻于此。燕丹、孟嘗亦義動雞鳴于其下，可謂深心有感，志誠難奪矣。昔老子西入關，尹喜望氣于此也[6]。故趙至《與嵇茂齊書》曰：「李叟[7]入秦，及關而嘆。」亦言《與嵇叔夜書》及關尹望氣之所，異說紛綸，并未知所定矣。漢武帝元鼎四年，徙關于新安縣，以故關為弘農縣、弘農郡治。王莽更名右隊。劉桓公為郡，虎相隨渡河，光武問而善之。其水側城北流而注于河。

注釋

1薛安都：南北朝武將。2「其水」四句：應該是河水沖刷岩石形成的壺穴。3宏農縣：漢弘農縣，其後設置弘農郡，故城在今河南省靈寶縣北，燭河匯入黃河處。北魏避諱，改弘為宏。4故函谷關校尉舊治處：即秦函谷關故址，現有秦函谷關景點。5終軍：前漢大臣，姓終名軍。6老子西入關：相傳老子在此出關進入秦國，被關尹所阻，留下《道德經》五千言離去。近年地方政府據此傳說擴建道教景區。7李叟：據《史記》所稱，老子姓李名耳。

譯文

又往東經過河北縣南，

門水又往東北流，經過邑川城的南面，這就是從前漢朝封給竇門食邑，水道因人而得名，亦稱為竇門，城在函谷關以南七里。又往東北流，田渠水注入。田渠水發源於衙山的白石谷，往東北流，過故丘亭的東面，這是薛安都軍隊所築的城。這條水又經過鹿蹄山的西面，山石之上有鹿蹄的印跡，是自然生成，並非人工所鑿。這條水經過田渠川，稱為田渠水，往西北流，注入燭水。燭水又往北注入門水。水道的左右兩岸，便是函谷山了。

門水又往北流，經過宏農縣故城的東面。這座城就是從前函谷關校尉的治所，漢朝人終軍在這裏丟失了過關的憑證。燕太子丹、齊孟嘗君也因他們的義氣，感動門客，在關下模仿雞啼，使他們可以連夜出關，可以說用心深遠，志誠感人，他們與門客的互相信任，堅定難以動搖。從前老子西入函谷關，尹喜在這地方觀望氣色，因此趙至《與嵇茂齊書》說：「李老先生西入秦國，到達關前喟然嘆息。」也有人說這句話出自《與嵇叔夜書》。至於關尹望氣的所在，各種說法紛紜，不知如何定奪。漢武帝元鼎四年，把函谷關城遷徙往新安縣，在舊關城設立弘農縣和弘農郡治，王莽改稱為右隊。劉桓公擔任郡太守時，有老虎跟着也渡河，光武帝問清楚情況之後，對他非常讚許。這條水沿着城邊往北流，注入了大河。

賞析與點評

春秋時代，函谷關阻扼了秦國勢力向東擴展，成為秦、晉／魏、晉必爭之地，漢朝以後，函谷關仍是位於關中的首都長安的最重要東面要塞，關城移至函谷的東口。古代有多個王朝定都長安或洛陽，函谷關成為兩都之間交通孔道，歷史上曾經發生過多次重要戰爭。唐朝以後，長安不再成為帝都，函谷關的重要性大幅下降。

湨津（竇津）

【注】河水于此，有湨津之名。說者咸云：漢武微行[1]柏谷，遇辱竇門，又感其妻深識之饋[2]，既返玉階[3]，厚賞賚焉，賜以河津，令其鬻渡[4]。今竇津是也。故潘岳《西征賦》云「酬匹婦其已泰，胡厥夫之謬官」，袁豹之徒，并以為然。余案河之南畔，夾側水濆有津，謂之湨津。河北縣有湨水，南入于河，河水故有湨津之名，不從門始，蓋事類名同，故作者疑之。《竹書》、《穆天子傳》曰：「天子自竇軨，乃次于湨水之陽，丁亥，入于南鄭。」考其沿歷所踵，路直斯津，以是推之，知非因門矣，俗或謂之偃鄉澗水也[5]。

注釋

1 微行：微服出行。2 饋：給予食物。3 玉階：指宮殿。4 鬻渡：渡河地點稱為河津，鬻渡即收渡河費。5「余案」至末段：酈道元查核古史文獻，考訂竇津得名，遠在西周，並非始於漢武帝時。

譯文

河水流到這裏，有浢津的名稱。當地流行的傳說：漢武帝微服出行到了柏谷，被一個名叫竇門的人羞辱，卻感謝他的妻子慧眼識人，以酒餚款待。武帝返回皇宮之後，給她豐厚的賞賜，把大河的渡口賜給他們，讓他們收取渡河的費用，就是今日的竇津。因此潘岳《西征賦》說「給予這婦人的報酬已太過份了，怎可以胡亂給她的丈夫封官」，袁豹等人，都認為他說得對。我到過河的南岸，看見水邊有渡口，名為浢津。河北縣有浢水，向南流注入大河，河水有浢津的地名，並非從竇門才開始。大概因為事情類似，地名相近，所以作者把兩件事混而為一。《竹書紀年》、《穆天子傳》說：「天子從寘軨起行，到了浢水的北岸休息，丁亥日，進入南鄭。」查考他足跡走過的地方，正好經過這處渡口，照記述推斷，可知這地名並非因竇門而來，民間或稱之為偃鄉澗水。

賞析與點評

黃河在河南的崤山以及山西的中條山之間流過，穿越山峽，水流湍急，然而在水流稍為平緩的地方，仍有若干渡口，其中一處名為竇津的渡口，帶出了漢武帝微服出行受辱的民間故事。

陝城、漫澗水、茅城（故茅亭）、茅津、咸陽澗水、虢國上陽、金人

經 又東過陝縣[1]北。

注 橐水出橐山，西北流。又有崖水出南山北谷，逕崖峽，北流與干山之水會。水出于山東谷，兩川合注于崖水。又東北注橐水，橐水北流出谷，謂之漫澗矣。與安陽溪水合，水出石崤南，西逕安陽城南。漢昭帝封上官桀[2]為侯國。潘岳所謂「我徂安陽」也。東合漫澗水。水北有逆旅亭，謂之漫口客舍也。又西逕陝縣故城南，又合一水，謂之瀆谷水，南出近溪，北流注橐。橐水又西北逕陝城西，西北入于河。

河北對茅城。故茅亭，茅戎邑也。《公羊》曰晉敗之大陽者也。津亦取名焉。《春秋》文公三年，秦伯伐晉，自茅津濟，封崤尸而還是也。東則咸陽澗水注之，水出北虞山南，至陝津注河。河南即陝城也。昔周、召分伯，以此城為東、西之別，東城即虢邑之上陽也，虢仲之所都，為南虢，三虢，此其一焉。其大城中有小城，

故焦國也，武王以封神農之後于此。王莽更名黃眉矣。戴延之云：「城南倚山原，北臨黃河，懸水百餘仞，臨之者咸悚惕焉。」西北帶河，水湧起方數十丈，有物居水中，父老云，銅翁仲[3]所沒處。又云，石虎載經[4]于此沉沒，二物并存，水所以湧，所未詳也。或云：翁仲頭髻常出，水之漲減，恆與水齊。晉軍當至，髻不復出，今惟見水異耳，嗟嗟有聲，聲聞數里。

案秦始皇二十六年，長狄[5]十二見于臨洮，長五丈餘，以為善祥，鑄金人十二以象之，各重二十四萬斤，坐之宮門之前，謂之金狄。皆銘其胸云：「皇帝二十六年，初兼天下，以為郡縣，正法律，同度量，大人來見臨洮，身長五丈，足六尺。」李斯書也。故衞恆《敘篆》曰：「秦之李斯，號為工篆，諸山碑及銅人銘，皆斯書也。」漢自阿房徙之未央宮前，俗謂之翁仲矣。地皇二年，王莽夢銅人泣，惡之，念銅人銘有皇帝初兼天下文，使尚方工鐫滅所夢銅人膺文。後董卓毀其九為錢。其在者三，魏明帝欲徙之洛陽，重不可勝，至霸水西停之。《漢晉春秋》曰：或言金狄泣，故留之，石虎取置鄴宮。苻堅又徙之長安，毀二為錢[6]，其一未至而苻堅亂，百姓推置陝北河中，于是金狄滅。余以為鴻河巨瀆，故應不為細梗躓湍；長津碩浪，無宜以微物屯流。斯水之所以濤波者，蓋《史記》所云魏文侯二十六年，虢山崩，壅河所致耳。獻帝東遷[7]，日夕潛渡，墜坑爭舟，舟指可掬[8]，亦是處矣。

注釋

1 陝縣：今河南省三門峽市。2 上官桀：前漢大臣，武帝死後與霍光、金日磾輔助昭帝，其孫女立為昭帝皇后，其後上官桀與霍光爭權被殺。上官皇后年幼，又是霍光外孫女，地位仍然鞏固。3 銅翁仲：秦始皇滅六國後，收六國兵器，鑄為十二金人。漢末部份已毀，五胡亂華時，胡人運載殘存金人往東方，船沉，金人沒入水中，民間稱之為銅翁仲。翁仲原指帝王陵前並列的石人。4 石虎：五胡之一羯人後趙皇帝，都鄴城；經：指後漢靈帝時立於太學的石經。5 長狄：古代西北遊牧民族，大概因體型高大而得名。6 毀二為錢：銷毀兩個金人作為鑄錢材料。7 獻帝東遷：漢獻帝被董卓所逼，遷都長安，董卓死後，長安大亂，獻帝及少數侍從逃走東歸，在弘農渡河到河東尋求保護。8「日夕」三句：船少人多，爭相攀登上船，已登船者用刀斬後來者抓在船邊的手指，阻止更多人登船，被斬下的手指可以拾起一大把。

譯文

河水又往東流，經過陝縣的北面。

橐水源出於橐山，向西北方流。又有崖水源出於南山的北谷，經過崖峽，往北流，與干山之水會合。干山之水源出於山東谷，兩水會合，注入崖水。崖水又往東北注入橐水。橐水往北流，出山谷之後，便稱為漫澗。橐水與安陽溪水會合，水源出於石崤的南面，往西流經安陽城南。漢昭帝把安陽封給上官桀，立為侯國。這就是潘岳所說的：「我前往安陽。」安陽溪水往東流，會合漫澗水。水的北邊有座旅館，稱為漫口客舍。又往西流經陝縣舊城的南面，又與合一條道會合，稱為瀆谷水，發源於南面的近溪，往北流注入橐水。橐水又往西北流，過陝城的西面，向西北流，匯入大河。

河水北與茅城相對，這是從前的茅亭，是古代茅戎的城邑。《公羊》說：「晉國在大陽打敗他們（茅戎）。」渡口因此得名。《春秋》記述：文公三年（前六二四），秦伯攻打晉國，從茅津渡河，在崤山秦軍堆積屍首的地方堆封泥土之後退回。東面有咸陽澗水注入，水源出於北虞山的南面，流至陝津注入大河。大河的南岸就是陝城。從前周公、召公分管諸侯，以這座城作為東、西的分界。東城就是虢國的上陽，是虢仲定都的地方，稱為南虢。古代有三個虢國，這是其中之一。大城之中還有小城，就是古代的焦國，周武王把神農氏的後裔分封在這裏。王莽改名為黃眉。戴延之說：「城的南面倚靠山地，北面瀕臨黃河，瀑布往下直瀉百餘仞，身臨崖岸的人，都不禁心驚膽戰。」大河就在城的西北方流過，洶湧的河水翻騰而過，延續數十丈。水中不知藏着甚麼怪物，父老們都說：這是銅翁仲沉沒的地方。又說：後趙石虎運載石經，也在這裏沉沒。這兩種物件都在水下，所以使河水翻騰，但詳情卻不得而知。有人說：以前銅翁仲的頭上髮髻時常露出水面，無論水漲水退，經常與水位齊平。但自從晉軍就快來臨，髮髻就不再露出，現在只能看見水流有異樣，嘩啦嘩啦的響聲，幾里之外也能聽到。

查證史書，秦始皇二十六年（前二二一），在臨洮出現十二個長狄人，每個身高五丈有餘，認為是吉祥的徵兆，於是仿照他們的模樣，鑄造十二個銅人，每個重二十四萬斤，放置在皇宮大門的前面，稱之為金狄。每個都在胸前刻字「皇帝二十六年，初兼天下，以為郡縣，正法律，同度量，大人來見臨洮，身長五丈，足六尺」，由李斯書寫。因此衞恆《敍篆》說：「秦朝的李斯，以擅長篆書著名，各處山上的石碑以及銅人上的銘文，都是李斯所寫。」到了漢朝，從阿房宮移徙到未央宮前面，民間稱之為翁仲。地皇二年（前二一），王莽在夢中見到銅人哭泣，內心感到很不安，想起銅人身上刻有「皇帝初兼天下」的銘文，命令尚方派遣工匠劃掉夢中所見銅人胸上的文字。其後董卓銷毀其中九個，用來鑄造銅錢。保留的仍有三個，魏明帝準備把它們移徙到洛陽，但太重無法搬運，只好停在霸水西岸。《漢晉春秋》說：有傳說金狄流淚，所以把它們留下。石虎把它們搬到鄴城的皇宮，苻堅又把它們移徙回到長安，銷毀兩個用來鑄錢，另一個還未運抵長安，苻堅政權已經發生動亂，百姓把它推到陝城以北的大河之中，於是金狄全都毀滅了。我認為廣闊洪流，不應該被細小的物件所阻塞：滾滾巨浪不會因微物而斷流。這處的河水之所以波濤洶湧，是由於《史記》所紀述「魏文侯二十六年（前四二〇），虢山崩塌」，阻塞河道，造成了激流的。漢獻帝東遷，天黑後偷偷渡河，隨從和士兵紛紛從高岸跳下，爭先恐後地爬上渡船，已登船的人揮刀亂砍，掉落船上被砍下的手指，隨便可以拿起一大把。事發的地方就在這裏。

賞析與點評

黃河往東流到陝城之下，兩岸的山勢已經逐漸平緩。而陝城就是峽谷東端的城邑，古代人的觀念，陝城往東就是平坦的中原大地，陝城往西就進入崇山阻隔的關中，因此有「分陝」的說法。今天的陝西省，就是因此得名，但陝西省的東界還要往西，在潼關附近。現在的陝縣隸屬河南省三門峽市。

陝縣和縣東的三門峽，自古以來是戰略重地，周朝把同姓的族人分封此地，建立虢國（虢國的後裔以郭為姓氏），其後又分為東虢、西虢、小虢等分支。春秋時，晉國滅虢，發生了「假途滅虢」的故事，控制了此地。陝縣附近的黃河渡口名為茅津，波濤相當洶湧，經常有翻船事故。西晉末五胡在中原混戰時，曾經嘗試從長安把秦朝所鑄金人，及漢朝所刻石經運送到東方，卻在這裏翻船沉沒。

經 又東過砥柱間，

注 砥柱[1]，山名也。昔禹治洪水，山陵當水者鑿之，故破山以通河。河水分流，包山而過，山見水中若柱然，故曰砥柱也。三穿既決，水流疏分，指狀表目，亦謂之三門[2]矣。山在虢城東北、大陽城東也。《搜神記》稱齊景公渡于江沈之河，黿[3]銜左驂[4]，沒之，眾皆惕。古冶子[5]于是拔劍從之，邪行[6]五里，逆行三里，至于砥柱之下，乃黿也。左手持黿頭，右手挾左驂，燕躍鵠踊而出，仰天大呼，水為逆流三百步，觀者皆以為河伯也。

亦或作「江沅」字者也，若因地而為名，則宜在蜀及長沙。案《春秋》，此二土并景公之所不至，古冶子亦無因而騁其勇矣[7]。劉向敍《晏子春秋》，稱古冶子曰：「吾嘗濟于河，黿銜左驂以入砥柱之流，當是時也，從而殺之，視之乃黿也。」不言江、沅矣。又考史遷《記》[8]云：「景公十二年，公見晉平公；十八年，復見晉昭公。」旌軒[9]所指，路直斯津。從黿砥柱事或在茲。又云：「觀者以為河伯。」賢于江沈之證[10]。河伯本非江神，又河可知也。

河之右側，崤水注之。水出河南盤崤山，西北流，水上有梁，俗謂之鴨橋也。歷澗東北流，與石崤水合，水出石崤山。山有二陵：南陵，夏后皋之墓也；北陵，文王所避風雨矣。言山徑委深，峰阜交蔭，故可以避風雨也。秦將襲鄭，蹇叔致諫而公辭焉，蹇叔哭子曰：「吾見其出，不見其入，晉人禦師必于崤矣，余收爾骨焉。」孟明果覆秦師于此。

崤水又北，左合西水，亂流注于河。河水又東，千崤之水注焉。水南導于千崤之山，其水北流，纏絡二道。漢建安中，曹公西討巴、漢[11]，惡南路之險，故更開北道，自後行旅，率多從之。今山側附路有石銘云：「晉太康三年，弘農太守梁柳修復舊道。」

注釋

1砥柱：黃河河道中的巨石島嶼。2三門：有人門、鬼門、神門之稱，謂之三門。3黿（粵：元；普：yuán）：又名沙鱉、藍團魚，體形最大的鱉，巨型甲魚，主要生活在雲南、廣東、廣西、福建、浙江等地河中。4左驂：古代馬車左側的馬匹。5古冶子：春秋時齊國的勇士。6邪行：即斜行。7「亦或」至「勇矣」段：酈道元考訂史書所記之「江沅」必不在南方。8史遷《記》：即司馬遷《史記》。9旌：旗幟；軒：高大的馬車。10「又云」至「之證」段：引太史公司馬遷說法證明自己判斷較恰當。11「漢建安」兩句：指曹操西征漢中張魯。

譯文

河水又往東流，經過砥柱之間。

砥柱是山的名稱，從前大禹治理洪水，凡遇到山丘陵阻擋水流的，就把它們鑿掉，因此在這裏破開山丘以疏通河道。河水分流，繞過山丘往兩旁流過，把山夾在水流中間，看起來像水中的石柱，因此稱為砥柱。水道分為三股，河水分別從三條水道流過，以形狀命名，於是也稱為三門。山在虢城東北、大陽城以東。《搜神記》所稱，齊景公在江沈之河橫過大河，有巨黿張口銜住左邊拉車的左驂馬，沒入水中，眾人都大驚失色，古冶子於是拔劍入水追蹤，斜行了五里，又逆行了三里，到了砥柱的下面，原來這就是巨黿。他左手握住黿頭，右手挾着那匹左驂馬，像燕鵠般矯捷，一躍而出，仰天大叫，河水為之倒流三百步。旁觀的人都認為他就是河伯。

「江沈」也有寫成「江沅」的，如果因地而命名的話，則應該在蜀地和長沙。查閱《春秋》，此兩處地方齊景公都沒有到過，古冶子也無從施展他的神勇了。劉向為《晏子春秋》作序稱，古冶子說過：「我曾經橫越大河，巨黿銜住左驂馬潛入砥柱的洪流之中，在這時刻，我尾隨殺了牠，看清楚原來是一隻大黿。」他沒有說過事發在江沅。又查閱司馬遷的《史記》說：「齊景公十二年（前五三六），景公會見晉平公；十八年（前五三〇），又會見晉昭公。」插上旌旗的高大馬車一路浩蕩前行，直指這個渡口而來。追逐巨黿至砥柱之下的事，有可能發生在這裏。又說在場觀看的人以為他是河伯，這說法比江沈更有道理，因為河伯根本不是江神，可知事情就在大河發生。

河的右側，崤水注入。崤水源出於河南郡的盤崤山，往西北流，水上有橋樑，民間稱之為鴨橋。經山澗往東北流，與石崤水會合。石崤水源出於石崤山，山上有兩座陵墓：南陵是夏后皋的陵墓；北陵是周文王曾經避風雨的所在。據說山徑曲折幽深，峰巒與崗阜交錯蔭蔽，因此可以避風雨。秦國準備襲擊鄭國，蹇叔諫阻但秦穆公不接納，蹇叔為兒子出征而哭，他說：「我見他出征，看不見他回來了！晉國人必定會在崤谷截擊秦軍，我要在那地方收他的骸骨啊！」兒子孟明果然在這裏大敗，秦軍全部覆沒。

崤水又往北流，左方會合西水，亂流注入大河。河水又往東流，千崤之水注入。千崤之水發源於南面的千崤之山，水往北流，彎彎曲曲地在兩條小道之間穿過。漢朝建安中，曹公往西攻打巴郡、漢中，因為憂慮南路險阻，所以另外開闢北道，自此之後行人旅客，很多都走這條路。現在路旁的山壁上有石刻銘文說：「晉太康三年（二八二），弘農太守梁柳修復舊道。」

賞析與點評

砥柱、三門都是古代黃河中游的著名險要之地，河水穿越峽谷岩石，形成激流險灘，但由於地處洛陽、長安之間，是水道交通必經之路，行船者無法躲避，視為畏途，因此遺留了很多神異的故事。

砥柱灘、五戶、五戶將軍祠

【注】太峭以東，西峭以西，明非一峭也。西有二石，又南五十步，臨溪有恬漠先生[1]《翼神碑》，蓋隱斯山也。其水北流注于河。河水翼岸夾山，巍峰峻舉，羣山疊秀，重嶺干霄。鄭玄案《地說》：「河水東流，貫砥柱，觸閼流。今世所謂砥柱者，蓋乃閼流也。砥柱當在西河，未詳也。」余案，鄭玄所說非是，西河當無山以擬之。自砥柱以下，五戶已上，其間百二十里，河中竦石桀出，勢連襄陸，蓋亦禹鑿以通河，疑此閼流也[2]。其山雖闢，尚梗湍流，激石雲洄，澴波怒溢，合有十九灘，水流迅急，勢同三峽，破害舟船，自古所患。

漢鴻嘉四年[3]，楊焉言：「從河上下，患砥柱隘，可鐫廣之。」上乃令焉鐫之[4]，裁沒水中，不能復去，而令水益湍怒，害甚平日。魏景初二年二月，帝遣都督沙丘部、監運諫議大夫寇慈，帥工五千人，歲常修治，以平河阻。晉泰始三年正月，武帝遣監運大中大夫趙國、都匠中郎將河東樂世，帥眾五千餘人，修治河灘，事見《五戶祠銘》。雖世代加功，水流湍漈，濤波尚屯。及其商舟是次，鮮不踟躕難濟，故有眾峽諸灘之言。五戶，灘名也，有神祠，通謂之五戶將軍，亦不知所以也。

注釋

1 恬漠先生：不知何時代人。2「鄭玄案」至「疑此闕流也」段：酈道元據自己觀察所得，否定後漢名儒鄭玄認為「砥柱當在西河」的說法。3 漢鴻嘉四年：前漢成帝年號，鴻嘉四年相當於公元前一七年。4 鐫：鑿的意思。

譯文

既然有「太嶠以東，西嶠以西」的說法，分明不止一座嶠山。西面有兩塊石頭，又往南五十步，在溪邊有恬漠先生的《翼神碑》，這位恬漠先生大概曾經在這山中隱居。這條水道往北流，注入大河。

河水兩岸山巒夾峙，山峰巍峨高峻，一重重的山嶺蒼翠秀麗，直插雲霄。鄭玄引述《地說》：「河水往東流，穿過砥柱，沖擊着阻礙水流的礁石，今天人們所說的砥柱，大概就是指這些礁石了。砥柱應當在西河，卻不太清楚。」我認為，鄭玄說得不對，在西河，沒有適當的山與它對應。從砥柱以下，五戶以上，其間一百二十里，河中礁石參差屹立，與陸地隱約相連，這大概是大禹鑿通河道的遺跡，推測這就是史書中提及的阻礙水流的礁石了。這裏的山雖然開鑿過，但依然梗塞着急湍的河水，洶湧的水流沖向礁石，騰起雲霧般的水花，激盪着狂奔怒溢的漩渦，這一段共有十九處礁灘，水流又快又急，與三峽的形勢相同，不少經過的舟船觸礁破毀，自古以來就使人畏懼。

漢朝鴻嘉四年，楊焉建議說：「從河中逆流而上或順流而下，因為砥柱水道太狹窄而經常出事，可以把它鑿寬。」於是皇帝下令楊焉負責開鑿礁石，但剛鑿到水面之下，便不能繼續往下鑿，水流反而更加湍急兇猛，危害比平日更大。魏景初二年（二三八）二月，皇帝派遣都督沙丘部監運、諫議大夫（官名）寇慈，率領民伕五千人，常年進行修治，清除河中的障礙。晉泰始三年（二六七）正月，晉武帝派遣監運大中大夫（官名）趙國、都匠中郎將（官名）河東人樂世，率領民眾五千餘人，修治河中險灘，這些事記載在《五戶祠銘》之中。雖然世世代代都有整治工程，但水流激盪澎湃，波濤洶湧依然如故。商船每經過這裏，很少不望險灘而踟躕不前，深感行船的艱難。因此有多峽多灘的俗語。五戶，就是其中一處險灘的名稱，上面蓋有神祠，人稱謂五戶將軍，但不知道他的來歷。

賞析與點評

砥柱是行船的畏途，卻又是壯麗的自然美景。古代官府為了暢通航路，不斷嘗試整治，但都無法克服大自然的威力。二十世紀中期，民國政府的黃河水利委員會委員長兼總工程師李儀祉建議建築堤壩，並聘請挪威水利專家安立森（S. Elisson）實地考察，一九三五年發表了三門峽、八里胡同和小浪底三個壩址的勘查報告。日軍侵華期間，也對三門峽建築堤壩作出研究。抗戰勝利後，民國政府再聘請雷巴德（Eugene Reybold）等四位美國專家組成黃河顧問團，往三門峽實地考察，但因政局動盪無法展開。一九五五年七月三十日，經過社會上激烈的爭議，全國人大通過了修建三門峽工程，聘請蘇聯專家代為規劃，一九五七年四月開工，一九六一年完成。自此之後，三門峽險灘和砥柱巨石淹沒在水庫之中。

大伾山、成皋故城、虎牢城

經 又東過成皋縣[1]北，濟水從北來注之。

注 河水自洛口又東，左逕平皋縣南，又東逕懷縣[2]南，濟水故道[3]之所入，與成皋分河，河水右逕黃馬坂北，謂之黃馬關。孫登之去楊駿[4]，作書與洛中故人處也。河水又東逕旋門坂北，今成皋西大坂者也。升陟此坂，而東趣[5]成皋也。曹大家[6]《東征賦》曰「望河洛之交流，看成皋之旋門」者也。

河水又東逕成皋大伾山[7]下，《爾雅》曰：「山一成[8]謂之伾。」許慎、呂忱[9]等并以為丘一成也。孔安國以為再成曰伾，亦或以為地名，非也。《尚書·禹貢》曰「過洛汭，至大伾」者也。鄭康成[10]曰：「地喉也，沇出伾際矣。在河內修武、武德之界，濟沇之水與滎播澤出入自此。」然則大伾即是山矣。伾北，即《經》所謂濟水從北來注之者也。

今濟水自溫縣[11]入河，不于此也。所入者，奉溝水耳，即濟沇之故瀆矣。成皋縣之故城在伾上，縈帶伾阜，絕岸峻周，高四十許丈，城張翕險，崎而不平。《春秋傳》[12]曰：「制，岩邑[13]也，虢叔死焉。」即東虢也。魯襄公二年七月，晉成公與諸侯會于戚，遂城虎牢以逼鄭求平也。蓋修故耳。《穆天子傳》曰：「天子射鳥獵獸于鄭圃，命虞人[14]掠林。有虎在于葭中，天子將至，七萃之士高奔戎[15]生捕虎而獻之天子，命之為柙，畜之東虢，是曰虎牢矣。」然則虎牢之名，自此始也。秦以為關，漢乃縣之。城西北隅有小城，周三里，北面列觀，臨河岧岧孤上。景明中，余之壽春，路值茲邑，升眺清遠，勢盡川陸，羈途遊至，有傷深情。

河水南對玉門。昔漢祖與滕公[16]潛出，濟于是處也。門東對臨河，側岸有土穴，魏攻北司州刺史毛德祖于虎牢，戰經二百日，不克。城惟一井，井深四十丈，山勢峻峭，不容防捍，潛作地道取井。余頃因公至彼，故往尋之，其穴處猶存。河水又東合汜水，水南出浮戲山，世謂之曰方山也。北流合東關水。水出嵩渚之山，泉發于層阜之上，一源兩枝，分流瀉注，世謂之石泉水也。東為索水，西為東關之水。西北流，楊蘭水注之，水出非山，西北流注東關水。東關水又西北，清水入焉。水自東浦西流，與東關水合，而亂流注于汜。

注釋

1 成皋縣：今河南省滎陽市汜水鎮，北臨黃河，故城位於山丘之上，因山嶺高聳瀕臨黃河而得名。自戰國以來為戰略要地。隋開皇十八年（五九八）更名為汜水縣，其後多次更改，至一九五四年劃歸滎陽縣，滎陽現屬鄭州市。2 懷縣：在黃河以北，漢朝屬河內郡。3 濟水故道：這是北濟水。4「孫登」句：楊駿，晉武帝后父，受遺命輔政，權勢顯赫。駿徵高士孫登為屬吏，孫登詐死，遺書而去。其後楊駿與賈后爭權被殺。5 趣：趨的借用字，讀趨，往的意思。6 曹大家：後漢才女班昭，為班彪之女，班固及班超妹，博學才高，嫁曹世叔，人稱曹大家。家，音姑。曹世叔早死，班昭守寡。和熹鄧太后臨朝聽政，詔班昭入宮教授漢書，深得太后信任，為太后撰《女誡》七篇。7 大伾（粵：pei¹；普：pī）：《書經．禹貢》記述大河「東過洛汭，至于大伾」，今河南省鶴壁市濬縣東有大伾山。古代大伾山為黃河轉折點，有山河險阻之勢，附近有黎陽津及對岸的白馬津渡口，為兵家必爭之地。金朝明昌（一一九〇至一一九六）之後，黃河改道，形勢不再，現為登臨懷古的名勝。8 成：古代面積單位，《左傳》哀公元年：「有田一成，有眾一旅。」十平方里土地為一成。9 許慎、呂忱：許慎，後漢名儒，撰《說文解字》。西晉呂忱仿《說文》作《字林》。10 鄭康成：後漢名儒鄭玄，字康成。11 溫縣：在黃河北岸，漢屬河內郡。12《春秋傳》：即《左傳》。13 岩：巉岩。14 虞人：古代為天子管理山林的官員。15 七萃之士：即禁衞軍人；高奔戎：人名。16 滕公：夏侯嬰，人稱滕公，為漢高祖駕馬車。

譯文

河水又往東流，經過成皋縣北面，濟水從北方而來，注入河水。

河水從洛口又向東流，左方經過平皋縣南面，又往東流經過懷縣南面，濟水的舊水道就在這裏匯入河水，懷縣、成皋以大河為分界。河水往右方流經黃馬坂的北面，稱為黃馬關。孫登離開楊駿的時候，就在這地方給洛陽的老朋友寫信告別。河水又往東流，經過旋門坂的北面，就是現在的成皋西大坂。登上這道山坡，往東可以前往成皋。曹大家《東征賦》所言「眺望河洛二水合流，觀看成皋的旋門」就是這裏。

河水又往東流，經過成皋的大伾山下，《爾雅》說：「山只有一成稱為伾。」許慎、呂忱等都認為是指只有一成的山丘。孔安國認為兩成的山丘稱為伾，也有人認為伾是地名，不正確。《尚書·禹貢》說：「過了洛汭，到達大伾。」鄭康成說「大伾是大地的咽喉，沇水從大伾的山邊流出。大伾山位於河內郡修武、武德兩縣的交界，濟沇水和滎播澤都從這裏出入」，那麼，《尚書》的大伾就是這座山了。大伾北面，就是《水經》所說「濟水從北方而來，注入河水」的地方。

現今濟水從溫縣注入大河，不在這地方。注入大河的是奉溝水，也就是濟沇水的舊水道。成皋縣的舊城在大伾上面，像衣帶一樣環繞大伾山，周圍是高聳的山崖，有四十餘丈高，憑險築城，形制崎嶇錯落。《春秋傳》所言「制，是山岩上的城邑（地勢險要），虢叔在這裏戰死」，也就是東虢。魯襄公二年七月，晉成公與諸侯在戚地會盟，就在城虎牢築城，以威逼鄭國求和。這次是重修舊城而已。《穆天子傳》說：「天子在鄭國的園圃裏射鳥獵獸，命令管理山林的虞人砍清樹木，有老虎藏在蘆葦之中，天子就要來到，禁衛勇士高奔戎把老虎生擒，獻給天子。天子下令造一個牢籠，把老虎養在東虢，稱之為虎牢。」照此看來，虎牢的得名，就是從那時開始。秦朝時在這裏設關，漢朝立為縣。城的西北角有一座小城，周迴長三里，北面有一列城樓，巍峨地屹立在河邊山上。景明中，我前往壽春，路過這座城邑，登城遠眺，山河形勝盡收眼底。旅途中遊歷到了這裏，不期然心有傷感，情懷激盪。

河水的南岸對着玉門，從前漢高祖與滕公夏侯嬰偷偷出城，就在這裏渡河。玉門東面接近大河，岸邊有土洞，魏軍在虎牢圍攻北司州刺史毛德祖，戰事延續兩百日，未能攻克。城中只有一個水井，井深四十丈，而山勢峻峭，防守不易，於是暗中挖掘地道奪取這口井。我曾經因公事到過那處，專程找尋遺跡，這洞穴仍然存在。

河水又往東流，會合汜水。汜水源出於南面的浮戲山，民間稱之為方山。往北流，會合東關水。東關水源出於嵩渚之山，山泉從層疊的山巒中流出，同一源頭分成兩條水道，分別往下流瀉，民間稱為石泉水。東面的是索水，西面的是東關之水。水往西北流，楊蘭水注入，水源出於非山，往西北流，注入東關水。東關水又往西北流，清水注入。水從東浦分出向西流，與東關水會合，水流交錯注入汜水。

賞析與點評

大伾山又名黎山，位於河南省濬縣縣城東南方，海拔只有一百三十五米，但傳說大禹治水時，曾經登臨此山，觀察洪水流向，因此被載入中國最早的史書《書經．禹貢》篇中，後世稱之為「禹貢名山」。宋朝以前，黃河在山腳下流過，山下農村經常洪水為患，官府及百姓在山上建了不少佛寺道觀祈求平安，並在山崖雕鑿大佛庇佑眾生。北宋末年黃河改道，大伾山已不再臨近黃河，但山上古木蒼翠，寺觀清幽，仍然是遊覽勝地。

滑臺城、延津、河水變清

經 又東北過武德縣東，沁水從西北來注之；

注 河水又東，右逕滑臺城北。城有三重，中小城謂之滑臺城，舊傳滑臺人自修築此城，因以名焉。城即故鄭廩延邑[1]也。下有延津。《春秋傳》曰：孔悝為蒯聵[2]所逐，載伯姬[3]于平陽，行于延津是也。廩延南故城，即衛之平陽亭也，今時人謂此津為延壽津。宋元嘉[4]中，右將軍到彥之[5]留建成將軍朱修之守此城，魏軍南伐，修之執節不下。其母悲憂，一旦乳汁驚出，母乃號踴，告家人曰：「我年老，非有乳時，今忽如此，吾兒必沒矣！」修之絕援，果以其日陷沒。

城，故東郡[6]治。《續漢書》曰：延熹九年，濟陰、東郡、濟北、平原河水清。襄楷上疏曰：「《春秋》注記未有河清，而今有之。《易乾鑿度》曰：上天將降嘉應，河水先清。京房《易傳》曰：河水清，天下平，天垂異，地吐妖，民厲疾，三者并作而有河清。《春秋》麟不當見而見，孔子書以為異。河者，諸侯之象，清者，陽明之徵，豈獨諸侯有窺京師也！」明年，宮車宴駕[7]，徵解瀆侯[8]為漢嗣，是為靈帝。建寧四年二月，河水又清也。

注釋

1 廩延邑：春秋時鄭國的廩延邑。2 蒯聵（粵：快／拐 潰／匯；普：kuǎi kuì）：人名，春秋時衞靈公之子，姬妾所生。因謀害嫡母南子事敗而流亡晉國。靈公死後，傳位蒯聵之子公子輒。蒯聵得晉卿趙簡子之助回國。孔悝，衞國大夫，衞靈公之外孫，蒯聵的外甥。孔悝的封地為戚城，遺址位於今河南省濮陽市，現為全國重點文物保護單位。蒯聵回國後，挾持孔悝以壯大自己的勢力，發動政變，逼走兒子，蒯聵成為衞君，即衞莊公，其子輒稱為出公。孔子學生子路在政變中殉職。3 伯姬：孔悝母親。4 宋元嘉：南朝宋文帝年號。5 到彥之：姓到名彥之。6 東郡：戰國後期，秦王政五年（前二四二）攻取魏國北部地置東郡，處於魏、楚、齊之間，治所在濮陽。前漢時，東郡轄濮陽、聊城等二十二縣。7 宮車宴駕：漢桓帝駕崩。8 解瀆侯：漢桓帝無子，皇后竇妙及后父竇武定策立桓帝堂兄劉萇之子解瀆亭侯劉宏為皇帝，是為漢靈帝。

譯文

又往東北方經過武德縣的東面，沁水由西北方注入河水。

河水又往東流，右方經過滑臺城的北面。城有三重，中央的小城稱為滑臺城，故老相傳滑臺城是滑臺本地人所修築，因此得名。這城就是從前的鄭國廩延邑。下游有延津，這就是《春秋傳》所記述：孔悝被衞君蒯聵所驅逐，來到平陽用馬車載走母親伯姬，往延津而去。廩延南面的舊城，就是衞國的平陽亭，現在人們稱這渡口為延壽津。宋朝元嘉年間（四二四至四五三），右將軍到彥之留下建成將軍朱修之鎮守這座城，魏軍南下攻打，朱修之守節不降。他的母親既悲傷又憂慮，一天早上，忽然心驚，竟然流出了乳汁，母親嚎啕大哭起來，她對家人說：「我年紀老了，這把年紀不該有奶水了，現在忽然這樣，我的兒子肯定死了！」修之等不到援軍，果然在這天城陷戰死。

滑臺城就是從前東郡的治所。《續漢書》說：延熹九年（一六六），濟陰、東郡、濟北、平原的河水變清了。襄楷呈上奏疏說：「《春秋》的經文和傳文，都沒有河水變清的記載，今天竟然發生。《易乾鑿度》說：『上天將有吉兆下降，河水首先變清。』京房《易傳》說：『河水變清，天下太平。』現在上天昭示反常的異狀，大地呈現妖異，民間疫疾流行，這三種情況同時出現，而河水卻變清。《春秋》所說：『麟不該出現時卻出現了。』孔子把這事當作不吉的災異而記錄。大河象徵諸侯，清是光明的徵兆，（河水變清）難道是諸侯有圖謀京師的預兆！」次年，皇帝駕崩了，徵召解瀆侯為漢室的繼嗣，是為靈帝。建寧四年（一七一）二月，河水又變清了。

賞析與點評

滑臺城是古代黃河岸上的戰略要地，戰國時秦國東侵，越過韓、魏國境，佔領原屬鄭國的廩延邑，並修築了滑臺城，以此為據點，擴張在中原東部的勢力，設置了東郡。兩漢、魏晉時期，東郡一帶戰略位置重要，滑臺是必爭之地。黃河在東郡滑臺旁邊流過，河水黃濁，但偶然變清，被視為神異。

黎陽縣、天橋津、逯明壘、鹿鳴臺、白馬城、關羽斬顏良處、韋津

經 又東北過黎陽縣南，

注 黎，侯國也。《詩．式微》，黎侯寓于衛是也。晉灼曰：「黎山在其南，河水逕其東。」其山上碑云：「縣取山之名，取水之陽，以為名也。」王莽之黎蒸也。今黎山之東北故城，蓋黎陽縣之故城也。山在城西，城憑山為基，東阻于河，故劉楨《黎陽山賦》曰：「南蔭黃河，左覆金城，青壇承祀，高碑頌靈。」

昔慕容玄明[1]自鄴率眾南徙滑臺，既無舟楫，將保黎陽，昏而流澌，冰合于夜中，濟訖，旦而冰泮，燕民謂是處為天橋津。東岸有故城，險帶長河。戴延之謂之逯明壘，周二十里，言「逯明」[2]，石勒十八騎中之一，城因名焉；郭緣生曰「城，袁紹時築」，皆非也。余案《竹書紀年》「梁惠成王十一年，鄭釐侯使許息來致地，平丘、戶牖、首垣諸邑，及鄭馳道，我取枳道與鄭鹿」，即是城也。

今城內有故臺，尚謂之鹿鳴臺，又謂之鹿鳴城。王玄謨[3]自滑臺走鹿鳴者也。濟取名焉，故亦曰鹿鳴津，又曰白馬濟。

津之東南有白馬城，衛文公東徙，渡河都之[4]，故濟取名焉。袁紹遣顏良攻東郡太守劉延于白馬，關羽為曹公斬良以報效，即此處也。白馬有韋鄉、韋城，故津亦有韋津之稱，《史記》所謂「下修武，渡韋津」者也。

注釋

1慕容玄明：鮮卑慕容氏所建後燕國皇帝慕容垂之弟慕容德，字玄明。慕容垂登位後，以德為車騎大將軍，封范陽王，參決政事。其後慕容垂死，子慕容寶繼位，為北魏拓跋氏所敗，國亡。德率眾自鄴城遷至滑臺，重建燕國，史稱南燕。2逯明：逯明，人名，是追隨石勒的十八位騎士之一。3王玄謨：南朝劉宋將領，曾參與元嘉北伐，平定劉義宣叛亂等戰事。他自稱出自高門望族太原王氏，但其他人不相信，稱他為下邳王氏。4「津之東」三句：衛，周武王弟康叔封國。原本都城在黃河以北的朝歌，轄地大致為現在的河南北部與河北南部一帶。公元前六六一年被狄人所破，衛懿公被殺，僅餘五千遺民，其後依賴齊桓公的援助，在楚丘（河南浚縣東），重新建國。衛文公時，遷都濮陽，國力有所恢復。

譯文

河水又往東北流，經過黎陽縣的南面。

黎是古代的侯國，這就是《詩經．式微》所提及的「黎侯寓于衛」。晉灼說：「黎山在黎陽縣的南面，河水流經它的東面。」山上有石碑，碑文說「黎陽縣因山而得名，在河水的向陽岸上（北岸），因此而命名」，王莽時改名為黎蒸。現在黎山東北面的舊城，就是從前的黎陽縣城。黎山在城西，城依山而建，東面有大河阻隔，所以劉楨在《黎陽山賦》中說：「南面黃河屏蔽，左面堅城掩護，青壇上舉行祀禮，高碑上頌揚神靈。」

從前慕容玄明從鄴城率領部眾往南遷徙來到了滑臺，因為沒有舟船渡河，打算據守黎陽，到了黃昏，流動的冰塊開始積聚，夜半時分冰已完全凝合，他們趕緊過河，到全部人過河完成，天已亮，冰逐漸融化。從燕地追隨慕容玄明南下的民眾，把這渡河的地方稱為天橋津。東岸有座舊城，旁邊有長河天險，周迴二十里，戴延之稱之為逯明壘，逯明是石勒十八騎其中之一，城以他而得名；郭緣生說：「城是袁紹時所築。」兩種說法都不正確。我查閱《竹書紀年》「梁惠成王十一年（前三五九），鄭釐侯派遣許息前來獻地，包括平丘、戶牖、首垣等幾個城邑，直至鄭國的馳道為界。我國取了枳道和鄭鹿」，就是這城。現在城內有一座舊臺，仍然稱為鹿鳴臺，所以這城又稱鹿鳴城。王玄謨從滑臺敗走鹿鳴，就是這裏。渡口亦因此取名，所以稱為鹿鳴津，又稱為白馬濟。

渡口的東南面有白馬城，衞文公東遷，渡河之後在此定都，渡口因此取名。袁紹派遣顏良攻打防守白馬的東郡太守劉延，關羽為了報效曹公收容之恩，替他斬殺了顏良，就在這地方。白馬城附近有韋鄉、韋城，所以渡口又有韋津的別名，這就是《史記》所說：「攻下修武，渡過韋津。」

賞析與點評

黎陽縣的白馬津，是古代黃河下游的一處重要渡口，古人面對浩瀚的滾滾濁流，望而生畏，渡河時往往險象環生，因此流傳了不少渡河故事。黎陽白馬津最為人樂道的故事，就是關羽斬顏良。但《水經注》未有提及，曹操的其中一個兒子曹彪，曾經封為白馬王，曹操死後，長子曹丕繼位篡漢稱帝，詔諸弟入朝，白馬王曹彪與臨淄王曹植同時到洛陽，其後各自回封國，臨別時，曹植撰詩贈別，即著名的《贈白馬王彪》詩，其中幾句：「清晨發皇邑，日夕過首陽，伊洛廣且深，欲濟川無梁，泛舟越洪濤，怨彼東路長。」道盡旅途的艱險。王侯尚且如此，平民百姓，更是路途艱辛。

【注】（河水）又東北逕元城縣故城西北，而至沙丘堰。《史記》曰：「魏武侯公子元食邑于此，故縣氏焉。」郭東有五鹿墟，墟之左右多陷城。《公羊》曰：襲，邑也。說曰：襲，陷矣。《郡國志》啟：五鹿，故沙鹿，有沙亭，周穆王喪盛姬，東征，舍于五鹿，其女叔娃此思哭，是曰女娃之丘，為沙鹿之異名也。《春秋左傳》僖公十四年，沙鹿崩。晉史卜之曰：「陰為陽雄，土火相乘，故有沙鹿崩。後六百四十五年，宜有聖女興，其齊田乎？」[1]後王翁孺自濟南徙元城，正直其地，日月當之。王氏為舜後，土也，漢火也[2]。王禁生政君，其母夢見月入懷，年十八，詔入太子宮，生成帝，為元后。漢祚道污，四世稱制[3]，故曰火土相乘而為雄也。及崩，大夫揚雄作誄曰「太陰之精，沙鹿之靈，作合于漢，配元生成」[4]者也。

獻帝建安中，袁紹與曹操相禦于官渡，紹逼大司農鄭玄載病隨軍，屆此而卒。郡守已下受業者，衰經赴者千餘人。玄注《五經》、《讖緯》、《候》、《曆》、《天文經》，通于世，故范曄《贊》曰：「孔書遂明，漢章中輟矣。」[5]

縣北有沙丘堰，堰障水也。《尚書·禹貢》曰：「北過降水。」不遵其道曰降[6]，亦曰潰，至于大陸，北播為九河。《風俗通》曰：「河，播也，播為九河自此始也。」《禹貢》沇州：「九河既道。」謂徒駭、太史、馬頰、覆釜、胡蘇、簡、潔、句盤、鬲津也，同為逆河。鄭玄曰：「下尾合曰逆河。」言相迎受矣，蓋疏潤下之勢，以通河海。

注釋

1「又東北」至「其齊田乎」段：前段考訂「元城」、「沙鹿」地名的由來，為襯托「後六百四十五年，宜有聖女興」的預言。這「聖女」出自戰國時齊王室田氏的家族，目的是為漢元帝的皇后、成帝的母親、王莽的姑母王政君編造神話。2「後王翁」至「漢火也」段：據漢朝流行的五德終始學說，漢是火德，應被土德取代，而元城王氏出自田齊王族，田齊王族是帝舜後裔，帝舜屬土德，因此按五德秩序，王氏應天命代替漢室統治天下云云。3「漢祚」兩句：即臨朝聽政，代皇帝發佈詔令。四世，指漢成、哀、平和孺子劉嬰。4配元生成：即元帝元配皇后，成帝生母。5「玄注」至「中輟矣」段：頌揚鄭玄對儒學的重大貢獻。6「不遵」句：河水縱橫分散，沒有形成固定水道。

譯文

（河水）又往東北流，經過元城縣舊城的西北面，直突抵沙丘堰。《史記》說：魏武侯公子元的食邑就在這裏，所以縣因此得名。城郭的東面有五鹿墟，墟附近的城牆有多處塌陷。《公羊傳》說：「襲就是城邑。說曰：襲是塌陷的意思。」《郡國志》說：「五鹿，就是昔日的沙鹿，這裏有沙亭。」周穆王的盛姬死了，當時穆王正在東征，把她的靈柩放置在五鹿，她的女兒叔㛤到了這裏，因思念母親而痛哭，這就是女㛤之丘，是沙鹿的別名。《春秋左傳》記述：僖公十四年，沙鹿山崩。晉國太史占卜之後說：「陰淩駕了陽，土與火相鬥，所以發生了沙鹿山崩。六百四十五年之後，應當有聖女出世，難道她是齊國田氏的後裔？」後來王翁孺從齊國的濟南徙居元城，恰好地點、日月都能夠對應，王氏又是大舜的後裔，屬土德，而漢朝是火德。王仲孺的兒子王禁生女兒政君時，她的母親夢見月亮飛入懷中。政君十八歲時，皇帝下詔書選入太子宮，生了成帝，成為元帝的皇后。漢朝政權旁落，連續四世由元后王氏臨朝執政，所以說火與土相鬥，而陰淩駕陽。元后駕崩，大夫揚雄寫了一篇祭文說：「太陰的精魄，沙鹿的神靈，與漢室結合，匹配了元帝，把成帝誕生。」

獻帝建安年間，袁紹與曹操在官渡屯兵對峙，相持不下，袁紹威逼大司農鄭玄抱病隨軍，來到這裏就死了。郡太守以下，受過他教導的學生，穿了喪服前來祭奠的有一千多人。鄭玄注釋過《五經》、《讖緯》、《候》、《曆》、《天文經》等，通行於當世，因此范曄的《贊》詞說：「孔子典籍的義理得以暢通明白，漢朝儒生的章句從此不再流傳了。」

元氏縣的北面有沙丘堰。堰，是攔截水流的設施。《尚書・禹貢》篇說：「大河往北經過降水（水流不依循水道而流稱為降，又稱為潰），到了大陸澤，往北播為九河。」《風俗通》說：「河，就是散播。散播為九條河道。」就是由這地方開始。《禹貢》說：「沇州（兗州）的九條河道已經疏通。」九河是指：徒駭河、太史河、馬頰河、覆釜河、胡蘇河、簡河、潔河、句盤河、鬲津河，都是逆河。鄭玄說：「下端合流的稱為逆河。」意思是諸河匯聚，合而為一。順着水向下流的形勢加以疏導，把河水通往大海。

賞析與點評

古代的黃河下游向東北方流，進入從前的沼澤區，河道分散，成為眾多分支，古書上稱為「九河」，「九」是最大的個位數，是眾多的意思，不一定是確實的九條水道，但後世的注疏家為了滿足九的具體數目，列舉了九條河名，其實不必拘泥。戰國至秦漢，黃河帶來的泥沙，逐漸把沼澤填平，只殘留幾片水面。其中一些地方泥沙堆積成山丘，於是有沙丘、沙鹿等地名。戰國時的趙國，在沙丘營建離宮，後來秦始皇最後一次東巡，回程時得病，在沙丘宮死去。後漢名儒鄭玄也在沙丘去世。沙丘似乎是不祥之地。但沙丘附近的元城縣，卻是王莽的故鄉。

濟水卷七至卷八

本篇導讀——

濟水是古代中原的重要河流之一，古籍中以江、淮、河、濟為「四瀆」，而中國第一篇地理文獻《書經・禹貢》，以名山大川為九州的分界，其中「濟河惟兗州」，兗州就在濟水和大河之間。但由於歷史上黃河多次改道，對濟水構成嚴重的干擾，所以不同時期的濟水，水道流向變化甚大，自從清朝咸豐五年六月十九日（新曆一八五五年八月一日），黃河在開封決堤，改道奪取濟水出海，從前的濟水，已變成黃河下游主流，濟水從地圖上消失，原本在濟水南岸的山東省會濟南市，仍留下殘存的地名印記而已。

古人認為，濟水分為兩段，前段在黃河以北，「源出河北濟河而南也（濟水的源頭出於大河以北，穿越大河，再從大河向南流出）」，兩條大河互相交叉穿越，在地形的結構上不太合理，但這說法可能保留了一些遠古的記憶。近代有學者認為，黃河的下游在鄭州、開封一帶進入大平原，水流縱橫奔流，在歷史上主河道曾多次在東北、東南之間擺動（正東受泰山山區所阻，不可能直往東流），《書經．禹貢》所記述的河道向東北偏北流，但《禹貢》以前的黃河，有可能曾經向東南流，注入黃海，而源出太行以南王屋山的濟水，則向東北偏東流，注入渤海，兩條水道互不相連，各成水系。到《禹貢》撰寫之前，黃河改道，折向東北流，切斷了濟水，再往北流經北方的沼澤，散為多條水道（九河），注入渤海。經此改道，濟水被分為兩段，上游小部份注入黃河，成為黃河的支流；下游從黃河分出，繼續東北偏北流，注入渤海。濟水又稱為沇水，沇與兗互通，因此黃河下游與濟水下游之間的地帶稱為「兗州」。而民間對濟河的記憶，仍是一條與大河不同的獨立水道，是古代傳說中的「四瀆」之一，源頭在王屋山，而尾閭入渤海，因此有濟水穿越黃河的說法。這推斷是否成立，仍有待地質學的驗證。

經 濟水出河東垣縣東王屋山[1]，為沇水[2]；又東至溫縣[3]西北，為濟水；又東過其縣北，屈從縣東南流，過隤城[4]西；又南當鞏縣北，南入于河。

與河合流，又東過成皋縣[5]北；又東過滎陽縣[6]北；又東至礫溪南，東出過滎澤[7]北；又東過陽武縣[8]南；又東過封丘縣[9]北；又東過平丘縣[10]南；又東過濟陽縣[11]北；又東過冤朐縣[12]南；又東過定陶縣[13]南；又屈從縣東北流；又東至乘氏縣[14]西，分為二，其一水東南流，其一水從東北流，入鉅野澤[15]；又東北過壽張縣[16]西界，安民亭南，汶水從東北來注之；又北過須昌縣西；又北過穀城縣[17]西；又北過臨邑縣東；又東北過盧縣[18]北；又東北過臺縣北；又東北過菅縣南；又東過梁鄒縣[19]北；又東北過臨濟縣南；又東北過利縣[20]西；又東北過甲下邑，入于河。

其一水東南流者，過乘氏縣[21]南；又東過昌邑縣[22]北；又東過金鄉縣[23]南；又東過東緡縣[24]北；又東過方與縣北，為菏水。菏水又東過湖陸縣南，東入于泗水。又東南過沛縣[25]東北；又東南過留縣[26]北；又東過彭城縣[27]北；獲水從西來注之；又東南過徐縣北；又東至下邳睢陵縣[28]南，入于淮。

注釋

1 「濟水出」句：戰國後期，秦兼併魏國西部領土，設置河東郡，即今山西省南部臨汾市及運城市。垣縣在河東郡東部，今山西省垣曲縣，王屋山在縣東，又稱「天壇山」，又位於河南省濟源市西北四十公里處，王屋山風景區位於濟源境。為道教名山，道教經典《列子》所說的「愚公移山」故事，發生在王屋山。因山中有洞，儼如王者之宮，故名王屋。主峰之巔有石壇，據說為軒轅黃帝祭天之所。漢魏時列為道教十大洞天之首，稱為「天下第一洞天」。2沇（粵：允；普：yǎn）水：後漢學者許慎《說文解字》：「沇：水，出河東東垣王屋山，東為泲。从水允聲。」3溫縣：在黃河北岸，屬河內郡，今河南省溫縣。4隤（粵：葵；普：tuí）城：河內郡修武縣有隤城（《後漢書·郡國志》）。5成皋（粵：高；普：gāo）縣：成皋，古東虢國，春秋時被鄭國所滅，改設制邑，又名虎牢，春秋戰國時為戰略重地，秦末楚漢相爭，兩軍主力在此對峙。漢置成皋縣，後世黃河水患頻繁，縣廢，併入滎陽。今滎阳市汜水镇西北有成皋故城遺址。6滎陽縣：戰國時韓國在滎澤之北築城，稱為滎陽，為戰略重地。漢置滎陽縣，後世陸續併入河陰、廣武、汜水、成皋四縣，成為今滎陽市。7滎澤：《書經·禹貢》有「滎陂既豬」的記述，意思是濟水自溫縣流入黃河，向南溢出，成為滎水，流至邙山東南麓，積水為澤，稱為滎澤。8陽武縣：戰國時韓、魏交界地，秦攻取，設置陽武縣，縣境有博浪沙，即張良行刺始皇未遂地點。秦以後經多次廢復，縣城亦曾遷徙，一九五三年與原武縣合併為原陽縣。9封丘縣：古中原兵家必爭之地，春秋時屬衞國，戰國初屬韓，為兵家必争之地，宋、韓黃池之戰即發生於此地。公元前二四二年，秦攻奪韓國的平丘等十二城，設置東郡，封丘是其中之一。今為河南省封丘縣，屬新鄉市。10平丘縣：前漢初，分封丘東部置平丘縣，西晉時撤，併入封丘。11濟陽縣：春秋戰國時為齊國西部邊境，在濟水北岸，位於今河南省蘭考縣東北，與山東交界處。後漢光武帝劉秀出生於此縣，因此升格為濟陽郡，東晉南朝時，濟陽江氏、蔡氏為名門望族。隋朝以後郡縣俱撤。今山東省濟南市以北有濟陽縣，秦漢時為漯陰縣、著縣等縣地，金朝置濟陽縣。兩濟陽縣同名異地，而且置縣時代不同。12冤朐（粵：渠；普：qú）縣：秦置宛朐縣，亦作冤句、冤朐。故城在今山東省菏澤市西南。13定陶縣：西周時為曹國封邑，春秋時曹為宋國所滅，改稱陶。其後范蠡「以陶為天下之中」，在此定居經商，十九年間，三致千金，死後葬於陶。秦以後稱為定陶。今山東省定陶縣。14乘氏縣：前漢時置，南北朝廢。15鉅野澤：古代湖泊名，春秋時在齊、魯、宋三國交界，秦末彭越曾在鉅野澤聚眾為遊兵，後來與劉邦結盟對抗項羽。由於泥沙填積，南北朝以後逐漸湮廢成陸地，湖水轉移至其東北方，積聚為梁山泊，即《水滸傳》聚義之地，今已縮小，改稱東平湖。16壽張縣：原名壽良，後漢改名壽張，一九六四年廢縣，縣境分別劃入河南及山東省。17穀城縣：在東平湖北，有穀城山。18盧縣：在今山東省平陰縣北。19梁鄒縣：在今山東省鄒平縣北。20利縣：在今山東省廣饒市北。21乘氏縣：在鉅野澤南岸。22昌邑縣：秦朝在鉅野澤以南設昌邑縣，隸屬碭郡。在今山東省西部。漢景帝中元六年（前一四四），分設山陽國，治所在昌邑，後廢國為郡。漢武帝分封其愛子劉髆為昌邑王，先武帝死，其子為第一代海昏侯、漢廢帝劉賀。今山東省東部有昌邑市，始設縣於北宋初，同名異地。23金鄉縣：位於今山東省西南部，前漢昌邑國東緡縣地，在縣內高平山為武帝之子鑿山築墓時掘出金礦，因此名為金鄉。後漢設縣至今。24東緡縣：秦朝置縣，東晉時廢。25沛縣：在今江蘇省北部，隸屬徐州市。春秋戰國時期，沛為宋國城邑，宋國滅後，楚國得沛地，設縣。秦時置沛縣，屬泗水郡（出土秦封泥有「四川郡」，或許後世誤讀為泗水）。漢高祖劉邦於秦時在沛縣為吏，後據沛縣起兵反秦。26留縣：秦縣，在沛縣東南泗水西岸，屬泗水郡。張良在此縣結識劉邦，其後成為開國功臣。劉邦稱帝後，封張良為留侯。留縣廢於唐朝。27彭城縣：今江蘇省徐州市。上古為大彭氏國地，相傳首領稱為彭祖，八百歲。自古以來是中原戰略要地，戰國時曾為宋國都城，宋亡後入楚。秦漢之際為西楚霸王項羽都城。直至現代，徐州附近發生過多次關鍵性戰役。28下邳（粵：丕；普：pī）睢陵縣：下邳，秦縣，屬東海郡，後漢設置下邳國，晉以後改為郡；睢陵，下邳郡屬縣。

譯文

濟水源出河東郡垣縣東面的王屋山，稱為沇水。又往東到了溫縣的西北面，稱為濟水；又往東經過這個縣的北面，曲折地從縣的東南面流去；經過隤城的西面；又往南對着鞏縣的北面，往南注入大河。

濟水與大河合流，又往東經過成皋縣的北面；又往東經過滎陽縣的北面；又往東到了礫溪的南面，往東流出，經過滎澤的北面；又往東經過陽武縣的南面；又往東經過封丘縣的北面；又往東經過平丘縣的南面；又往東經過濟陽縣的北面；又往東經過冤朐縣的南面；又往東經過定陶縣的南面；又曲折地從縣的東北面流去；又往東到了乘氏縣的西面，分為二，其中一條水道往東南流，另一水道往東北流去，注入鉅野澤；又往東北經過壽張縣的西界，安民亭的南面，汶水從東北方而來注入濟水；又往北經過須昌縣的西面；又往北經過穀城縣的西面；又往北經過臨邑縣的東面；又往東北經過盧縣的北面；又往東北經過臺縣的北面；又往東北經過菅縣的南面；又往東經過梁鄒縣的北面；又往東北經過臨濟縣的南面；又往東北經過利縣的西面；又往東北經過甲下邑，注入大河。

另外一條往東南流的水道，經過乘氏縣的南面；又往東經過昌邑縣的北面；又往東經過金鄉縣的南面；又往東經過東緡縣的北面；又往東經過方與縣的北面，稱為荷水。荷水又往東經過湖陸縣的南面，往東注入泗水。又往東南經過沛縣的東北面；又往東南經過留縣的北面；又往東經過彭城縣的北面，獲水從西面而來注入；又往東南經過徐縣的北面；又往東到了下邳郡睢陵縣的南面，注入淮水。

濟水源頭、王屋山

經 濟水出河東垣縣東王屋山，為沇水；

注《山海經》曰：「王屋之山聯水出焉，西北流，注于秦澤。」郭景純云：「聯、沇聲相近，即沇水也。潛行地下，至共山[1]南，復出于東丘。今原城[2]東北有東丘城。」孔安國曰：「泉源為沇，流去為濟。」《春秋說題辭》曰：「濟，齊也；齊，度也，貞也。」《風俗通》[3]曰：「濟出常山房子縣贊皇山[4]，廟在東郡臨邑縣。濟者，齊也，齊其度量也。」余按二濟同名，所出不同，鄉原亦別，斯乃應氏之非矣[5]。今濟水重源出軹縣[6]西北平地。水有二源：東源出原城東北，昔晉文公伐原以信，而原降，即此城也。俗以濟水重源所發，因復謂之濟源城。其水南逕其城東故縣之原鄉。杜預曰：「沁水縣西北有原城者是也。南流與西源合，西源出原城西，東流水注之。」水出西南，東北流注于濟。

注釋

1 共山：今河南省輝縣市為西周共伯封邑，因境內有共山得名。相傳是古代共工氏居處，春秋屬衛，戰國歸魏，秦、漢為河內郡共縣，隋、唐為共城縣，明以後為輝縣。2 原城：在今河南省濟源市境內，西周、東周時，今濟源一帶有原、樊、向、蘇、單等諸侯國，原是其中之一。3《風俗通》：後漢學者應劭撰。4 贊皇山：常山郡房子縣贊皇山，在今河北省石家莊市附近，距離王屋山數百里。5「郭景純」至「之非也」段：酈道元指出郭璞、應劭等前人的錯誤。6軹（粵：只；普：zhǐ）縣：今河南省濟源市軹城鎮。春秋戰國時為位於今山西省南部的晉國（及其後的韓國）東出中原的交通孔道，稱為「軹道」，東端設關城防守，稱為「軹關」，秦朝置縣，隋以後廢。

譯文

濟水源出於河東郡垣縣東面的王屋山，稱為沇水；

《山海經》說：「聯水從王屋山流出，往西北流，注入秦澤。」郭景純說：「聯、沇二字的讀音相近，聯水就是沇水。潛流在地底，到了共山的南面，在東丘重新冒出地面。現今原城的東北方有東丘城。」孔安國說：「源頭的泉水稱為沇，流出之後稱為濟。」《春秋說題辭》說：「濟，齊的意思也；齊，是度的意思，貞的意思。」《風俗通》說：「濟水源出於常山郡房子縣的贊皇山，濟水廟在東郡的臨邑縣。濟，是齊的意思，齊一度量的意思。」我查核兩處濟水，同一名稱，發源不同，流向也有差異，這是應氏的錯誤。現今濟水重新冒出的源頭在軹縣西北方的平地，水源有兩處：東源從原城的東北面流出，就是從前晉文公攻伐原重承諾，原人因而投降，就是這座城。民間認為這裏是濟水重新發源的地方，因此又稱之為濟源城。這條水道往南流，經過濟源城東面舊縣城所在的原鄉。杜預說：「沁水縣的西北面有原城。」就是這城。濟水往南流，與西源會合，西源出於原城的西面，有東流水注入。東流水發源於西南，往東北流，注入濟水。

賞析與點評

濟水發源於王屋山，是太行山向南伸延的餘脈。王屋山為後世人熟悉，是因為《列子·湯問》篇中有「愚公移山」的故事，故事的開頭說：「太行、王屋二山，方七百里，高萬仞，本在冀州之南，河陽之北。」這兩列山脈是華北大平原西側的屏障，山脈以西便是現代的山西省黃土高原和汾河流域。山脈阻隔了從山西通往大平原的交通，於是古人想象以神力把兩列山脈移走，但只是幻想而已，只能靠世世代代一點一滴地開山闢路，於是產生了愚公移山的故事。太行山和王屋山中，有不少河流流向平原，其中濟水和沁水都往東南流注入大河。古人沿着河谷開闢道路，貫通太行、王屋山脈的兩側。春秋時代晉國，封地在山西，晉國要稱霸中原，必須打通及控制濟水、沁水河谷中的道路，進入大河北岸的平原。晉國把這地區稱為「河內」，而大河以南（即洛陽、鄭、宋一帶）應該就是河外。秦朝和漢朝，設置了河內郡，成為洛陽北面的屏障，地位十分重要，濟水和沁水，都是河內郡的主要河流。

酈道元又指出，河北大平原的中部，有另一條發源於太行山脈贊皇山的濟水，同名異地，道元作出了辨析。

滎澤、石門、浚儀渠、王景治河、三皇山（三室山）

經 與河合流，又東過成皋縣北；又東過滎陽縣北；又東至礫溪南，東出過滎澤北；

注 《釋名》曰：「濟，濟也，源出河北濟河而南也。」《晉地道志》曰：「濟自大伾入河，與河水鬬，南泆[1]為滎澤。」《尚書》曰：「滎波既瀦[2]。」孔安國曰：「滎澤波水已成遏瀦。」闞駰曰：「滎播，澤名也。」故呂忱云：「播水在滎陽。」謂是水也。昔大禹塞其淫水[3]而于滎陽下引河，東南以通淮、泗，濟水分河東南流。漢明帝之世，司空[4]伏恭薦樂浪[5]人王景，字仲通，好學多藝，善能治水。顯宗[6]詔與謁者[7]王吳始作浚儀渠[8]，吳用景法，水乃不害，此即景、吳所修故瀆也。

渠流東注浚儀，故復謂之浚儀渠。明帝永平十五年，東巡至無鹽[9]，帝嘉景功，拜河堤謁者。靈帝建寧四年，于敖城西北壘石為門，以遏渠口，謂之石門，故世亦謂之石門水。門廣十餘丈，西去河三里，石銘云：「建寧四年十一月，黃場石也。」而主吏姓名，磨滅不可復識[10]。魏太和中，又更修之，撤故增新，石字淪落，無復在者。水北有石門亭，戴延之[11]所云新築城，城周三百步，滎陽太守所鎮者也。水南帶三皇山，即皇室山，亦謂之為三室山也。

注釋

1 泆：即溢。2 豬：積水。3 淫水：指泛溢的河水。4 司空：官名，後漢三公之一。三公為太尉、司徒、司空，坐朝論道，統攝百官。5 樂浪：漢郡名，漢武帝滅朝鮮國，設樂浪、玄菟、臨屯、真番四郡，樂浪郡在今朝鮮西部，治所在今平壤。6 顯宗：漢明帝廟號顯宗。7 謁者：官名，為君主傳達詔旨的官員，如果是宦官，稱中謁者。8 浚儀渠：戰國時魏國在都城大梁城北修築人工水道名為浚水或浚儀渠，秦滅魏，改稱大梁為浚儀。9 無鹽：今山東省東平市為春秋戰國時齊國的無鹽邑，「無鹽醜女」的故事流傳後世，民間誤稱為「鍾無艷」。10「而主吏」兩句：漢人立碑，往往在背面（碑陰）刻上當地官吏姓名及職位。11 戴延之：東晉學者，晉末為劉裕參軍，北征入長安。撰《西征記》，廣為時人引述。

譯文

和河水合流，又往東經過成皋縣北面；又往東經過滎陽縣北面；又往東到礫溪南面，往東經過滎澤北面出來。

《釋名》說：「濟，是渡過的意思。濟水的源頭出於大河以北，渡過大河而向南流。」《晉地道志》說：「濟水從大伾山下注入大河，與河水相沖激，向南溢出，積水成為滎澤。」《尚書》說：「滎波已經蓄了水。」孔安國說：「滎澤波水已經堵塞，水積聚起來。」闞駰說：「滎播，是澤名。」因此呂忱說：「播水在滎陽郡。」就是指這條水道。從前大禹堵塞它溢出的水，而在滎陽下引向大河，向東南流通往淮水、泗水。濟水從大河分出，流向東南方。漢明帝的時候，司空伏恭推薦樂浪郡人王景，別字仲通，他好學而多技能，擅長水利工程。明帝下詔，命他與謁者王吳開通浚儀渠，王吳採用王景的方法，杜絕了水患。這就是王景、王吳所修建的舊水道了。渠水往東流，注入浚儀，因此又稱為浚儀渠。明帝永平十五年（七二），皇帝到東方巡視，來到無鹽，皇帝讚揚王景治水功績，任命他為河堤謁者（官名）。靈帝建寧四年（一七一），在敖城西北面，用石塊砌築了一道水門，以攔截渠，稱為石門，所以民間又稱之為石門水。水門寬十餘丈，西距開大河三里，石上刻有銘文說：建寧四年十一月，以黃場石修建。而負責的官吏姓名，已磨損得很模糊，不能看得出來了。魏太和年間（四七七至四九九），又加以重修，拆除舊門，增建新門，刻有字跡的石塊全都廢棄，已不再存在了。水的北面有石門亭，這是戴延之說的新筑城，城周圍三百步，滎陽太守駐守的所在。濟水南傍三皇山流過，三皇山就是皇室山，又稱為三室山。

賞析與點評

自從有文獻記載以來，濟水已經是黃河的一條分支。濟水的下游在今鄭州附近，從黃河主流分出，向東北偏東流去，最終注入渤海。濟水下游又分出多條水道，其中以菏水較為著名，菏水沒有流注大海，而是注入泗水，而泗水的下游注入淮水，這些水道，使古代的黃河與淮河連結。濟水從黃河分出的地方，古代是一片沼澤，稱為滎澤，附近又有圃田澤，《水經注》引述典籍，記述了這些沼澤。

水流縱橫交錯，沼澤散佈，黃河下游經常缺堤泛濫，情況嚴重的話更會改道，成為兩岸百姓的災難。歷史上黃河泛濫和改道多不勝數，歷代帝王對於治理黃河非常重視。前漢後期，黃河水患困擾多年，百姓災難深重，延至後漢明帝永平十二年（六九），朝廷決心根治水患，樂浪人王景獲明帝重用，負責整治工程。王景、王昊全力以赴，成功平息水患。樂浪郡在今日的朝鮮半島北部，治所就是平壤。

廣武城（項羽射劉邦胸處）、廣武澗（項羽叱婁煩處）

【一】注 濟水又東逕西廣武城北。《郡國志》：「滎陽縣有廣武城，城在山上，漢所城也。」高祖與項羽臨絕澗對語，責羽十罪，羽射漢祖中胸處也[1]。山下有水，北流入濟，世謂之柳泉也。

濟水又東逕東廣武城北，楚項羽城之。漢破曹咎[2]，羽還廣武，為高壇，置太公[3]其上，曰：「漢不下，吾烹之。」高祖不聽，將窖[4]之。項伯[5]曰：「為天下者不顧家，但益怨耳。」羽從之。今名其壇曰項羽堆。夾城之間，有絕澗斷山，謂之廣武澗。項羽叱婁煩[6]于其上，婁煩精魄喪歸矣。

注釋

1「高祖」三句：楚漢對峙於成皋、滎陽一帶，見《史記·高祖本紀》記述：「漢王軍滎陽南，築甬道，屬之河，以取敖倉。與項羽相距歲餘。項羽數侵奪漢甬道，漢軍乏食，遂圍漢王。」又記：「楚漢久相持未決……漢王項羽相與臨廣武之間而語……項羽大怒，伏弩射中漢王。漢王傷胸。」2曹咎：項羽將，官拜海春侯大司馬。3太公：高祖父親。4窖：放入窖中烹煮。5項伯：項羽叔父。6婁煩：也作樓煩，漢將，挑戰楚軍，項王親自上陣，《史記·項羽本紀》云：「項王大怒，乃自被甲持戟挑戰。樓煩欲射之，項王瞋目叱之，樓煩目不敢視，手不敢發，遂走還入壁，不敢復出。」

譯文

濟水又往東流，經過西廣武城的北面。《郡國志》說：「滎陽縣有廣武城，城修建在山上，是漢朝所建築。」高祖與項羽隔深澗兩岸互相喊話，高祖斥責項羽十條大罪，項羽放箭，射中漢高祖胸膛，就在這地方。山下有水，向北流入濟水，民間稱為柳泉。

濟水又往東流，經過東廣武城的北面，城牆是楚項羽所建。漢軍打敗了曹咎，項羽退回廣武，築了一座高壇，把高祖父親太公放在壇上，對高祖喊話：「漢軍不投降，我把他放在鍋裏煮熟！」高祖不理會，項羽準備殺掉太公，項伯說：「打天下的人顧不了家人，你這樣做，只會增加怨恨。」羽聽從他的勸告。現今這壇名為項羽堆。在兩座城之間，有一處切斷山脈的深澗，名為廣武澗。項羽曾在澗上厲聲叱罵婁煩，嚇得婁煩魂飛魄散，向後撤退了。

賞析與點評

濟水南岸的廣武城，是古代戰略要地，是滎陽城的外圍防守據點。劉邦與項羽爭奪天下時，雙方曾在廣武對峙，留下了一些故事。

敖山、敖倉城、滎口石門碑

【一】注 濟水又東逕敖山北，《詩》[1]所謂「薄狩于敖」者也。其山上有城，即殷帝仲丁之所遷也。皇甫謐《帝王世紀》曰「仲丁自亳[2]徙囂[3]于河上」者也，

或曰敖[4]矣。秦置倉于其中，故亦曰敖倉城也。濟水又東合滎瀆，瀆首受河水，有石門，謂之為滎口石門也，而地形殊卑[5]，蓋故滎播所導，自此始也。

門南際河，有故碑云：「惟陽嘉三年二月丁丑，使河堤謁者王誨，疏達河川，遹荒庶土。往大河沖塞，侵嚙金堤[6]，以竹籠石葺土而為堨[7]，壞隤[8]無已，功消億萬，請以濱河郡徒[9]，疏山採石壘以為障，功業既就，徭役用息。未詳詔書[10]，許誨立功府卿[11]，規基經始，詔策加命，遷在沇州[12]，乃簡朱軒[13]授使司馬登，令纘茂前緒，稱遂休功。登以伊、洛合注大河，南則緣山，東過大伾，迴流北岸，其勢鬱懞，濤怒湍急激疾，一有決溢，彌原淹野，蟻孔之變，害起不測，蓋自姬氏[14]之所常蹙。昔崇鯀[15]所不能治，我二宗[16]之所劬勞于是。乃跋涉躬親，經之營之，比率百姓，議之于臣，伐石三谷，水匠致治，立激岸側，以捍鴻波，隨時慶賜，說以勸之，川無滯越，水土通演，役未逾年，而功程有畢，斯乃元勳之嘉課，上德之弘表也。昔禹修九道，《書》錄其功；后稷躬稼，《詩》列於《雅》。夫不憚勞謙之勤，夙興厥職，充國惠民，安得湮沒而不章焉！故遂刊石記功，垂示於後。」其辭云云。使河堤謁者山陽東緡司馬登，字伯志；代東萊曲成王誨，字孟堅[17]；河內太守宋城向豹，字伯尹；丞汝南鄧方，字德山；懷令劉丞，字季意；河堤椽匠等造。陳留浚儀邊韶字孝先[18]頌。石銘歲遠，字多淪缺，其所滅，蓋闕如也。

注釋

1《詩》：即《詩經》。2亳（粵：博；普：bó）：寫法與毫字接近，但下半少一橫畫，從乇不從毛。地名，商朝都邑稱為亳，從湯到中丁，商朝一共六代十一王，一百五十年都於亳，但亳都的位置，歷來學者爭議甚大，曾有六種說法，因此有北亳、南亳、西亳、鄭亳等，其中一說是河南洛陽附近的偃師，又一說是鄭州的商城遺址。3囂（粵：僥／熬；普：xiāo/áo）：地名，讀音熬，商朝都城之一，今河南省鄭州市西北的小雙橋商代遺址。4敖：囂的另一寫法。5地形殊卑：地勢卑下。6侵嚙金堤：侵蝕堅固的河堤。7葺（粵：輯；普：qì）：堆壓；堨（粵：壓；普：è）：阻塞。8隤（粵：頹；普：tuí）：牆土或山壁崩塌。9濱河郡徒：沿河各郡服勞役的民伕。10未詳詔書：《水經注疏》作「辛未詔書」，可從。11府卿：指少府卿，漢朝主管工程的首長。12沇州：即兗州的別寫。13簡：挑選；朱軒：塗上紅色的大馬車。14姬氏：指周朝。15崇鯀：崇侯鯀，堯、舜時以偃塞方法治水，未能成功，其子禹疏導洪水成功。16二宗：指後漢的顯宗明帝及肅宗章帝。17「代東」句：代，代理；王誨，東萊郡曲成縣人。18邊韶：後漢晚期著名學者，字孝先，陳留郡浚儀縣人，桓帝時徵拜太中大夫，著作東觀，再遷北地郡太守，入拜尚書令。後為陳國相，死在任上。學識淵博，熟習五經，有「五經笥」美譽。笥是古代貯物的箱子，現代日語仍稱箱子為「簞笥」（dan shi）。

譯文

濟水又往東流，經過敖山的北面，這就是《詩經》提及的「薄狩于敖」。敖山之上有一座城，就是殷帝仲丁遷都的地方。皇甫謐《帝王世紀》說：「仲丁從亳遷都到大河旁的囂地。」又稱為敖。秦朝在這裏設置糧倉，所以又名敖倉城。濟水又往東流，與滎瀆會合，滎瀆源頭引入河水，有石門與河相通，稱為滎口石門，由於地勢較低，所以滎瀆的水，從這裏開始引出。

石門南臨大河，有一塊舊石碑，碑文說：「惟陽嘉三年（一三四）二月丁丑日，朝廷派遣河堤謁者（官名）王誨，在荒蕪的大地上疏導河流。從前大河沖積沙土淤塞河道，洪水泛濫侵蝕金堤，過去用竹籠裝載石塊堆上泥土修補缺口，但河堤仍然不斷崩壞，枉費了億萬人力。王誨請求臨河各郡派出民伕，開山採石砌築堅固的河堤，工程完成之後，徭役也就停止了。辛未日朝廷頒佈了詔書，讚揚王誨所立的功績，從規劃基礎開始，他的才能相當於少府卿，在詔書中予以賞賜，遷任兗州刺史。於是挑選了一輛漆了紅色的大馬車，給予繼任的使者司馬登，命令他繼承前人的事業，完成這重大的工程。司馬登考慮到伊、洛兩水合流之後注入大河，南岸倚靠山坡，往東經過大伾，迴旋的水流沖激北岸，水勢兇猛，波濤洶湧而湍急，一旦決堤泛濫，整片平原都會被淹沒，即使是蟻孔那麼小的漏洞，也會引發無法估計的災害。自從周朝以來，朝廷經常為此而憂慮。昔日崇伯鯀不能把洪水治好；我朝兩位先帝為水患而身心疲弊，他們奔波勞累親自駕臨，與羣臣商量規劃，率領百姓從三處山谷採石，指揮治水工匠施工，在岸邊砌築石堤，以阻擋巨浪。工程期間經常給予賞賜，以資勉勵。於是河道不再阻滯，波濤不再洶湧，水土調和暢通，工程未滿一年，便大功告成，這實在是元勳大臣督導有方的功績，皇上德聖宏大的彰顯。從前大禹疏導九河，《書經》記錄了他的功績；后稷親自耕種，《詩經》在《大雅》有歌頌的詩篇。這些不辭勞苦，早上起來便克盡職責，為治水而辛勤，為國家謀利益，為人民謀福祉的人，怎可以埋沒他們的功績，而不加以表揚呢！因此在石上刻記他們的功勳，使他們流芳後世。」後面的頌辭從略。這些名垂後世的人包括：使河堤謁者山陽郡東緡縣人司馬登，字伯志；代理東萊郡曲成縣人王誨，字孟堅；河內太守宋城縣人向豹，字伯尹；郡丞汝南人鄧方，字德山；懷縣令劉丞，字季意；河堤椽匠等造。陳留郡浚儀縣人邊韶，字孝先撰寫頌。石碑的銘文久經歲月，字跡已多模糊殘缺，完全看不出來的，就只好從略了。

賞析與點評

廣武城的東面，是古代官府儲存糧食的倉庫所在，稱為敖倉，是戰時兵家必爭之地。由於形勢險要，歷代都有重兵駐守，並加固河堤以確保運輸和倉儲的安全。《水經注》抄錄了後漢陽嘉三年（一三四）治水工程紀念碑的碑文，表揚工程的策劃、監督者王誨，而撰寫碑文的人是當時名臣、學者邊韶（孝先）。

宿須水口、虢亭、斷山、礫石溪水

【注】滎瀆又東南流，注于濟，今無水。次東得宿須水口，水受大河，渠側有扈亭水，自亭東南流，注于濟，今無水。宿須在河之北，不在此也，蓋名同耳。自西緣帶山隰[1]，秦、漢以來，亦有通否[2]。濟水與河渾濤[3]東注，晉太和中，桓溫北伐，將通之，不果而還。義熙十二年，劉公[4]西征；又命寧朔將軍劉遵考仍此渠而漕之，始有激湍東注，而終山崩壅塞，劉公于北十里更鑿故渠通之。今則南瀆通津，川澗是導耳。濟水于此，又兼邲[5]目。《春秋》宣公十三年，晉、楚之戰，楚軍于邲。即是水也。音下。京相璠[6]曰：「在敖北。」

濟水又東逕滎陽縣北。曹太祖[7]與徐榮戰，不利，曹洪授馬于此處也。濟水又東，礫石溪水注之。水出滎陽城西南李澤，澤中有水，即古馮池也。《地理志》曰「滎陽縣，馮池在西南」是也。東北流，歷敖山南。《春秋》，晉、楚之戰，設伏于敖前，謂是也。逕虢亭北，池水又東北逕滎陽縣北斷山，東北注于濟，世謂之礫石澗，即《經》所謂礫溪矣。《經》云濟出其南，非也。

注釋

1隰（粵：習；普：xí）：本義為低濕之地。2「亦有」句：有時暢通，有時淤塞。3渾濤：水流互相混合。4劉公：劉裕。5邲（粵：祕／拔；普：bì）：地名，在今河南省鄭州滎陽市東北。春秋時曾發生晉楚大戰。泌水入滎陽稱「蒗蕩渠」。6京相璠：西晉著名學者，傑出地圖學家，助宰相裴秀修《晉輿地圖》，有《春秋土地名》三卷，現已散佚，部份靠《水經注》引述而得以保存。7曹太祖：曹操。

譯文

滎瀆又往東南流，注入濟水，現在已經乾涸無水了。稍為偏東，有宿須水口，宿須水承接大河而出，水道旁有扈亭水，從扈亭往東南流，注入濟水，現在也乾涸無水了。宿須在河以北，不在這裏，不過名稱相同而已。宿須水從山坡的西側流過，自秦漢以來，時通時塞。濟水與大河會合，波濤相混往東奔流，晉太和年間（三六六至三七一），桓溫領兵北伐，準備把宿須水貫通，不能成功，只好退兵。義熙十二年（四一七），劉裕西征，又下令寧朔將軍劉遵考利用這條渠道運糧，開始時有較湍急的水往東注入，但最終因為山崩而壅塞，劉裕在北方十里重新開鑿舊渠以貫通糧道。但現在只有南瀆可以通航，因為引入了附近溪澗的水。濟水在這裏，又稱為邲。《春秋》記載：宣公十三年（前五九六），晉、楚兩國交戰，楚軍屯駐於郔，就是這條水。音下。京相璠說：「在敖的北面。」濟水又往東流，經過滎陽縣的北面。曹操與徐榮作戰，打了敗仗，曹洪把自己的馬讓給曹操，就在這地方。濟水又往東流，礫石溪水注入。礫石溪水源出於滎陽城西南方的李澤，澤中有水，就是古代馮池。這就是《地理志》所說：「滎陽縣，馮池在西南面。」馮池流出的水道往東北流，經過敖山的南面。《春秋》記載：晉、楚兩國交戰，在敖山前設下了伏兵，說的就是這裏。又經過虢亭的北面。池水又往東北流，經過滎陽縣北的斷山，往東北流，注入濟水，民間稱之為礫石澗，也就是《水經》所說的礫溪了。《水經》說「濟出其南」，不對。

賞析與點評

滎澤一帶水道縱橫，歷來是兵家必爭之地，有不少古戰場遺址，春秋時期晉、楚郔之戰發生在這裏，結果晉勝楚敗，奠定了晉文公稱霸中原的局面。東晉末，劉裕北伐，打通了已淤塞的舊渠作為糧道。

【】注 索水又東逕滎陽縣故城南。漢王之困滎陽也，紀信曰：「臣詐降楚王，宜間出。」信乃乘王車出東門，稱漢降楚。楚軍稱萬歲，震動天地，王與數十騎出西門得免楚圍。羽見信大怒，遂烹之。信冢在城西北三里。故蔡伯喈[1]《述征賦》曰：「過漢祖之所隘，弔紀信于滎陽。」其城跨倚崗原，居山之陽，王莽立為祈隊，備周六隊之制[2]。

魏正始三年，歲在甲子，被癸丑詔書，割河南郡縣，自鞏、闕[3]以東，創建滎陽郡，并戶二萬五千，以南鄉築陽亭侯李勝，字公昭，為郡守。故原武典農校尉[4]，政有遺惠，民為立祠于城北五里，號曰李君祠。廟前有石蹠[5]，蹠上有石的，《石的銘》具存。其略曰：「百族欣戴，咸推厥誠。」今猶祀禱焉。

索水又東逕周苛[6]冢北。漢祖之出滎陽也，令御史大夫周苛守之，項羽拔滎陽獲苛，曰：「吾以公為上將軍，封三萬戶侯，能盡節乎？」苛瞋目罵羽，羽怒，烹之。索水又東流，北屈西轉，北逕滎陽城東，而北流注濟水。杜預[7]曰：「旃然水出滎陽成皋縣，東入汳。」《春秋》襄公十八年，楚伐鄭，右師涉潁，次于旃然，即是水也。濟渠水斷汳溝，惟承此始，故云「汳受旃然[8]」矣，亦謂之鴻溝水，蓋因漢、楚分王，指水為斷[9]故也。《郡國志》曰「滎陽有鴻溝水」是也。蓋因城地而變名，為川流之異目。

注釋

1 蔡伯喈：蔡邕字伯喈，後漢後期名士，曹操摯友，其女蔡文姬在戰亂中被匈奴所擄。2「王莽」兩句：王莽篡漢之後，依照《周禮》更改官制，造成混亂，為後世譏笑。3 鞏：鞏縣；闕：即伊闕，今洛陽西南的龍門石窟所在地。4 典農校尉：曹操設置官職，主管地方屯田以供應軍糧。原武縣在大梁北，今為原陽縣。5 蹠（粵：脊；普：zhí）：本義為腳掌，此處引伸義為石板。6 周苛：劉邦與項羽爭天下時的御史大夫，即祕書長。7 杜預：西晉名臣，注釋《左傳》至今傳世。8 汳：即汴（粵：辨；普：biàn）；旃（粵：氈；普：zhān）。9 斷：分界。見《史記・高祖本紀》：「項羽乃與漢王約，中分天下，割鴻溝而西者為漢，鴻溝而東者為楚。」

譯文

索水又往東流，經過滎陽縣舊城的南面。漢王劉邦在滎陽被困，紀信對他說：「我（冒充你）向楚王項羽詐降，你可以乘機逃出。」於是紀信乘坐漢王的馬車從東門出城，詐稱漢王降楚。楚軍歡呼萬歲，歡聲震天動地。漢王與數十名隨從騎馬出西門，逃脫了楚軍的包圍。項羽看見投降的漢王竟是紀信假冒，非常震怒，把他烹煮了。紀信的墓冢在滎陽城西北方三里，因此故蔡伯喈（邕）《述征賦》說：「經過漢高祖受困之處，憑弔紀信於滎陽。」滎陽城倚靠着一連串山崗高地，位於山崗的南面，王莽時在這裏設立祈隊，完全按照《周禮》所載的六隊編制而設。

魏正始三年（二四二），歲在甲子，按照癸丑詔書的指令，分割河南郡部份屬縣，從鞏縣、伊闕以東，創立了滎陽郡，合共二萬五千戶，任命南鄉人築陽亭侯李勝，字公昭，為郡守。李勝原任原武典農校尉，施政惠及地方，百姓在城北五里處為他立祠紀念，稱為李君祠。祠廟前面有塊形似腳掌的大石，腳掌上有石箭靶，上面刻了《石的銘》，保存完整。銘文大致說：「百姓欣然戴擁，都出自真心誠意。」至今仍然祭祀他。

索水又往東流，經過周苛墓冢的北面。漢高祖逃出了滎陽之後，下令御史大夫周苛繼續鎮守，項羽攻陷了滎陽，俘虜了周苛，對他說：「我任命你為上將軍，封三萬戶侯，你能為我盡忠守節嗎？」周苛張大雙眼痛罵項羽，項羽大怒，把他烹煮了。索水又往東流，向北彎曲又再西轉，往北流，經過滎陽城的東面，再往北流，注入濟水。杜預說：「旃然水源出於滎陽郡成皋縣，往東注入汳水。」《春秋》記載：襄公十八年（前五五五），楚國攻打鄭國，右翼軍隊涉過了潁水，屯駐在旃然，就是這條水。濟渠水（被大河）涉斷了，汳溝就在這裏開始承接這條水，所以說「汳水承受了旃然水」，也稱為鴻溝水，這因為漢、楚劃地分王，以這條水為界線的緣故。這就是《郡國志》所說「滎陽縣有鴻溝水」，水名因經過不同的城邑和地方而改變，成為河川的別名。

賞析與點評

滎澤附近的戰略要地，以滎陽城最重要，劉邦曾經據守滎陽，與項羽爭天下，項羽大軍圍攻滎陽，劉邦棄城逃走，但留下了紀信代主誘敵、周苛寧死不降的事跡。曹魏正始三年（二四二）分河南郡東部設置滎陽郡。滎陽地位之所以重要，是因為汳水在滎陽附近從濟水分出，向東南流，戰國時魏惠王開鑿運河，連接汳水與淮水，稱為鴻溝，於是南方的物資，可以沿鴻溝北上，運抵中原，而滎陽成為重要的倉儲。

陽武縣、莨蕩渠分出、南濟、白馬淵

經 **又東過陽武縣[1]南；**

注 **濟水又東南流入陽武縣，歷長城[2]東南流，莨蕩渠出焉。濟水又東北流，南濟也，逕陽武縣故城南。王莽更名之曰陽桓矣。又東為白馬淵[3]，淵東西二里，南北百五十步，淵流名為白馬溝。又東逕房城北。《穆天子傳》曰：「天子里甫**

田[4]之路，東至于房。」疑即斯城也，郭《注》以為趙郡房子[5]也。余謂「穆王里鄭甫」，而郭以趙之房邑為疆，更為非矣。

注釋

1陽武縣：秦縣，縣境及縣城經過多次變化，現與原武縣合併為原陽縣。2長城：戰國時韓、魏兩國之間築長城為界，遺址在今河南省開封市、鄭州市之間。3淵：深潭。4甫田：又寫為圃田，在今鄭州市北，已湮填為陸地。5趙郡房子：房子縣，在今河北省石家莊市附近，戰國時為趙國地，因此酈道元稱，郭璞把《穆天子傳》所說的鄭地「甫田」，誤以為是趙地的房邑。

譯文

又往東經過陽武縣的南面；

濟水又往東南方流，進入陽武縣境，經過（魏國）長城，向東南方流去，蒗蕩渠在這裏分出。濟水又往東北流，這是南濟，經過陽武縣舊城的南面。王莽改名為陽桓。又往東流，是為白馬淵，白馬淵自東至西長二里，自南至北寬一百五十步，淵中往外流的水道稱為白馬溝。又往東流，經過房城的北面。《穆天子傳》說：「天子（周穆王）因為甫田之路泥濘難行，繞道東行，到達了房。」估計就是這座城。郭璞《注》以為是（河北）趙郡的房子縣。我認為穆王所走過的應該是鄭的沼澤地，而郭璞則認為是大河以北趙郡的房邑境內，更不對應了。

賞析與點評

濟水的下游有多條水道分出，蒗蕩渠是其中之一。蒗蕩渠分出之後，濟水又分為南、北兩條水道，這些水道在平原之上奔流，經過不少古史上的城邑。但由於古史記述簡單，後人對這些城邑的所在，難以確定，有些注釋家未經查核，隨意指說，酈道元在《水經注》中，依據地理情況提出質疑，並予以更正。

封丘縣、大梁城、小黃縣故城（漢高祖葬母處）、東昏縣、戶牖鄉（陳平家鄉）、濟陽縣故城（漢光武出生地）

【注】濟水又東逕封丘縣南，又東逕大梁城[1]北，又東逕倉垣城，又東逕小黃縣之故城北。縣有黃亭，說[2]濟又謂之曰黃溝[3]。縣，故陽武之東黃鄉也，故水以名縣。沛公起兵，野戰，喪皇妣[4]于黃鄉，天下平定，乃使使者以梓宮[5]招魂幽野于足。丹蛇自水濯洗，入于梓宮，其浴處有遺髮焉。故謚曰昭靈夫人，因作寢[6]以寧神也。

濟水又東逕東昏縣故城北。陽武縣之戶牖鄉[7]矣，漢丞相陳平家焉。平少為社宰[8]，以善均肉稱，今民祠其社。平有功于高祖，封戶牖侯，是後置東昏縣也，王莽改曰東明矣。濟水又東逕濟陽縣故城南，故武父城也。城在濟水之陽，故以為名，王莽改之曰濟前者也。光武[9]生濟陽宮，光明照室，即其處也。《東觀漢記》[10]曰：「光武以建平元年生于濟陽縣，是歲有嘉禾生，一莖九穗，大于凡禾，縣界大熟，因名曰秀。」

注釋

1大梁城：戰國中期，魏國遷都大梁，即今河南省開封市，因此又稱梁國。孟子見梁惠王，即魏惠王。2說：另一說法。3《水經注疏》此處有增補：「縣有黃亭近濟，黃水出焉，又謂之曰黃溝。」4「沛公」三句：沛公，漢高祖劉邦在沛縣起兵時的稱號。皇妣，漢高祖稱帝後，對亡母的尊稱。5梓宮：梓木造的棺材。6寢：寢殿。7牖（粵：友；普：yǒu）：古建築中內室與廳堂之間的窗，後泛指窗。戶牖，是陽武縣轄下的鄉名，漢高祖謀士陳平的家鄉。8社宰：古代鄉村節令慶典全體村民的集會，負責殺豬分肉的人稱為宰。現代詞語「社會」、「結社」從此衍生。9光武：漢光武帝劉秀。當時他的父親是濟陽縣令。10《東觀漢記》：後漢官方所修史書，現已殘缺不全。

譯文

濟水又往東流，經過封丘縣的南面；又往東流，經過大梁城的北面；又往東流，經過倉垣城；又往東流，經過小黃縣的舊城北面。小黃縣有黃亭，又有說法，這裏接近濟水，黃水從這裏流出，稱為黃溝。小黃縣是從前陽武縣的東黃鄉，縣因黃水得名。沛公劉邦起兵反秦，在山野作戰，他的母親死在黃鄉，天下平定之後，派遣使者帶了梓宮（梓木棺材）到這裏的荒野招魂。一條紅色的大蛇在水中沐浴，之後爬入梓宮。大蛇沐浴的地方還留有一些頭髮，因此給她謚號為昭靈夫人，就地修建陵寢使她的神靈得以安息。

濟水又往東流，經過東昏縣舊城的北面，這就是陽武縣的戶牖鄉，漢丞相陳平的老家在這裏。陳平少時在村社祭祀時負責殺豬，他分肉平均受到稱讚，至今村民仍然祭祀這個村社。陳平為漢高祖開國立功，封為戶牖侯，其後設立了東昏縣，王莽改名為東明。濟水又往東流，經過濟陽縣舊城的南面，是從前的武父城。武父城在濟水的南面，因此縣名為濟陽，王莽時改名為濟前。後漢光武帝在濟陽宮出生，誕生時祥光照耀，滿屋明亮，就是在這地方。《東觀漢記》說：「光武帝在建平元年（前六）誕生於濟陽縣，這年長出了一株嘉禾，一根莖稈長出九個稻穗，比一般禾穗更大，這年全縣大豐收，因此為他取名為劉秀。」

賞析與點評

濟水流經的地方，有不少歷史遺跡，其中有漢高祖母親去世的地方小黃，有陳平的家鄉陽武縣的戶牖鄉，又有後漢光武帝的出生地濟陽。歷史遺跡都會流傳一些相關的小故事，《水經注》記述了這些民間傳說。「黃水」、「黃鄉」等地名引起了史學家錢穆的注意，錢穆在二十世紀三十年代撰寫《黃帝故事地望考》，認為軒轅氏稱為黃帝，與生息在這一帶有關。春秋後期，中原東南方長江下游的吳國崛起，吳王夫差開鑿了邗溝，打通了長江、淮水的水道，憑着強大的水師，沿淮水的支流泗水北上，再轉入菏水，與晉國爭霸於黃池之濱。這黃池就是黃水附近的沼澤。

濟陽縣、濟川、冤朐縣、定陶縣、南濟、菏水分出

經 又東過濟陽縣北，注 北濟也，自武父城北。闞駰曰：「在縣西北，鄭邑也。」東逕濟陽縣故城北。圈稱《陳留風俗傳》[1]曰：「縣，故宋地也。」《竹書紀年》：「梁惠成王三十年城濟陽。」漢景帝中六年，封梁孝王子明為濟川王，應劭曰：「濟川，今陳留濟陽縣。」是也。

經 又東過冤朐縣南，又東過定陶縣南，注 南濟也。濟瀆自濟陽縣故城南，東逕戎城北。《春秋》隱公二年，「公會戎于潛」。杜預曰：「陳留濟陽縣東南有戎城。」是也。濟水又東北，菏水東出焉[2]。濟水又東北逕冤朐縣故城南。呂后元年，

封楚元王子劉執為侯國，王莽之濟平亭也。

注釋

1圈稱：姓圈名稱，撰《陳留風俗傳》。2「菏（粵：河；普：hé）水」句：菏水是濟水的分支，向東流，與泗水連接。

譯文

濟水又往東流，經過濟陽縣的北面，這是北濟水，從武父城北面流過。闞駰說：「武父城在縣的西北方，是鄭國的城邑。」北濟水又往東流，經過濟陽縣舊城的北面。圈稱《陳留風俗傳》說：「濟陽縣是從前宋國的地方。」《竹書紀年》記載：「梁惠成王三十年（前三四〇）修築濟陽城。」漢景帝中六年（前一四四），分封梁孝王的兒子劉明為濟川王，應劭說：「濟川是現在的陳留郡濟陽縣。」濟水又往東流，經過冤朐縣的南面；又往東流，經過定陶縣的南面，這是南濟水。濟水水道從濟陽縣舊城的南面，往東經過戎城的北面，《春秋》記載：隱公二年（前七二一），「魯隱公在潛地會見戎人」。就是杜預所說：「陳留郡濟陽縣東南方有戎城。」濟水又往東北流，菏水往東面分出。濟水又往東北流，經過冤朐縣舊城的南面，呂后元年（前一八七），分封楚元王的兒子劉執於冤朐，立為侯國，王莽時改名濟平亭。

賞析與點評

濟水分為南、北兩枝，上文的封丘、小黃、濟陽故城等地，是南濟所經，而濟陽、冤朐、定陶是北濟所經。這些城邑，都是戰國至秦、漢的歷史名城。而菏水又從南濟分出。

秦相魏冉冢（安平陵）、定陶恭王陵、魏郡治、曹叔振鐸國、范蠡寓陶

【一】**注** 濟水又東逕秦相魏冉[1]冢南。冉，秦宣太后弟也，代客卿壽燭為相，封于穰[2]，益封于陶，號曰穰侯，富于王室。范雎說秦，秦王悟其擅權，免相，就封出關，輜車千乘，卒于陶，而因葬焉，世謂之安平陵，墓南崩碑尚存。濟水又東北逕定陶恭王[3]陵南。漢哀帝父也，帝即位，母丁太后建平二年崩，上曰：「宜起陵于恭皇之園。」送葬定陶，貴震山東。王莽秉政，貶號丁姬[4]，開其槨戶[5]，火出炎四五丈，吏卒以水沃滅，乃得入，燒燔槨中器物，公卿遣子弟及諸生四夷十餘萬人，操持作具，助將作[6]掘平共王母傅太后墳及丁姬冢，二旬皆平。莽又周棘其處[7]，以為世戒云。時有羣燕數千，銜土投于丁姬竁[8]中，今其墳冢，巍然尚秀，隅阿相承，列郭數周，面開重門[9]，南門內夾道有崩碑二所，世尚謂

之丁昭儀墓，又謂之長隧陵。蓋所毀者，傅太后陵耳。丁姬墳墓，事與書違，不甚過毀，未必一如史說也[10]。墳南，魏郡治也。世謂之左城，亦名之曰葬城，蓋恭王之陵寢也。

濟水又東北逕定陶縣故城南，側城東注[11]。縣，故三鬷國[12]也，湯追桀，伐三鬷，即此。周武王封弟叔振鐸之邑，故曹國也。漢宣帝甘露二年，更濟陰為定陶國，王莽之濟平也。戰國之世，范蠡既雪會稽之恥，乃變姓名寓于陶，為朱公。以陶天下之中，諸侯四通，貨物之所交易也。治產致千金，富好行德，子孫修業，遂致巨萬。故言富者，皆曰陶朱公也。

注釋

1 魏冉：秦宣太后弟，昭襄王舅父，擁立昭襄王。昭襄王年幼，魏冉為丞相輔政，封穰侯，執政三十多年，權勢顯赫。昭襄王漸長，重用客卿范睢，魏冉逐漸失勢，昭襄王三十六年，魏冉罷相，放逐出函谷關，就藩封邑。《史記》載，魏冉出關時帶去大量財物，「輜車千乘有餘」。其後在陶逝世。2 穰（粵：陽／讓；普：ráng/rǎng）：本義為豐收。此處為地名，秦、漢南陽郡有穰縣，今為鄧州市。3 定陶恭王：前漢元帝之子劉康封為定陶王，成帝異母弟，死後謚號為恭王，又寫成共王。成帝無子，立定陶恭王子劉欣為嗣，是為漢哀帝。4 丁姬：哀帝祖母家傅氏及母家丁氏外戚與成帝母家王氏外戚爭權，哀帝死後無子，太皇太后立平帝，起用其侄王莽輔政，貶斥丁、傅外戚。5椁戶：外棺為椁，椁戶即外棺之門。6將作：即將作大匠省稱，主管皇家工程。7「莽又」句：在四周種植荊棘（有刺植物），使人不能走近，墓中鬼物亦不能出來。8竁（粵：翠；普：cuì）：墓穴。9「今其墳冢」至「重門」段：意思是仍然完整，未受破壞。10「未必」句：史書所記與實地觀察並不符合。11側城東注：在城側往東流過。12三鬷（粵：宗；普：zōng）國：鬷，古代一種做飯的器皿。三鬷國，夏朝諸侯國。

譯文

濟水又往東流，經過秦丞相魏冉墓冢的南面。魏冉是秦國宣太后的弟弟，代替客卿壽燭成為丞相，封於穰地，增加封邑在陶地，稱號為穰侯，他的財富比王室還多。范睢向秦王游説，秦王才警覺到他專橫弄權，罷免他的丞相，要他離開秦國，到函谷關外的封地居住。他出關時，運送物資的馬車多達一千輛，後來死在陶，就地安葬了。民間稱他的墓冢為安平陵，墓南已經崩裂的石碑還在。濟水又往東北流，經過定陶恭王陵墓的南面。定陶恭王是漢哀帝的生父，哀帝即位之後，母親丁太后在建平二年（前五）駕崩，皇上説：「應該為她在恭皇的墓園內建築陵墓。」她的靈柩送往定陶安葬時，豪華的排場使山東地區為之震撼。王莽執政時，把她的名號由太后貶為丁姬，打開她的放置棺椁的墓門，開門之際，冒出四、五丈高的火焰，官吏和士卒取水撲滅，才可以進入，但棺槨中所有陪葬器物已全部燒毀。公卿大臣派遣子弟、諸生、四方蠻夷等十餘萬人，手持工具，協助將作大匠（官名，負責國家工程）掘平恭王母親傅太后的墳丘，以及丁姬的墓冢，掘了二十天才完全剷平。王莽又在四周種了荊棘，作為後世的鑒戒。當時數千頭燕子成羣飛來，銜泥投在丁姬的墓坑中。現在她的墳丘仍然高大壯觀，墳丘的四角沒有損壞，互相連接，圍牆有好幾重，每面都開着幾重門，南門內的道路兩旁，有兩座崩裂的石碑，民間仍稱之為丁昭儀墓，又稱為長隧陵。王莽所破壞的，只是傅太后的陵墓。丁姬的墳墓的情況，與書中所說不同，未有遭受太嚴重的破壞，未必如史書上的記述。丁姬墳的南面，是魏郡的治所。民間稱之為左城，又名為葬城，因為這是定陶恭王陵寢的所在地。

濟水又往東北流，經過定陶縣舊城的南面，濟水在城旁流過，往東奔注。定陶縣是從前的三鬷國，商湯追趕夏桀，攻伐三鬷，就是這地方。周武王把這地方封給弟弟叔振鐸為封邑，就是從前的曹國。漢宣帝甘露二年（前五二），改濟陰郡為定陶國，王莽時改名為濟平。戰國的時候，范蠡洗雪了會稽的恥辱，於是改名換姓，在陶地居住，稱為朱公。因為陶的位置在天下的中央，各方諸侯的往來，四通八達，是貨物交易的集散地，他在這裏經商，累積了千金資產。他很富有但樂於行善助人，子孫繼承他的事業，成為了家財百萬的巨富。因此後人談到富翁，都要說到陶朱公了。

賞析與點評

濟水與菏水分流處附近，有一座古代的歷史文化名城——定陶。定陶蘊藏了許多歷史故事：西周、春秋時的曹國所在，地處中原東部水路交通樞紐，一直被鄰近的強國所垂涎，春秋後期越國謀士范蠡協助越王勾踐復國滅吳之後，深知越王反覆無常，帶領家人離開越國，泛舟五湖，到了定陶，以營商為生，逐漸致富，而且樂善好施，人稱陶朱公，被後世奉為商業之神。戰國中期定陶被秦國佔據，成為秦國在東方的飛地（歸於秦而不與秦本區接壤），其後秦國權相穰侯魏冉失勢被安置在定陶，死後葬在附近。漢成帝的弟弟劉康封為定陶王，早死，他的兒子劉欣三歲繼承王位，長大後喜好文辭、法律，漢成帝在位多年未有子嗣，立定陶劉欣為太子，繼位後成為漢哀帝，時年十九歲。漢哀帝以外藩入繼大統，祖母傅太后和母親丁太后的兄弟受到重用，入朝輔政，而掌握朝政二十多年的成帝生母王太后的外戚被排擠，兩派外戚展開激烈的鬥爭，而哀帝本人信任同性戀人董賢，使政局混亂不堪。哀帝在位七年，突然駕崩，無子，王太后控制宮廷，迎立平帝，誅殺董賢，罷斥丁、傅外戚，任命侄兒王莽輔政。王太后和王莽下令摧毀、填平在定陶的丁太后、傅太后陵墓。但據酈道元所見，丁太后墓未有毀壞，可見史書的記載只是官方記錄，未必是實地狀況。

經又屈從縣東北流，**注**南濟也。又東北右合菏水，水上承濟水于濟陽縣東，世謂之五丈溝。又東逕陶丘北。《地理志》曰：「《禹貢》陶丘在定陶西南。」陶丘亭在南，《墨子》以為釜丘也。《竹書紀年》「魏襄王十九年，薛侯來會王于釜丘」者也。《尚書》所謂「菏水自陶丘北」，謂此也。菏水東北出于定陶縣北屈，左合氾水，氾水西分濟瀆，東北逕濟陰郡南。《爾雅》曰：「濟別為濋。」呂忱曰：「水決復入為氾，廣異名也。」氾水又東合于菏瀆。昔漢祖既定天下，即帝位于定陶氾水之陽。張晏曰：「氾水在濟陰界，取其氾愛弘大而潤下也，氾水之名，于是乎在矣。」菏水又東北，逕定陶縣南，又東北，右合黃水枝渠，渠上承黃溝，東北合菏而北注濟瀆也。

譯文

濟水又轉彎從定陶縣的東北方流去，這是南濟水。又往東北流，與菏水會合。菏水上游在濟陽縣的東面承接濟水，民間稱之為五丈溝。菏水又往東流，經過陶丘的北面。《地理志》說「《禹貢》陶丘在定陶縣西南」，陶丘亭在陶丘的南面，《墨子》稱之為釜丘。《竹書紀年》記載：魏襄王十九年（前三〇〇），薛侯來到釜丘，與魏王會面。《尚書》所說「從陶丘北面疏導菏水」，就是這地方。菏水源出於東北方的定陶縣，轉向北，左方會合氾水，氾水從濟瀆西面分出，往東北流，經過濟陰郡的南面。《爾雅》說：「濟水分支為濋水。」呂忱說：「水從河道分出，其後又回到原來的河道，稱為氾，異名很多。」氾水又往東流，與菏瀆會合。從前漢高祖平定天下之後，在定陶氾水的南岸建號稱帝，張晏說：「氾水在濟陰縣邊界，取名的意思是氾（通「泛」）愛博大，能滋潤下方，於是有了氾水的名稱。」菏水又往東北流，經過定陶縣的南面，又往東北流，右方會合黃水的分支水道，這水道的上游承接黃溝，往東北流，會合菏水，往北注入濟水。

賞析與點評

定陶附近有濟水、菏水、氾水、黃水枝渠等眾多水道匯集，是古代中原東部的水道交通樞紐，商業繁盛，人口會聚，因此《史記·貨殖列傳》記述：「夫自鴻溝以東，芒、碭以北，屬鉅野。此梁、宋也。陶、睢陽亦一都會也。」而據《漢書·地理志》的資料，濟陰郡（定陶國改名）的戶口是「戶二十九萬二十五，口百三十八萬六千二百七十八」，位於天下一百零三郡國的前列，而濟陰只得九縣，戶口密度是天下之冠。漢高祖打敗項羽之後，便在定陶舉行登基大典，由漢王變為漢皇帝。

歷城縣、舜祠、舜井、大明湖、歷水、濼口

經 又東北過盧縣北；

注 濟水[1]又東北，濼水入焉。水出歷城縣[2]故城西南，泉源上奮，水湧若輪[3]。《春秋》桓公十八年，公會齊侯于濼是也。俗謂之為娥姜水，以泉源有舜妃娥英[4]廟故也。城南對山，山上有舜祠，山下有大穴，謂之舜井，抑亦茅山禹井之比矣。《書》，舜耕歷山，亦云在此，所未詳也。其水北為大明湖[5]，西即大明寺，寺東北兩面側湖，此水便成淨池也。池上有客亭，左右楸[6]桐，負日俯仰，目對魚鳥，水木明瑟，可謂濠梁之性[7]，物我無違矣。

湖水引瀆，東入西郭，東至歷城西而側城北注陂，水上承東城歷祀下泉，泉源競發。其水北流逕歷城東，又北，引水為流杯池，州僚賓燕，公私多萃其上。分為二水，右水北出，左水西逕歷城北，西北為陂，謂之歷水，與濼水會。又北，歷水枝津，首受歷水于歷城東，東北逕東城西，而北出郭，又北注濼水。又北，聽水出焉。濼水又北流注于濟，謂之濼口也。

注釋

1 濟水：古代濟水下游，清咸豐時黃河在開封缺堤改道，奪濟水下游出渤海，現已成為黃河下游。2 歷城縣：今山東省濟南市。濟南因位於濟水之南而得名，濟水被黃河

奪流，但城市名稱不變。3「泉源」兩句：濟南有泉城美譽。4 舜妃娥英：帝堯二女娥皇、女英，姊妹同嫁虞舜為妻。5 大明湖：在今濟南老城北，仍為風景名勝。6 楸（粵：秋；普：qiū）：落葉喬木。7 濠梁之性：《莊子・天下篇》提及的一次莊子和惠施的辯論，其重點是，惠子曰：「子非魚，安知魚之樂？」莊子曰：「子非我，安知我不知魚之樂？」因此又稱魚樂之辯。

譯文

又東北經過盧縣北部；

濟水又往東北流，濼水注入。濼水源出於歷城縣舊城的西南方，源頭的泉水向上騰湧，水勢好像車輪滾動。《春秋》所載：桓公十八年（前六九四），魯桓公在濼會見齊侯，就是這地方。民間稱之為娥姜水，原因是泉源附近有一座舜妃娥英廟。城的南面向着一座山，山上有大舜祠，山下有大洞穴，稱為舜井，或許這是茅山禹井之類的附會。《書經》說：「舜耕歷山。」有些人說是在這裏，但不太清楚。濼水北面是大明湖，西面就是大明寺，寺的東、北兩面靠在湖邊，這一泓湖水便成為大明寺的淨池了。池上有客亭，亭的左右兩邊有楸樹桐樹，在這裏享受陽光，仰望飛鳥，俯視游魚，看水中的樹木倒影，水清景秀，身在這美景之中，真有莊子遊濠梁的樂趣，在大自然中，萬物與我融為一體了。湖水循着引水道，往東流，進入城郭的西邊。往東流到了歷城的西面，沿城牆邊往北流注入陂塘，陂塘水的上游，承接東城的歷祀下泉，泉的源頭從地下爭相冒出，汩汩有聲。水往北流，經過歷城的東面，又往北流，水引出成為流杯池，州郡官吏公私宴客，很多時在這地方聚會。陂水又分為兩條水道，右面的水道往北流出，左面的水道往西流，經過歷城的北面。西北有一片陂塘，稱為歷水，與濼水會合。又往北流，歷水的一條枝，源頭出自歷城東面的歷水，往東北流，經過東城西面，往北流出城外，又往北流注入濼水。濼水又往北流，聽水分出。濼水又往北流，注入濟水，合流處稱為濼口。

賞析與點評

《孟子》說舜是東夷之人，但沒有說明有何根據。然而濟水下游流經的有不少與大舜相關的史跡。這些大舜史跡的所在地，就在現在山東省會濟南市附近。濟南是著名的泉城，自古以來，有「家家泉水，戶戶楊柳」的景觀。酈道元筆下，濟南的大明湖是滌淨心靈的美景。

【一】注 濟水又東北，華不注山單椒秀澤[1]，不連丘陵以自高；虎牙桀立[2]，孤峰特拔以刺天。青崖翠發，望同點黛。山下有華泉，故京相璠《春秋土地名》曰：「華泉，華不注山下泉水也。」《春秋左傳》成公二年，齊頃公與晉郤克[3]戰于鞌，齊師敗績，逐之，三周華不注[4]，逢丑父[5]與公易位，將及華泉，驂絓[6]于木而止。丑父使公下[7]，如華泉取飲，齊侯以免。韓厥獻丑父，郤子將戮[8]之。呼曰：「自今無有代其君任患者，有一于此，將為戮矣。」郤子曰：「人不難以死免其君，我戮之不祥，赦之以勸事君者。」乃免之。即華水也。北絕聽瀆二十里，注于濟。

注釋

1 單椒秀澤：即孤峰挺立，形態秀美。2 虎牙桀立：山頂尖似虎牙。3 郤克：春秋時晉國將領。4「齊師」三句：繞山三周走避。5 逢丑父：為齊頃公駕馬車的御者。6 驂（粵：餐；普：cān）：由三匹馬駕駛的馬車；絓（粵：掛；普：guà）：通掛，此處是懸掛的意思。7「丑父」句：讓頃公下車，到華泉飲水，逃過敵人追殺。8 戮（粵：錄；普：lù）：殺死。

譯文

濟水又往東北流，華不注山孤峰獨立，秀麗而光潤，不與其他山丘相連而獨自拔地而起，有如虎牙挺立，孤峰插向天空。石崖之上一片青蒼，翠色怒發，遠望恰似畫中點上水墨。山下有一泓華泉，所以京相璠《春秋土地名》說：「華泉是華不注山下的泉水。」《春秋左傳》記載：成公二年（前五八九），齊頃公與晉國大夫郤克在搴地交戰，齊軍戰敗，郤克隨後追逐，繞着華不注山追了三圈。逢丑父與齊頃公交換了位置，就要跑到華泉，馬車被樹木絆住，無法前行，丑父催促頃公下車，頃公到了華泉飲水，得以逃脫。韓厥俘虜了丑父，押回軍中獻俘，郤克準備殺掉他，丑父大叫說：「從今之後，沒有人會代替他的君主受難了！這裏有一個，快要被殺了！」郤克說：「有人為他的君主免禍，肯毅然赴死，我如果殺了他，太不吉利了，放過他，勉勵忠心事君的人吧。」於是放了他。就是這華水。華水往北流，穿過聽瀆，前行二十里，注入濟水。

賞析與點評

元朝著名畫家趙孟頫有一卷傳世名作《鵲華秋色圖》，被後世視為文人寫意山水畫的先驅傑作，清乾隆帝愛不釋手，一七四八年南巡時抵達山東濟南，登城眺望城外遠處的鵲山和華不注山，並命人飛騎回宮，提取《鵲華秋色圖》帶到濟南，參照《水經注》的記述，與實景對照，乾隆讚歎「始信筆靈合地靈，當前引證得神髓」，在畫上寫上題記。華不注山是濟南北郊的山丘，高一百九十七米，孤峰挺立於平原之上，遠遠望去，像在水中含苞欲放的荷花，李白遊罷華不注山之後，有詩句云：「茲山何峻秀，綠翠如芙蓉。」後人因此以「芙蓉」或「青蓮」形容華不注山。然而，春秋時的華不注山，並非以風景和文藝聞名，而是古戰場所在地。

菏水、鉅野澤（梁山泊）、黃水、金鄉、西狩獲麟處

經 又東過方與縣北，為菏水；

注 菏水又東與鉅野黃水合，菏澤別名也。黃水上承鉅澤諸陂[1]，澤有蒙淀、盲陂。黃湖水東流，謂之黃水。又有薛訓渚水，自渚歷薛村前，分為二流，一水東注黃水，一水西北入澤，即洪水也。黃水東南流，水南有漢荊州[2]刺史李剛墓。剛字叔毅，山陽高平[3]人，熹平元年卒。見其碑。有石闕[4]，祠堂石室三間，椽架高丈餘，鏤石作椽瓦[5]，屋施平天，造方井，側荷梁柱，四壁隱起，雕刻為君臣、官屬，龜龍、麟鳳之文，飛禽、走獸之像，作制工麗，不甚傷毀。

黃水又東逕鉅野縣北。何承天[6]曰：「鉅野湖澤廣大，南通洙、泗，北連清、濟，舊縣故城正在澤中，故欲置戍于此城，城之所在，則鉅野澤也。」衍東北出為大野矣，昔西狩獲麟于是處也[7]。《皇覽》曰：「山陽鉅野縣有肩髀冢，重聚大小，

與髀冢等。傳言蚩尤與黃帝戰，克之于涿鹿之野，身體異處，故別葬焉。」[8]黃水又東逕咸亭北。《春秋》桓公七年，《經》書「焚咸丘」者也。水南有金鄉山，縣之東界也。

注釋

1 陂（粵：卑；普：bēi）：水池、池塘。2 漢荊州：《書經．禹貢》九州之一，漢武帝分天下為十三州刺史部，監察地方行政，今湖北、湖南兩省，漢朝為荊州。3 山陽高平：山陽郡高平縣，今山東濟寧境。4 石闕：墓前兩石柱相對如門，稱為石闕。5「鏤石」句：石上刻有仿屋瓦浮雕。6 何承天：南朝學者，以天文曆算知名。7 西狩獲麟：《春秋》經記錄，魯哀公十四年（前四八一），哀公西狩獲麟。即魯哀公在魯國西部狩獵，捕獲一頭麒麟。孔子認為麒麟是吉祥的瑞獸，應在天下太平時出現，卻在捕獵大隊搜山驚擾之中被擒，是政治動盪不安的象徵，於是孔子刪訂史書《春秋》，在這年結束。8「山野」至「葬焉」句：很有可能是史前恐龍的骸骨化石，古人以為是蚩尤骨，建冢安葬。

譯文

又往東經過方與縣北，稱為菏水；

菏水又往東流，與鉅野黃水會合，這是菏澤的另一名稱。黃水上游承接巨澤周圍眾多陂澤的水源，陂澤之中包括蒙淀、盲陂。黃湖水往東流，稱為黃水。又有薛訓渚水，從薛訓渚流出，經過薛村前面，分為兩條水道，一條往東注入黃水，另一條往西北注入鉅野澤，這就是洪水。黃水往東南流，水的南面有漢荊州刺史李剛的墓冢。李剛別字叔毅，山陽郡高平縣人，死於熹平元年（一七二）。他的石碑仍可見到。墓前有石闕，祠堂是三間的石室，屋頂的椽架有一丈多高，用石材雕鑿成椽瓦形狀，室內的頂上鋪了平整的天花板，造成方形藻井，兩側的石柱承托着樑柱，四面牆壁嵌有浮雕，雕刻了君臣、官屬，龜龍、鱗鳳等圖形，飛禽、走獸等形像，製作工藝十分美麗細緻，沒有太大損壞。

黃水又往東流，經過鉅野縣的北面。何承天說：「鉅野澤湖面廣闊，南通洙水、泗水，北連清水、濟水，舊縣故城就在湖中，所以準備在這城中駐兵防守。」城的所在地，就是鉅野澤，向東北伸延，就是大野了。從前魯哀公在西境打獵，捕捉到一頭麒麟，就是在這裏。《皇覽》說：「山陽郡鉅野縣有一座肩髀冢，墳丘的大小，與蚩尤的髀冢差不多。相傳蚩尤與黃帝戰爭，在涿鹿之野打敗被殺，身體被分割，葬在不同地方。」黃水又往東流，經過咸亭的北面。《春秋》桓公七年（前七〇五），經文說「火燒咸丘」就是這地方。水的南岸有金鄉山，在縣的東界。

賞析與點評

菏水是從濟水分出來的一條水道，連接濟水和東面的泗水，泗水發源於泰山以南的山區，向西南流，會合菏水之後轉向東南，再會合另一條從濟水分出的水道睢水，然後注入南方的淮水。因此，菏水是一條連接淮水、泗水、濟水和大河的水道。古籍中以江、淮、河、濟為中原的「四瀆」，菏水連接了其中三瀆，可見其重要。但菏水並非天然河流，而是人工開鑿的運河，也是古書記述中原最早的運河。據《國語・吳語》記述，夫差「闕為深溝，通商（宋）、魯之間，北屬之沂，西屬之濟，以會晉公午于黃池」。古時濟水與泗水之間，為宋國（宋是商朝後裔，又可稱為商）和魯國之間的邊境，沼澤散佈，夫差發動民伕，開鑿人工水道，連接泗水和濟水，這人工水道就是菏水。於是吳國的水師，可以北抵沂水；又可以沿泗水北上，經菏水到達濟水。夫差徵發的開河民伕之中，可能有不少越人俘虜，他們為日後越王勾踐復仇打敗夫差，應作出過不少貢獻。然而酈道元沒有提及吳王夫差開鑿菏水的史實，因此在這裏補充。由於水道淤塞，菏水在隋、唐之後已經湮沒，現在已不存在，但山東省西南部，仍然有菏澤市，即明、清時期的曹州府治，保留了古代曹國和菏水的歷史記憶。

鉅野澤是中原東部的巨型湖泊，與濟水、菏水等水脈相通，附近有傳說的蚩尤墓冢，又有不少漢代古跡。《水經注》成書之後，鉅野澤逐漸縮小，唐、宋時期改稱為「梁山泊」，這就是《水滸傳》梁山英雄聚義的水寨所在。如今梁山泊縮得更小，殘留的湖沼改名為東平湖，而昔日的梁山泊水寨已成為陸地。

金鄉山、白馬空、魯峻冢、疑漢昌邑哀王冢、范巨卿冢

【一】注 金鄉數山皆空中，穴口謂之隧也[1]。戴延之《西征記》曰：「焦氏山北數里，漢司隸校尉魯峻[2]穿山得白蛇、白龜，不葬，更葬山南，鑿而得金，故曰金鄉山。」山形峻峭，冢前[3]有石祠、石廟，四壁皆青石隱起，自書契以來，忠臣、孝子、貞婦、孔子及弟子七十二人形像，像邊皆刻石記之，文字分明[4]。又有石床，長八尺，磨瑩鮮明，叩之聲聞遠近。時太尉從事中郎[5]傅珍之、咨議參軍周安穆折敗石床，各取去，為魯氏之後所訟，二人并免官。

焦氏山東即金鄉山也，有冢，謂之秦王陵，山上二百步得冢口，塹深十丈，兩壁峻峭，廣二丈，入行七十步，得埏門[6]，門外左右皆有空，可容五六十人，謂之白馬空，埏門內二丈，得外堂，外堂之後，又得內堂，觀者皆執燭而行，雖無他雕鏤，然治石甚精，或云是漢昌邑哀王[7]冢，所未詳也。東南有范巨卿[8]冢，名件猶存。巨卿名式，山陽之金鄉人，漢荊州刺史，與汝南張劭、長沙陳平子石交，號為死友矣。

注釋　1「金鄉」兩句：應是石灰岩洞穴。2司隸校尉：漢武帝設置官職，負責京城及周圍

郡縣治安和警衛，權力極大。**魯峻**：後漢時人，曾任司隸校尉。下面可能有脫字，與下文不貫通。3**篆前**：後漢人立碑多以篆書題額。《魯峻碑》至今保存，現存濟寧市孔廟。碑立於熹平三年（一七三）四月，全碑十七行，每行三十二字，為隸書書法名品。4**墓室石壁有浮雕畫像**，是後漢後期墓葬特徵，山東省嘉祥縣武氏祠及墓羣是其實例，至今保存。5**太尉從事中郎**：後漢太尉屬吏。6**埏**（粵：延；普：yán）：古代墓道有八道八埏，埏即邊際。7**哀王**：漢武帝愛子劉髆，封昌邑王，先武帝死。8**范巨卿**：范式，後漢晚期名士，生平行事載於《後漢書·獨行列傳》。

譯文

金鄉有幾座山，都是中空的，穴口稱為隧。戴延之《西征記》說：「焦氏山以北數里，有漢朝司隸校尉魯峻墓，在山上開掘墓穴時，掘出白蛇、白龜，不葬在那裏，改葬在山南，鑿墓穴時掘得金子，因此稱為金鄉山。」山勢高峻陡峭，墓前有石祠、石廟，石廟的四面牆壁都有青石浮雕，以圖像記述了自從有文字記載以來，忠臣、孝子、貞婦、孔子及弟子七十二人的事跡，圖像的旁邊都刻上文字題記，文字很清楚。又有石床，長八尺，打磨得非常晶瑩光滑，敲叩聲音可傳到遠處。當時的太尉從事中郎傅珍之、咨議參軍周安穆兩人，把石床拆開，各自取去部份石塊，被魯氏後人控告，兩人都被免去官職。焦氏山的東面，就是金鄉山。山上有墓冢，稱之為秦王陵，往山上走二百步便是冢口，墓道是十丈長的深溝，兩壁直立，寬兩丈，前行七十步，便是埏門，門外左右兩方都有空間，可容納五、六十人，稱為白馬空，埏門裏面二丈，便是外堂，外堂的後面，又到了內堂，進內觀看的人，都要拿燭炬照明前行，裏面雖然沒有甚麼雕刻，但石塊打磨得很細緻，有人説是漢朝昌邑哀王劉髆的墓冢，但不知是否屬實。東南面有范巨卿的墓冢，仍有一些遺物。巨卿名式，山陽郡金鄉縣人，漢朝荊州刺史，與汝南人張劭、長沙人陳平（字子石）交往，號稱為死友。

賞析與點評

菏水南岸是春秋時期魯、宋、曹、郳（鄒）等諸侯國交界的地方，儒學比較發達，兩漢魏晉時學者輩出，因此遺留了不少古跡和古墓。《水經注》紀述了金鄉縣的魯峻墓，墓前的祠廟和墓室都以青石砌築，壁上有精美的石刻浮雕，非常華麗。又記述了有官員盜取石塊，被魯氏族人追究控訴的案件。魯峻墓和石刻已毀壞消失，但墓前的石碑仍然存在。《魯峻碑》是隸書書法的名碑，與同時期的《張遷》、《曹全》等碑齊名。碑的正面（碑陽）是對碑主歌功頌德的文辭，背面（碑陰）往往列出捐資刻碑者的身份、籍貫、姓名和捐錢數目。捐錢者多數是碑主的「門生」、「故吏」。由於後漢朝廷公卿及地方郡守、縣令可以自擇屬吏，並且可以從地方的儒生之中，選拔「孝子廉吏」舉薦出任官職，因此不少大臣聚結了大批「門生」和「故吏」，形成政治勢力，碑陰列出門生故吏的集資，是政治力量的展示。事實上，這一帶有不少類似的漢墓石刻，例如現在金鄉縣北面的嘉祥縣（孔子弟子曾參的家鄉），有後漢武氏家族的墓冢和祠廟，有精美的石刻保存至今。

洛水 卷十五

本篇導讀——

洛水是黃河中游的重要支流，現代稱為洛河，全長約四百二十公里，主要流經河南省境內。由於西北方的陝西省有另一條洛河，因此陝西的洛河又稱北洛河或西洛河，而河南洛河又稱南洛河，或直接稱為洛河。洛河之所以重要，是因它流經古代中原最重要的歷史文化地區，在穀水與洛水會合處，是十三朝都城洛陽的所在地，而洛水沿岸，有宜陽、偃師、鞏縣等戰略重鎮。

經 洛水出京兆[1]上洛縣讙舉山[2]；東北過盧氏縣南；又東北過蠡城邑之南；又東過陽市邑南，又東北，過于父邑之南；又東北過宜陽縣南；又東北出散關[3]南；又東北過河南縣[4]南；又東過洛陽縣南；伊水從西來注之；又東過偃師縣南；又東北過鞏縣東；又北入于河。

注釋

1京兆：即前漢的都城長安周圍的京畿之地，由京兆尹管轄，即今陝西省中部西安市一帶，直至唐末都城遷離長安之後，京兆地名隨之而消失，明朝改稱為西安府。2讙（粵：歡；普：huān）：與歡通。《山海經》云：「讙舉之山，洛水出焉。」3散關：古代以「散關」為名的關隘有兩處，其中一處在在今陝西省寶雞市西南方大散嶺上，地處秦嶺咽喉，扼川陝孔道，又稱大散關，自古以來為兵家必爭之地。南宋初宋金議和，西以秦嶺大散關為界。南宋詩人陸游有「鐵馬秋風大散關」詩句。另一散關在洛陽以西，即本文的散關，曹操《秋胡行》之一有詩句云：「晨上散關山，此道當何難！」指的是這個散關。4河南縣：周公營建東都，在洛水北岸修築兩座城池，西面一座稱為「王城」，為周朝統治東方的政治中心，周平王東遷，成為東周天子居所。戰國末年，東周被秦國所滅，秦、漢時設置河南縣；東面一座安置商朝遺民，稱為「成周」，戰國時商業繁盛，秦、漢時設置洛陽縣，後漢光武帝在這裏定都，擴充城池，營建宮殿官署第宅，由於漢朝以火德自居，忌水，改洛陽為雒陽。其後曹魏、西晉及北魏孝文帝之後，在此城定都，城市不斷擴充，北魏末大亂，洛陽城因戰亂荒廢。隋朝在周王城附近建造規模宏大的東都，即隋唐東都洛陽城。漢魏洛陽城進一步荒廢，在農田畎畝之中殘存頹垣瓦礫而已。

譯文

洛水的源頭，從京兆郡上洛縣的讙舉山流出，往東北流，經過盧氏縣的南面；又往東流，經過陽市邑的南面；又往東北流，經過于父邑的南面；又往東北流，經過蠡城邑的南面；又往東北流，經過宜陽縣的南面；又往東北流，出散關的南面；又往東北流，經過河南縣的南面；又往東流，經過洛陽縣的南面；伊水從西面而來注入洛水；又往東流，經過偃師縣的南面；又往東北流，經過鞏縣的東面，又往北流注入大河。

洛邑

經 **又東北過河南縣南；**

注 《周書》**稱周公將致政**[1]**，乃作大邑成周于中土，南繫于洛水，北因于郟山，以為天下之大湊**[2]**。**《孝經援神契》**曰：「八方之廣，周洛為中，謂之洛邑。」**《竹書紀年》：「晉定公二十年，洛絕于周」，「魏襄王九年，洛入[3]成周，山水大出[4]」。南有甘洛，《郡國志》所謂甘城。《地記》曰：「洛水東北過五零陪尾北，與澗、瀍合。」是二水東入千金渠，故瀆存焉。

經 又東過洛陽縣南，伊水從西來注之。

洛陽[5]，周公所營洛邑也。故《洛誥》[6]曰：「我卜瀍水東，亦惟洛食。」其城方七百二十丈，南繫于洛水，北因于郟山，以為天下之湊。方六百里，因西八百里，為千里。《春秋》昭公三十二年，晉合諸侯大夫戍[7]之城，故亦曰成周也。司馬遷《自序》云：「公留滯周南。」摯仲治曰：「古之周南，今之洛陽。」漢高祖始欲都之，感婁敬之言[8]，不日而駕行矣。屬光武中興，宸居洛邑，逮于魏晉，咸兩宅焉。

注釋

1周公將致政：把政權歸還周成王。2湊：匯聚。3入：湧入。4山水大出：山中洪水暴發。5洛陽：周公為安置商遺民所建城池，在王城之東，稱為成周。秦莊襄王為了酬答呂不韋擁立的功勳，以洛陽十萬戶封呂不韋為文信侯。漢朝在洛陽設置河南郡，其後後漢、曹魏、西晉、北魏（孝文帝太和十七年〔四九三〕，遷都之後）定都於洛陽。隋朝在西周王城附近建造東都，即隋唐洛陽城。漢魏洛陽荒廢為田野。歷朝在洛陽定都的歷史有一千五百二十九年之久，因此洛陽有十三朝帝都的稱號。6《洛誥》：即《書經·洛誥》。7戍：守衛。8婁敬：謀士，說服漢高祖定都長安，他指出「陛下入關而都之，山東雖亂，秦之故地可全而有也」，正是高祖心中憂慮，高祖聽從劉敬勸告，定都長安，並賜婁敬姓劉，因此《史記》有《劉敬列傳》。

譯文

洛水又往東北流，經過河南縣的南面。《周書》說：周公準備還政給成王，就在中原地區修建一座大城，名為成周，城南緊接洛水，城北依靠郟山，作為天下的樞紐。《孝經援神契》說：「天下八方至大至廣，周洛是天下的中心，稱為洛邑。」《竹書紀年》記載：「晉定公二十年（前四九二），洛水在周的境內斷流」，「魏襄王九年（前三一〇），洛水泛濫，大水湧進成周，山洪暴發」。南面有甘洛城，就是《郡國志》所說的甘城。《地記》說：「洛水往東北流，經過五零陪尾的北面，與澗水、瀍水會合。」這兩條水往東流，注入千金渠，舊水道還存在。

洛水又往東流，經過洛陽縣的南面，伊水從西面來注入。

又往東經過洛陽縣南，伊水西面注入它。洛陽就是周公所建造的洛邑。因此《洛誥》說：「我在瀍水東岸占卜，只有洛邑適合建都。」這座方型的城，每邊七百二十丈，南面臨近洛水，北面依靠郟山，是天下的中樞。成周的土地方六百里，連西方在內有八百里，加起來是千餘里。《春秋》記載：「昭公三十二年（前五一〇），晉國聯合諸侯、大夫戍守成周城。」所以又稱為成周。司馬遷《自序》說：「太史公留滯在周南地方。」摯仲治說：「古代的周南，就是現今的洛陽。」漢高祖最初打算在這裏定都，接受了婁敬的勸告，立刻起駕離開了。到了光武中興，天子就住在洛邑，直至魏、晉兩朝，也定都洛陽。

賞析與點評

洛水之濱最重要的城市就是洛陽，洛陽的地理位置，在古代中原範圍內的「天下之中」，地理形勢優越：西依秦嶺、崤山，過函谷關就是關中平原；東臨中嶽嵩山；北靠太行山、中條，兼有黃河天險；南望伏牛、熊耳等山，附近又有龍門山、邙山（古稱郟鄏山）等山嶺屏障，自古有「河山拱戴，形勢甲於天下」的說法。

古文獻記載，夏代有諸侯國名為斟鄩，被夏朝征服，太康定都於此。據考古發現，偃師市二里頭村有古城遺址，可能就是夏都斟鄩。其後商湯從東方興起，滅夏之後，在洛水之濱建立西亳，作用是監督西方諸侯、部族，考古學家在偃師市尸鄉已發現商代城址。周幽王被犬戎打敗殺死之後，周平王遷都成周，從此稱為東周。

穀水
卷十六

本篇導讀——

洛水的北岸會合了多條從崤山、邙山流出的小支流，穀水是其中之一。穀水雖然短小，但流經洛陽城，而洛陽是古代多個朝代的首都：東周、後漢、曹魏、西晉以及《水經注》成書時的北魏，因此保留了大量史跡和故事，《水經》穀水經文雖然只得三十四個字，但酈道元用了八千多字為穀水作注。

經 穀水出弘農黽池縣[1]南墦冢林穀陽谷[2]；東北過穀城縣北；又東過河南縣北；東南入于洛。

注釋

1 弘農：漢郡名，漢武帝始設弘農郡，郡治弘農縣，在秦關函谷附近，故址在今河南省三門峽市轄靈寶市東北。其地處長安、洛陽之間的黃河南岸，一直是歷代軍事政治要地。黽（粵：敏；普：miǎn）池縣，又寫成澠池，今縣，漢弘農郡屬縣，現隸屬河南省三門峽市。戰國時，秦王與趙王曾在此相會，藺相如為趙王解窘。2 墦（粵：凡；普：fán）：分兩列左右交替排列的墳墓羣稱為墦，墦冢林穀陽谷即穀陽谷中墳冢林立。

譯文

穀水源頭從弘農郡黽池縣南面，在墦冢如林的穀陽谷流出；往東北流，經過穀城縣的北面；又往東流，經過河南縣的北面；往東南流，匯入洛水。

成周、定鼎、問鼎

經 又東過河南縣北，東南入于洛。

注 河南王城西北，穀水之右有石磧[1]，磧南出為死穀[2]，北出為湖溝。魏太和四年，暴水流高三丈，此地下[3]，停流以成湖渚，造溝以通水，東西十里，決湖以注瀍水。穀水又逕河南王城西北，所謂成周矣。《公羊》曰：「成周者何？東周也。」何休曰：「名為成周者，周道始成，王所都也。」《地理志》曰：「河南河南縣，故郟、鄏地也。」京相璠曰：「郟山名；鄏地邑也。卜年定鼎[4]，為王之東都，謂之新邑，是為王城。其城東南名曰鼎門，蓋九鼎所從入也，故謂是地為鼎中。楚子[5]伐陸渾之戎[6]，問鼎[7]于此。」

注釋

1 磧（粵：責／戚；普：qì）：淺水中的沙石、淺灘。2 死穀：尾閭不通的穀水分支。3 下：地勢低窪。4 定鼎：相傳周公營建東都時，占卜詢問上天周朝歷年長短，又在東都放置象徵天命所在的九鼎。因此古人稱定都為「定鼎」。5 楚子：《春秋》經文對楚國國君的稱謂。楚人以蠻夷自居，不顧周朝封建禮制，自稱楚王，孔子據周天子的封爵，在《春秋》經中，稱楚君為「楚子」。6 陸渾之戎：古代居於洛河上游山區的允姓部落，被中原諸侯歸類為戎，晉獻公曾娶兩位戎女，小戎子生晉惠公。7 問鼎：公元前六〇六年，楚莊王征伐陸渾之戎，打到洛水邊，「觀兵于周疆」，即在周都洛邑陳兵示威，周定王派王孫滿前往慰問，楚王向使者查問九鼎的輕重。後人據此典故，稱爭奪政權為「問鼎」，現代語文則以爭奪冠軍為「問鼎」。

譯文

穀水又往東流，經過河南縣的北面，往東南注入洛水。

（穀水又經過）河南王城西北面，穀水的右方有一片石灘，水從石灘的南面流出的，就是尾閭不通的死穀；往北流出的成為湖溝。魏太和四年（四八〇），穀水暴漲，洪水高達三丈，這裏地勢低窪，積水成為湖泊，於是開鑿了一條水道，以宣泄積水，水道從東到西長約十里，把湖泊的積水引入瀍水。穀水又流經河南王城的西北方，也就是所謂成周。《春秋公羊傳》說：「甚麼是成周呢？就是東周。」何休說：「取名成周，是因為周朝的政策剛形成，這是周王建都的地方。」《地理志》說：「河南郡河南縣，從前是郟、鄏地方。」京相璠說：「郟是山名；鄏是城邑。（周公）占卜取得立國的年數，確定安置九鼎的地點，立為周王的東都，稱為新邑，名為王城。」成周東南面的城門名為鼎門，九鼎從這裏進城，因此把這地方稱為鼎中。楚國的君主攻伐洛陽以西的陸渾之戎，兵臨成周城下，在這裏探聽九鼎的狀況，問鼎的輕重。

賞析與點評

西周初年，周公為了控制東方，在洛水北岸建築了兩座城：靠西的是「王城」，是周人的政治軍事中心，周平王東遷之後，成為周天子的居所；靠東的是安置殷朝遺民的洛邑。前五一六年周敬王即位，因王城內王子朝勢大，遷居到過去殷民居處之地。後因王子朝之亂，晉國率諸侯為周敬王於前五一〇年修築新都，位於今洛陽白馬寺以東。新城沿用「成周」之名，俗稱「東周」；舊城稱為「王城」，俗稱「西周」。從此成周與王城分為兩地，但都在今日洛陽市附近。到周赧王時，周王才遷回王城舊都。

穀、洛鬥處

【注】《述征記》曰：「穀、洛二水，本于王城東北合流，所謂穀、洛鬥也。」今城之東南缺千步[1]，世又謂之穀、洛鬥處，俱為非也[2]。余按史傳，周靈王之時，穀、洛二水鬥，毀王宮，王將堨之，太子晉諫王，不聽，遺堰三堤尚存。《左傳》：「襄公二十五年，齊人城郟，穆叔如周賀。」韋昭曰：「洛水在王城南，穀水在王城北。東入于瀍。至靈王時，穀水盛出于王城西，而南流合于洛。兩水相格，有似于鬥，而毀王城西南也。」潁容著《春秋條例》[3]言「西城梁門枯水處，世謂之死穀」是也[4]。始知緣生[5]行中造次[6]入關，經究故事[7]，與實違矣。考王封周桓公于是[8]為西周，及其孫惠公，封少子于鞏[9]為東周，故有東西之名矣。秦滅周，以為三川郡，項羽封申陽為河南王，漢以為河南郡，王莽又名之曰保忠

信鄉。光武都洛陽，以為尹[10]。尹，正也，所以董正京畿，率先百郡也。

注釋

1缺千步：不足一千步。2酈道元不同意上面兩種說法。鬥：又可寫成「鬭」，互相爭奪、角力。3《春秋條例》：此書已佚。4「潁容」句：道元據文獻記述及遺留史跡，確定穀、洛鬥處在城西。5緣生：郭緣生撰《述征記》。6造次（粵：措次；普：zào cì）：匆忙、輕率的意思。7經究故事：即查證史事。8是：此地。春秋後期，在王子朝之亂後（見下一則），周天子遷居成周，周考王元年（前四四〇）周考王封其弟王子揭於王城，是為西周桓公，於是周王畿一分為二。9封少子于鞏：周顯王二年（前三六七）又封少子王子班於鞏，稱為東周，於是周王畿內三小國並立，直至被秦所滅。此處疑有脫字。10尹：漢朝各郡長官為太守，京城所在的行政區長官稱為尹，前漢為京兆尹，後漢為河南尹，以示區別。

譯文

《述征記》說：「穀水和洛水原本在王城的東北方合流，即所謂穀、洛相鬥地點。現今距離城牆的東南方不到一千步，民間又說是穀、洛相鬥的所在地，這些說法都不正確。我參閱史傳，周靈王的時候，穀、洛二水相鬥，沖毀了王宮，靈王打算築堤攔阻，太子晉出言諫止，靈王不聽，當時所築的三道堤堰仍然存在。《左傳》記載：襄公二十五年（前五四八），齊人協助周天子修築郟城，穆叔到了周祝賀。韋昭說：「洛水在王城的南面，穀水在王城的北面，往東注入瀍水。到了周靈王時，穀水泛濫，在王城西面溢出，往南流，與洛水合流。兩水互相沖激，就像相鬥一樣，因此沖毀了王城的西南角。」潁容撰述的《春秋條例》所說「西城梁門枯涸無水的地方，民間稱為死穀」，就是這裏。由此看來，郭緣生旅途匆匆，入關時所查考過的史跡，與實際情況有所不符。周考王把這城分封給周桓公，稱為西周，到了桓公的孫惠公，又把鞏城分封給小兒子，稱為東周，所以又有東、西周的名稱了。秦滅周之後，在這裏設立三川郡，項羽分封申陽為河南王，漢朝設置河南郡，王莽又改名為保忠信鄉。光武帝定都洛陽，把行政長官稱為尹。尹是正的意思，用意就是要把京畿納入正軌，作為天下百郡的典範。

賞析與點評

穀水匯入洛水之處，水流湍急，經常發生水患，古人認為是穀洛二水相鬥。酈道元在此處帶出東周洛陽城為百郡典範的來歷。

【】**注** 穀水又東流逕乾祭門北，子朝[1]之亂，晉所開也，東至千金堨[2]。《河南十二縣境簿》曰：「河南縣城東十五里有千金堨。」《洛陽記》曰「千金堨舊堰穀水，魏時更修此堰，謂之千金堨。積石為堨而開溝渠五所，謂之五龍渠。渠上立堨，堨之東首，立一石人，石人腹上刻勒云：『太和五年二月八日庚戌造築此堨。』更開溝渠此水衡渠上，其水助其堅也，必經年歷世，是故部立石人以記之」云爾。蓋魏明帝修王、張[3]故績也。堨是都水使者陳協所造。《語林》曰：「陳協數進阮步兵酒[4]，後晉文王[5]欲修九龍堰，阮舉協，文王用之。」掘地得古承水銅龍六枚，堰遂成。

注釋

1子朝：即王子朝，是周景王（？至前五二〇）的庶長子。景王嫡后生有兩子，名曰猛、匄（音丐），軟弱無能，而庶兄王子朝卻有勇有謀，有王者風範。景王崩，遺命由子朝繼位，大夫單旗（單穆公）、劉卷（劉文公）殺顧命大臣賓孟，立王子猛為王，是為悼王。大臣尹文公、甘平公、召莊公不服，集合家兵，以南宮極為帥起兵擁立王子朝，悼王大敗，逃出洛邑，向晉國告急。諸大臣立王子朝為王。晉國大軍護送悼王入居王城，逐王子朝，但悼王猛借兵復辟，不得人心，一日三驚，當年冬天憂懼而死。單旗、劉卷擁立悼王的同母弟王子匄為王，是為敬王。晉國軍隊撤退後，王子朝率軍攻打王城，敬王派兵迎戰。敬王的軍隊不堪一擊，王子朝入居王城。敬王逃到狄泉（又作翟泉，今孟津金村附近）。周王室兩王並立，人稱王子朝為西王，敬王為東王。其後晉國再次出兵，敗王子朝，子朝奔楚，迎敬王入居成周。至此，王子朝之亂平定。2**堨**（粵：壓；普：è）：堤壩。3**王、張**：後漢治水大臣王梁、張純。4**阮步兵**：即阮籍，為漢魏之際「建安七子」之一，又是「竹林七賢」之一。曾任步兵校尉，人稱阮步兵，在司馬懿、司馬昭父子執政下任官，動輒飲酒佯狂，得以壽終。他曾登上漢高祖與項羽爭天下的要塞廣武城，有感而發說：「時無英雄，使豎子成名。」5**晉文王**：司馬昭封晉王，死後諡號為「文」，因此稱晉文王。

譯文

穀水又往東流，經過乾祭門的北面，東周王子朝叛亂，晉侯為了平亂開了這道城門，往東至千金堨。《河南十二縣境簿》說：「距離河南縣城以東十五里，有千金堨。」《洛陽記》說：「千金堨是從前為了攔截穀水而建，曹魏時重修這堤堰，稱之為千金堨。堤堰是以石塊疊砌。開了五條渠道，稱為五龍渠。渠上築了堤堰，堤堰的東端樹立了一尊石人，石人腹部刻有文字：『太和五年（二三一）二月八日庚戌，築成此堨。』又開鑿一條溝渠，當大水來到，就可以攔截水流，以保障渠道的牢固。經歷了漫長歲月的使用，因此樹立石人記錄下來。」這是魏明帝重修王梁、張純的舊工程時所立。千金堨的堤堰是都水使者陳協所造。《語林》說：「陳協多次送酒給阮步兵（籍），後來晉文王司馬昭有意重修九龍堰，阮籍推薦了陳協，文王任用他。」動工掘地時，出土了六枚古代的承水銅龍。堤堰終於順利完成。

賞析與點評

春秋時期晉侯為周天子平定動亂之後，藉其餘威，為周天子都城修築堤堰，以減輕水患，以示其尊王態度。其後歷代修整，以保障洛陽安全。

千金渠、張方入洛

【注】水歷堨東注，謂之千金渠。逮于晉世，大水暴注，溝瀆泄壞，又廣功焉。石人東脅[1]下文云：「太始七年六月二十三日，大水迸瀑[2]，出常流上三丈，蕩壞二堨，五龍泄水，南注瀉下，加歲久漱嚙[3]，每澇[4]即壞，歷載消棄大功，今故無令遏[5]，更于西開泄，名曰代龍渠。」地形正平，誠得為泄至理。千金不與

水勢激爭，無緣當壞，由其卑下，水得逾上漱嚙故也。今增高千金于舊一丈四尺，五龍自然必歷世無患。若五龍歲久復壞，可轉于西更開二堨、二渠。合用二十三萬五千六百九十八功，以其年十月二十三日起作，功重人少，到八年四月二十日畢。代龍渠即九龍渠也。後張方入洛[6]，破千金堨。永嘉初，汝陰太守李矩、汝南太守袁孚修之，以利漕運，公私賴之。水積年渠堨頹毀，石砌殆盡，遺基見存，朝廷太和中修復故堨。

按千金堨石人西脅下文云：「若溝渠久疏，深引水者當于河南城北、石磧西，更開渠北出，使首狐丘[7]。故溝東下，因故[8]易就磧堅，便時事業已訖，然後見之。加邊方多事，人力苦少，又渠堨新成，未患于水，是以不敢預修通之。若于後當復興功者，宜就西磧，故書之于石，以遺後賢矣。」雖石磧淪敗，故跡可憑，準之于文，北引渠東合舊瀆。

注釋

1 脅（粵：協；普：xié）：腋下。2 迸（粵：丙／並；普：bèng）：奔散、湧出。3 漱（粵：秀；普：shù）：洗滌、沖刷。嚙（粵：壓6／熱6；普：niè/yǎo）：可寫成齧，逐點逐點咬。此處指沖刷侵蝕。4 澇（粵：勞；普：láo/lào）：發大水，雨多成災。5 遏（粵：壓；普：è）：抑制、阻止、攔截。6 張方入洛：西晉八王之亂時，張方為河間王司馬顒（粵：容；普：yóng）手下大將，太安二年（三〇三），率精兵七萬從關中東出函谷關入河南，在洛陽附近與長沙王司馬乂三十萬大軍展開大規模決戰。攻克洛陽後，將司馬乂燒死，其後縱兵大掠，挾持晉惠帝及司馬穎往長安。成為洛陽史上又一次浩劫，史稱「張方入洛」。7 使首狐丘：典故出自《禮記・檀弓上》：「太公（姜太公）封于營丘，比及五世（連續五代國君），皆反葬于周（都返回周本土安葬）。君子曰：『樂樂其所自生，禮不忘其本。』古之人有言曰：狐死正丘首。仁也。」意思是不忘本，回歸原位。8 因故：即循故道。

譯文

渠水經過堤堰，往東流注，稱為千金渠。到了晉朝，曾經大水暴漲，溝渠水道都沖壞了，於是又擴大重建。石人的東側脅下，刻了文字：「太（泰）始七年（二七一）六月二十三日，大水暴發，洪流洶湧而來，超越正常的水位三丈，沖壞了兩道堤堰。從五龍渠宣泄出來的水，往南流注瀉下，堤堰經年累月地不斷侵蝕，每逢水澇都有損壞，這次大水使歷年的巨大工程全都毀掉，所以不再建造堤堰攔水，改在西面開渠泄流，稱為代龍渠。」由於地形平坦，開渠泄流確實掌握了治水的至理。千金堰不直接阻擋兇猛的水勢，不會被沖壞，但由於地勢較低，大水可能越過堤堰，對它沖刷侵蝕，因此把千金堰比舊堰加高一丈四尺，五龍渠自然必定會長久沒有水患了。假如五龍渠以後年久損壞，可以轉向西面再修築兩道堤堰、兩條渠道。工程總共用了二十三萬五千六百九十八人次，在這年的十月二十三日動工，由於工程浩大，人手不足，到八年（二七二）四月二十日才完成。代龍渠就是九龍渠。其後張方領兵攻入洛陽，破壞了千金堨。永嘉初年（三〇七），汝陰太守李矩、汝南太守袁孚把它重修，方便運輸，無論官府百姓都依賴這條水道。積年累月，渠道和堤堰又再毀壞，砌堰的石塊失散零落，只有遺址還在。朝廷在太和年間（四七七至四九九）修復了舊堤堨。

查看了千金堨石人的西脅下，刻有文字說：「假如溝渠年久荒廢，進行挖深河道引水工程的人，應該在河南城的北面、石灘的西面，另開一條渠道，通往北面，與舊渠道會合。舊溝流向東方，循故道較為容易施工，石灘又較為堅固，節省工程時間，完成之後，就可以見到功效。但卻因為邊境多事，人力不足，而且渠道和堤堰剛剛建成，尚未受到水災威脅，所以不敢預先把它修通。假如後世有需要重新動工，在西邊石灘上施工較為適宜，因此把這些意見刻在石上，留給後世賢者參考。」現在石灘雖也已淹沒了，但遺跡仍依稀可辨，參照石人上所刻文字，引渠往北流出，再往東與舊渠道會合。

賞析與點評

酈道元詳細記錄千金渠的修建歷史和人力物力的投放，為古代水利工程保留了珍貴的資料。

【一】注 舊瀆又東，晉惠帝造石梁于水上，按橋西門之南頰[1]文，稱晉元康[2]二年十一月二十日，改治石巷、水門，除豎枋，更為函枋，立作覆枋屋[3]，前後辟級[4]續石障，使南北入岸，築治嫩處，破石以為殺矣。到三年三月十五日畢訖。并紀列門廣長深淺于左右巷，東西長七尺，南北龍尾廣十二丈，巷瀆口高三丈，謂之皋門橋。潘岳[5]《西征賦》曰：「駐馬皋門。」即此處也。穀水又東，又結石梁，跨水制城[6]，西梁也。

注釋

1頰（粵：甲；普：jiá）：本義是臉的兩側，此處指橋的南側面。2晉元康：晉惠帝年號。3覆枋屋：枋，兩柱間起聯繫作用的橫木。直枋，直角式橫豎結構；函枋，券洞式的拱門結構；覆枋屋，即有覆蓋的廊橋。4級：石階，粵語仍有石級的說法。5潘岳：字安仁，西晉文學家，著名的古代美男子。6跨水制城：制約入城水流。

譯文

舊渠道又往東流，晉惠帝時，建造了一座石橋跨過水上，石橋西門朝南的一面刻了文字，說：「晉元康二年（二九二）十一月二十日，改建石巷、水門，拆除了直豎式的枋柱，改為券洞式的拱門，在橋上建屋覆蓋，前後兩端加砌石級，與石造堤岸連接，使南北兩頭都伸入岸上，又把脆弱的地方加固，在石岸鑿出坑紋以減煞水勢。到三年三月十五日完工。」又在左右兩旁的通道上記錄了門的長、闊、深淺：從東到西長七尺，從南到北橋頭龍尾寬十二丈，橋洞通水口高三丈，稱為皋門橋。潘岳《西征賦》說：「在皋門停下了馬。」就在這裏。穀水又往東流，建了一條石橋，橫跨水上，以制約入城水流，這就是西梁。

賞析與點評

這節記述穀水的石橋，從描述中可見古代橋樑的不同建築方法。

金谷

【注】穀水又東，左會金谷水，水出太白原，東南流歷金谷，謂之金谷水，東南流逕晉衛尉卿石崇[1]之故居。石季倫《金谷詩集敍》曰：「余以元康七年，從太僕[2]出為征虜將軍，有別廬在河南界金谷澗中，有清泉茂樹，眾果、竹、柏、藥草備具。」金谷水又東南流入于穀。

注釋

1石崇：字季倫，小名齊奴，西晉開國元勳司徒石苞的第六子，年少聰慧，勇而有謀，石苞認為石崇有本事聚積財富，不分財產給他。其後因參與滅吳之戰而封安陽鄉侯，拜黃門郎，升遷至散騎常侍、侍中，甚得晉武帝器重。晉惠帝時，依附賈后而權勢顯赫，官拜太僕，他不擇手段掠奪財富，以生活奢華聞名天下。其後在八王之亂中被殺。2太僕：九卿之一，主管皇室車馬儀仗的長官。

譯文

穀水又往東流，左方會合金谷水。水發源於太白原，往東南流，經過金谷，稱為金谷水，往東南流，經過晉朝衞尉卿石崇（季倫）的故居。石季倫《金谷詩集敍》說：「元康七年（二九七），我從太僕出任征虜將軍。在河南境內的金谷澗中建有別墅，這裏有清洌的泉水，茂密的樹林，各種果樹、修竹、翠柏和藥草齊備。」金谷水又往東南流，注入穀水。

賞析與點評

金谷是魏晉時代洛陽近郊的風景名勝，不少達官、名士、富豪在這裏建造園林別業，其中最著名的是當時的洛陽首富石崇，在金谷建造「金谷園」，招待名士文人詩酒唱和，稱為「金谷二十四友」。二十四友中較為後世所知者，有潘岳、陸機、陸雲、左思、劉琨等。石崇與潘岳關係最好，潘岳字安仁，後世稱他為「潘安」，有天下第一美男的稱譽，他曾寫《金谷集詩》

贈與石崇，其中最後兩句是「投分寄石友，白首同所歸」。石崇在政治上依附當權的賈皇后，永康元年（三〇〇），趙王司馬倫起兵誅除賈氏，石崇被免官。石崇權勢顯赫時，納名妓綠珠為妾，居住在金谷園中，極得石崇喜愛。趙王倫親信謀士孫秀早已仰慕綠珠才貌，得勢後派人請求石崇相贈。石崇不予理會，後來孫秀誣陷石崇勾結淮南王司馬允謀反，派人收捕石崇。石崇當時在金谷園中一座樓閣上宴客，見狀對綠珠說：「我今天因你而獲罪。」綠珠流淚道：「妾當效死君前。」於是墮樓而亡。事見《世說新語》。

金谷園的位置，目前有多種說法：其一是今洛陽火車站對面的金谷園村，其二是在白馬寺附近，其三是在孟津縣送莊鎮鳳凰臺村附近，其四是孟津白鶴鎮北黃河岸邊。但已無從核實。

金墉城

【注】穀水又東逕金墉城北，魏明帝于洛陽城西北角築之，謂之金墉城。起層樓于東北隅，《晉宮閣名》曰：「金墉有崇天堂[1]。」即此。地上架木為榭[2]，故白樓矣。皇居創徙[3]，宮極未就，止蹕[4]于此。構宵榭于故臺，所謂臺以停停也。南曰乾光門，夾建兩觀[5]，觀下列朱桁于塹[6]，以為御路[7]；東曰含春門，北有

邏門。城上西面列觀，五十步一睥睨[8]，屋臺置一鐘以和漏鼓[9]，西北連廡[10]函蔭，墉比廣榭。炎夏之日，高祖[11]常以避暑。為綠水池一所，在金墉者也。

穀水逕洛陽小城北，因阿[12]舊城，憑結[13]金墉，故向城也。永嘉之亂[14]，結以為壘，號洛陽壘，故《洛陽記》曰：「陵雲臺西有金市，金市北對洛陽壘者也。」

又東歷大夏門[15]下，故夏門也。陸機[16]《與弟書》云：「門有三層，高百尺。」魏明帝造，門內東側，際[17]城有魏明帝所起景陽山，餘基尚存。孫盛[18]《魏春秋》曰：「景初元年，明帝愈崇宮殿雕飾觀閣，取白石英及紫石英及五色大石于太行穀城之山，起景陽山于芳林園，樹松竹草木，捕禽獸以充其中。于時百役繁興，帝躬自掘土，率羣臣三公已下，莫不展力。」山之東，舊有九江，陸機《洛陽記》曰：「九江直作圓水。水中作圓壇三破之，夾水得相逕通。」《東京賦》曰：「濯龍芳林，九谷八溪，芙蓉覆水，秋蘭被涯。」今也山則塊阜[19]獨立，江無復彷彿矣。

注釋

1崇天堂：城內殿堂名。2榭（粵：謝；普：xiè）：建在高臺上或水面上的木屋，多開窗戶，供人休憩及眺望，臨水的木屋也稱為榭。3皇居創徙：指北魏孝文帝遷都之初。4蹕（粵：畢；普：bì）：本義是帝王出行時清理道路，禁止他人通行，引伸為帝王行止：「出稱警，入稱蹕。」5夾建兩觀（粵：貫；普：guàn）：本義是古代天子、諸侯宮門外張示法令的地方，《爾雅・釋宮》郭璞注云：「宮門雙闕，舊章懸焉，使民觀之，因謂之觀。」6 桁（粵：衡；普：háng）：本義是樑上或門框、窗框上的橫木，引申泛指橫木。朱桁，即漆上紅色的橫木。塹（粵：僭；普：qiàn）：本義是下陷之處，此處指兩座觀中間的低處。7 御路：皇宮正門直出的南北大道，又名天街。晉朝御路名為銅駝街。8 睥睨（粵：卑危；普：pì nì）：最初指皇帝的一種儀仗，宮廷侍衛以淩厲眼神及斜着眼監視進見的臣子。睨即斜眼看，後來睥睨有側目而視、眼神傲慢的意思。9「屋臺」句：鐘、漏和鼓都是古代的計時和報時器具。10 廡（粵：舞；普：wǔ）：堂下周圍的廊屋。11 高祖：北魏孝文帝廟號高祖。12 阿（粵：柯；普：ē）：依附。13 憑結：緊靠、連接。14 永嘉之亂：西晉惠帝永興元年（三〇四），原為晉朝僱傭兵將領的南匈奴首領劉淵起兵於離石（在今山西省中部）反晉，國號漢（後改稱趙，史稱前趙）。延至晉懷帝永嘉四年（三一〇），劉淵死，其子劉聰繼位，麾下大將羯人石勒大敗晉軍，攻破洛陽。石勒縱容部屬肆意搶掠，俘虜晉懷帝，殺太子、宗室、官員及士兵百姓三萬餘人，並挖掘陵墓和焚毀宮殿，史稱「永嘉之亂」。15 大夏門：漢魏洛陽城北門。16 陸機：西晉著名文學家，吳郡（今江蘇蘇州）人，祖父陸遜為三國名將，曾任東吳丞相、上大將軍；父陸抗曾任東吳大司馬。陸機與其弟陸雲合稱「二陸」，吳國滅亡後出仕晉朝，後死於「八王之亂」。17 際：旁邊。18 孫盛：東晉名士、史學家，十歲時隨族人避亂於江左，官至祕書監，加給事中。博學多聞，《晉書》本傳稱：「篤學不倦，自少至老，手不釋卷。」撰有《魏氏春秋》、《晉陽秋》等史書，今散佚。19 塊阜：小山丘。

譯文

穀水又往東流，經過金墉城的北面。魏明帝在洛陽城的西北角建築這座城，稱為金墉城，在城的東北角築起一座多層高樓，《晉宮閣名》說的「金墉有崇天堂」，就是這裏。地面架設木板築起臺榭，從前稱為白樓。剛遷都的時候，宮殿尚未完成，皇帝在這裏暫時居住。在舊臺上再築起臺榭，正所謂「臺以停停」（樓臺高聳）了。南門名為乾光門，兩邊建了兩座樓觀，觀下的護城河上，架設漆了紅色的橋樑，是專供皇帝行走的御路。東門名曰含春門，門的北面有小門。城上的西面建有一列樓觀，每隔五十步一處瞭望樓，屋臺上放置一口鐘，配合鼓聲報時之用。西北部是一排互相連接的廊屋，隱密遮蔽，寬廣的臺榭緊靠着城牆，在夏天酷暑的日子，高祖孝文帝常到城上避暑，並造了一個綠水池，就在金墉城內。

穀水經過洛陽小城的北面，小城依傍着舊城，與金墉城連接，是舊時向城的故址。永嘉之亂時，把幾座城連結起來，成為防守的堡壘，稱為洛陽壘，所以《洛陽記》說：「陵雲臺的西面有金市，金市北對洛陽壘。」又往東流，經過大夏門下，這是從前的夏門。陸機《與弟書》說：「夏門有三層，高約一百尺。」這是魏明帝時建造，門內的東邊，靠近城旁有魏明帝所起的景陽山，殘餘的基址還在。孫盛

《魏春秋》說：「景初元年（二三七），明帝擴大宮殿觀閣，修築得更高大，雕飾更華麗，從太行山和穀城山採掘白石英、紫石英及五色大石，在芳林園內築起一座景陽山。山上遍植松樹竹林和各種草木，捕捉珍禽異獸放養其中。當時各種工役同時進行，明帝親自到來掘土，帶領羣臣參加建築工程，三公以下無人不出來盡力。景陽山的東面，從前有九江，陸機《洛陽記》說：「九江匯成一個圓形水池，池中央造了一個圓壇，三道堤把水池一分為三，堤架在水上，與圓壇相通。」《東京賦》說：「有濯龍園、芳林園，有九谷池、八溪池，荷花覆蓋水面，秋蘭長滿水邊。」如今景陽山只是一座寂寞的孤丘，九江則不留痕跡了。

賞析與點評

金墉城是魏晉洛陽城西北角高臺上的城堡，建於曹魏明帝曹叡時期，其後西晉、前趙、後趙、北魏、北周以至隋朝和唐朝初年一直沿用。金墉城形勢險要，可以俯瞰洛陽，是戰略要地，也是當權者囚禁失勢對手的地方，曾發生過不少驚心動魄的歷史事件。

【注】穀水又東，枝分南入華林園，歷疏圃南，圃中有古玉井，井悉以珉玉[1]為之，以緇[2]石為口，工作精密，猶不變古，璨[3]焉如新。又逕瑤華宮南，歷景陽山北，山有都亭堂，上結方湖，湖中起御坐石也。御坐前建蓬萊山，曲池接筵，飛沼[4]拂席，南面射侯[5]，夾席武峙[6]，背山堂上，則石路崎嶇，岩嶂峻險，雲臺風觀，纓巒帶阜，遊觀者升降阿閣，出入虹陛，望之狀鳧沒鸞舉[7]矣。其中引水飛皋，傾瀾瀑布，或枉渚[8]聲溜，潺潺不斷，竹柏蔭于層石，繡薄叢于泉側，微飆暫拂[9]，則芳溢于六空，實為神居矣。其水東注天淵池，池中有魏文帝九華臺，殿基悉是洛中故碑累之，今造釣臺于其上。

注釋

1珉（粵：泯；普：mín）：亦作瑉，意指像玉的石頭。2緇（粵：茲；普：zī）：黑色布帛，此處借用為黑色。3璨（粵：燦；普：càn）：明亮、燦爛。4沼（粵：剿；普：zhǎo）：本義是積水的窪地，此處借用為水花，飛沼即飛流而下的水花。5射侯：箭靶。6夾席：即箭道兩旁；武峙：指相對的位置擺放武器設施。7鳧（粵：扶；普：fú）：野鴨；鸞（粵：聯；普：luán）：鳳凰的一種。8渚（粵：主；普：zhǔ）：水中的小洲；枉：此處是經過的意思。9飆（粵：標；普：biāo）：狂風。微飆，指微風。

譯文

穀水又往東流，分出一條水道，向南流入華林園，經過疏圃的南面。圃中有古代的玉井，井內全部鋪砌珉玉，又以黑色的石頭砌成井口，製作精緻，風格古樸，仍然光滑得像新造一樣。又經過瑤華宮的南面，流過景陽山的北面，山旁有都亭堂，與上面的方湖連接，湖中堆起石頭放置御坐，御坐前面是人工建造的蓬萊山。彎彎曲曲湖岸上，坐席一個接一個，飛流而下的水花散落坐席上。南面的坐席兩旁，放置箭靶。蓬萊山背後的殿堂上，卻是崎嶇不平的石路，岩峰高聳險峻，山上有雲臺風觀，周圍山巒崗阜環抱，遊人在樓閣之間上上下下，從長虹般的曲階進進出出。從遠處望去，山巒樓閣忽然像水鳥潛入水中，又忽然像鳳凰騰空飛翔。又在引水從山巒之間飛流而下，傾瀉為瀑布，泉水流經池渚，淙淙有聲，潺潺不斷。翠竹蒼柏在層層疊起的山石上投下濃蔭，繁花盛放在泉水旁堆成錦簇，微風吹拂，陣陣芳香在空中飄散，這真的是神仙的住處了。水往東流，注入天淵池，池中有魏文帝的九華臺，殿基全是洛陽一帶的舊石碑堆疊而成，現在上面建造了一座釣臺。

賞析與點評

華林園原名芳林園，始建於三國魏明帝時，其後因避廢帝曹芳諱，改名華林。洛陽城內的離宮，魏晉及其後的北魏為皇帝后妃的休閒遊樂之地，但也是醞釀政治陰謀的地方。史載：晉惠帝不慧，遊於華林園，聞蛤蟆聲，謂左右曰：「此鳴者為官乎？私乎？」及天下慌亂，百姓餓死，朝臣向惠帝報告百姓沒有飯吃，惠帝竟説：「何不食肉糜？」這聞名千古的故事就是發生在華林園。晉室南渡，東晉皇室在都城建鄴（後改名建康，今江蘇省南京市）城內，也修建華林園，同樣是皇帝后妃的休閒遊樂之地，也同樣發生多次政治事件。

聽訟觀、華林隸簿（劉楨磨石處）

【一】注 池南直魏文帝茅茨堂[1]，前有《茅茨碑》，是黃初中所立也。其水自天淵池東出華林園，逕聽訟觀南，故平望觀也。魏明帝常言：「獄，天下之命也。」每斷大獄，恆幸觀聽之。以太和三年，更從今名。觀西北接華林隸簿[2]，昔劉楨[3]磨石處也。《文士傳》曰：「文帝[4]之在東宮[5]也，宴諸文學[6]，酒酣，命甄后[7]出拜，坐者咸伏，惟劉楨平視之。太祖以為不敬，送徒隸簿。後太祖乘步牽車乘城[8]，降閱簿作，諸徒咸敬，而楨拒，坐磨石不動。太祖曰：『此非劉楨也？石如何性？』楨曰：『石出荊山玄岩之下，外炳五色之章，內秉堅貞之志，雕之不增文，磨之不加瑩，稟氣貞正，稟性自然。』太祖曰：『名豈虛哉？復為文學。』」

注釋

1 茅茨（粵：茅池；普：máo cí）：用茅草覆蓋的屋。古帝王在宮中或離宮建造這種房屋表示節儉。2 隸簿：被判服勞役犯人的收押所。3 劉楨：建安七子之一。劉楨被曹操召為丞相掾屬（丞相幕僚），與曹丕兄弟頗有往來。4 文帝：曹丕。5 東宮：太子所居宮殿稱為東宮。6 文學：文學侍從官員。7 甄后：魏文帝曹丕的正室，魏明帝曹叡之生母。原為袁紹幼子袁熙之妻，以美色聞名。曹操滅袁氏，曹丕率先入袁府，娶甄氏為正妻。其後傳聞甄氏與曹丕弟曹植有不倫之戀。曹丕篡漢稱帝，都洛陽，甄氏則被留在鄴城，仍為夫人，不立為皇后。甄氏愈發失意，有怨言，被曹丕賜死。死後民間尊她為洛水女神。8「後太祖」句：曹操巡視城牆建築。

譯文

天淵池的南面正對魏文帝的茅茨堂，前面有《茅茨碑》，是黃初年間（二二〇至二二六）所樹立。水從天淵池的東面流出華林園，經過聽訟觀的南面，是從前的平望觀。魏明帝曾說過：「司法審判是人命攸關的天下大事。」每逢有重大案件審訊，他會親自到觀中聽審。從太和三年（二二九）開始改名聽訟觀，沿用至今。觀的西北面連接華林隸簿，這是昔日劉楨磨石的地方。《文士傳》說：「魏文帝仍是東宮（太子）的時候，設宴款待所有文學官員，酒飲得高興，太子請甄后出來向各人行禮，在座的人都俯伏不敢看，只有劉楨平身直視她。曹操認為他犯了不敬之罪，把他送去勞役關押。其後曹操乘坐由人拉動的步牽車在城內巡視，下車視察勞役工場，所有囚徒都恭恭敬敬地行禮，只有劉楨拒絕行禮，坐着磨石，動也不動。曹操說：『那人不是劉楨嗎？這石頭質地怎樣？』劉楨說：『這石頭是從荊山的玄岩採下來，外表是五色燦爛的花紋，內裏秉性堅貞，志不可奪。對它加以雕琢，不增加美觀；加以打磨，不增加光彩。它的氣質天生堅貞剛正，稟性質樸自然。』曹操說：『真是名不虛傳呀！恢復他的文學官職。』」

賞析與點評

曹魏時皇帝審訊犯人的地方，卻發生過一件曹操與名士劉楨鬥氣的故事。

銅駝街、永寧寺、曹爽故居

【】注 渠水又枝分，夾路南出，逕太尉、司徒[1]兩坊間，謂之銅駝街[2]。舊魏明帝置銅駝諸獸于閶闔南街[3]，陸機云：「駝高九尺，脊出太尉坊者也」。水西有永寧寺[4]，熙平中始創也，作九層浮圖[5]，浮圖下基方十四丈，自金露槃[6]下至地四十九丈，取法代都[7]七級，而又高廣之，雖二京之盛，五都之富[8]，利剎靈圖[9]，未有若斯之構。按《釋法顯行傳》[10]，西國有爵離浮圖，其高與此相狀，東都西域，俱為莊妙矣。其地是曹爽[11]故宅，經始之日，于寺院西南隅得爽窟室，下入土可丈許，地壁悉累方石砌之，石作細密，都無所毀，其石悉入法用，自非曹爽，庸匠亦難復制此。桓氏[12]有言，曹子丹[13]生此豚犢，信矣。

注釋

1 太尉：前漢初主管中央軍權的首長，漢武帝以後不常設；司徒：《周官》（即周禮）所載六卿之一，西周鐘鼎銘文已有此官，寫成「司土」，主管理土地、人民的官員，春秋以後已不見此官職。漢光武帝中興之後，廢丞相、御史大夫，改設太尉、司徒、司空，稱為「三公」，職責是坐朝論道。漢以後太尉、司徒、司空等，逐漸成為榮譽官銜，如果沒有其他職位，則沒有實權。太尉、司徒兩坊，因漢魏時太尉府、司徒府所在而得名。2 銅駝街：魏晉皇宮正門外南北向大道，稱為御道，宮門放置銅製駱駝，因此民間稱之為銅駝街。西晉八王之亂之時，洛陽受亂兵摧殘，繼之以五胡之亂，晉室南遷，一代繁華，頓時荒廢。《晉書‧索靖傳》載動亂發生之前，「靖有先識遠量，知天下將亂，指洛陽宮門銅駝，嘆曰：『會見汝在荊棘中耳？』（遲些我會看到你埋沒在荊棘之中啊）」。後世稱世事變遷由盛轉衰為「荊棘銅駝」。3 閶闔（粵：昌合；普：chāng hé）：傳說中的天宮的正門稱為閶闔，其後借用指皇宮的正門。魏、晉皇宮南面正門名為閶闔門。4 永寧寺：北魏熙平元年（五一六），掌權的胡太后（即靈太后）修建，在洛陽城內，御道（銅駝街）南，寺中木塔異常宏偉，據楊衒之《洛陽伽藍記》追述，永寧寺塔為木結構，高九層，一百丈，一百里外都可看見。永熙三年（五三四）二月，被雷電擊中起火焚毀，大火焚燒三月不熄，現只餘塔基。5 **浮圖**：梵文 Buddha 的其中一種音譯。古代印度佛教徒建塔埋藏佛之舍利，後來演變為佛教象徵性的重要標誌，而中國的佛塔形制與印度差異逐漸增大。6 **槃**：即盤。7 **代都**：指北魏前期首都平城，至孝文帝太和十八年（四九四）遷都洛陽。平城原屬代郡，因此稱為代都。8 **五都之富**：指張衡《二京賦》、左思《五都賦》所描述的盛況，也未及永寧寺塔的宏偉。9 **剎**：指佛寺；圖：即浮圖。10 **《釋法顯行傳》**：東晉高僧法顯在弘始二年（四〇〇），與慧景、道整、慧應、慧嵬等僧人，從長安出發，西渡流沙，遠赴天竺尋求戒律。義熙八年（四一二）從海路歸國，至青州登岸，求法前後十四年。歸國後著《佛國記》一書，記錄西行見聞，又名《法顯傳》或《法顯行傳》。11 **曹爽**：曹魏宗室，名將曹真之子，曹操侄孫。魏明帝臨終，嗣子曹芳年幼，明帝委任曹爽與司馬懿輔政，懿假裝年老糊塗，卻暗中培植勢力，其後趁爽前往高平陵祭祀明帝，起兵發動政變，奪取政權。曹爽放棄權力之後不久被殺。12 **桓氏**：桓氏指大司農桓範，有「智囊」之稱，曾提醒曹爽注意司馬懿，不聽。高平陵之變後，被司馬懿以謀反罪族滅。

13 **曹子丹**：曹真字子丹。

譯文

又有水道從渠水分出，在御路的兩旁向南流，經過太尉、司徒兩坊之間，稱為銅駝街。從前魏明帝在閶闔門以南的大街放置了銅鑄的駱駝等獸類塑像。陸機說：「銅駱駝高九尺，他的駝峰比太尉坊的圍牆還要高。」水的西面有永寧寺，創建於熙平年間（五一六至五一八），寺中建造了一座九層佛塔，塔的基座方十四丈，從塔頂的金露槃下到地面，高四十九丈，仿照代都平城的七級佛塔式樣建造，但比它更高更大。就算二京的繁盛，五都的富饒，那裏的佛寺寶塔，都比不上這裏雄偉壯觀。參閱《釋法顯行傳》，西域有爵離浮圖，它的高度與這塔相似，那麼東都和西域的兩座寶塔，莊嚴精妙，可以互相媲美了。這地方原是曹爽故居，永寧寺開始營建那天，在寺院的西南角發掘出曹爽的地下密室，深入地下一丈多，地面和四壁都用方正的石塊砌成，石工細緻，完好無損。這些石塊全部用作建築佛寺的材料。要不是曹爽，平庸的工匠難以複製這些石刻。桓氏（桓範）說過：「曹子丹（曹真）生了一個沒出息的蠢才。」說得對啊。

賞析與點評

魏晉洛陽城的中軸線，象徵皇權的伸延，但政權傾倒，一切化為灰燼，令人欷歔嘆息。

【注】穀水又南逕白馬寺東。昔漢明帝夢見大人，金色，項佩[1]白光。以問羣臣，或對曰：「西方有神名曰佛[2]，形如陛下所夢，得無是乎？」于是發使天竺，寫致經像，始以榆欓盛經[3]，白馬負圖，表之中夏[4]。故以白馬為寺名。此榆欓後移在城內愍懷太子[5]浮圖中，近世復遷此寺，然金光流照，法輪東轉，創自此矣。

穀水又南逕平樂觀東，李尤《平樂觀賦》曰：「乃設平樂之顯觀，章祕偉之奇珍。」華嶠《後漢書》曰：「靈帝[6]于平樂觀下起大壇，上建十二重五采華蓋[7]，高十丈，壇東北為小壇，復建九重華蓋，高九丈，列奇兵騎士數萬人，天子住大蓋下。禮畢，天子躬擐甲[8]，稱無上將軍，行陣三匝而還，設祕戲以示遠人。」故《東京賦》曰：「其西則有平樂都場，示遠之觀，龍雀蟠蜿，天馬半漢。」應劭曰：「飛廉神禽[9]，能致風氣，古人以良金鑄其象。明帝永平五年，長安迎取飛廉并銅馬，置上西門外平樂觀。」今于上西門外無他基觀，惟西明門[10]外獨有此臺，巍然廣秀，疑即平樂觀也。又言皇女稚殤，埋于臺側，故復名之曰皇女臺。晉灼曰：「飛廉，鹿身頭如雀，有角而蛇尾豹文。」董卓銷為金用，銅馬徙于建始殿東階下。胡軍喪亂[12]，此象遂淪。

注釋

1 **項**：指頸部；佩：環繞的意思。2 **佛**：梵文佛陀（拉丁文：Buddha；巴利文：Buddho）的省譯，意為「已經覺醒」，古代中國有「佛陀」、「佛徒」、「浮陀」、「浮圖」、「浮屠」、「佛圖」等不同譯法。3 **天竺**：古代中原稱印度為天竺。《史記・大宛傳》稱此地為身毒（Shinduk，印度河的梵文 Sindhu 對音），至東晉南朝，改稱為天竺，成書於南朝的《後漢書・西域傳》記載「天竺國一名身毒」。榆欓：落葉喬木，木質堅實。4 **中夏**：中原。5 **愍懷太子**：晉惠帝長子司馬遹（粵：律／月／鷸；普：yù），母謝玖，小字沙門。年幼時已聰明睿智，深得祖父晉武帝司馬炎疼愛。惠帝繼位後其為皇太子，但惠帝智力甚低，皇后賈南風專權，賈后忌恨太子英睿，陰謀廢黜，數月後更被殺害，年僅二十二歲。賈后被殺後，司馬遹獲追頒謚號為愍懷太子。太子篤信佛教，後人為他建塔薦福。6 **靈帝**：漢靈帝。7 **華蓋**：中國古代星官名，屬三垣之中的紫微垣，共七星，排列成傘狀，象徵帝王或貴官所用的傘。8 **擐**（粵：音／患；普：huàn）：穿着。9 **飛廉**：又作蜚廉，中國古代神話中的風神，其形象為鳥身鹿頭，或鳥頭鹿身。春秋時的秦人自稱是蜚廉後裔。10 **西明門**：漢魏洛陽城西側其中一座城門。11 **胡軍喪亂**：指永嘉之亂，五胡亂華。

譯文

穀水又往南流，經過白馬寺的東面。從前漢明帝做夢見到一位巨人，渾身金色，頸上白光環繞。明帝把夢中所見詢問羣臣，有人回答說：「西方有神名為佛，形態正如陛下夢中所見，不知是不是他？」於是派使者往天竺，繪畫佛像，抄寫佛經，以榆木箱子盛載佛經、圖像，以白馬背負，帶回中原，因此以白馬為寺名。這榆木箱子後來移放在城內為愍懷太子所建的佛塔中，近代又遷回這寺中，金光照耀，法輪東轉，佛法傳來中土，就從這時開始。

穀水又往南流，經過平樂觀的東面。李尤《平樂觀賦》說：「於是建設宏大顯赫的平樂觀，展示難得一見的祕藏的奇珍。」華嶠《後漢書》說：「漢靈帝在平樂觀下建造巨大祭壇，壇上豎起重疊十二層的五色華蓋，高十丈，大壇的東北面另建小壇，有重疊九層的華蓋，高九丈，齊集了數萬奇兵騎士在臺下列陣，皇帝留在大華蓋底下。行禮完成，皇帝身上披上甲冑，全副武裝，自稱無上將軍，繞陣三周然後回宮，還有各重雜技祕戲，招待遠方來客。」因此《東京賦》說：「西面有平樂會場，有神獸龍雀蟠旋飛舞、天馬騰躍上銀河半空等表演，遠方來客觀看。」應劭說：「飛廉是有神力的鳥，能夠颳起大風和氣流，古人用優質的黃金替它鑄像。明帝永平五年，從長安取來飛廉和銅馬，放置在上西門外的平樂觀。」現在的上西門外沒有其他樓觀的基址，只有西明門外留下這土臺，又廣闊又巍峨，也許這就是平樂觀了。又傳說有皇帝的女兒年幼夭逝，埋葬在臺的旁邊，因此又稱為皇女臺。晉灼說：「飛廉，身軀像鹿，頭顱像鳥，頭上生角，有蛇的尾巴，豹的斑紋。」董卓把它銷熔了，用作鑄錢的材料，銅馬則搬移到建始殿的東面臺階之下。胡人軍隊作亂，此銅馬像也喪失了。

賞析與點評

佛教傳入中國後，第一所由皇帝批准興建的佛寺，至今仍在，見證千年興廢。白馬寺位於今洛陽市中心以東十五公里，其東面不遠，便是漢魏洛陽城遺址。

國子太學、石經

【注】又東逕國子太學[1]石經[2]北，《周禮》有國學，教成均館[3]之法。《學記》[4]曰：「古者，家有塾，黨有庠，遂有序，國有學。亦有虞氏之上庠、下庠，夏后氏之東序、西序，殷人之左學、右學，周人之東膠、虞庠。」《王制》[5]云：「養國老于上庠，養庶老于下庠，故有太學、小學，教國之子弟焉，謂之國子。」漢魏以來，置太學于國子堂。

後漢靈帝光和六年，刻石鏤碑載五經，立于太學講堂前，悉在東側。蔡邕以熹平四年，與五官中郎將堂谿典[6]，光祿大夫楊賜，諫議大夫馬日磾，議郎張馴、韓說，太史令單颺等，奏求正定《六經》文字。靈帝許之，邕乃自書丹[7]于碑，使工鐫刻，立于太學門外。于是後儒晚學，咸取正焉。及碑始立，其觀視及筆寫者，車乘日千餘輛，填塞街陌矣。今碑上悉銘刻蔡邕等名。

魏正始中，又立古、篆、隸《三字石經》，古文出于黃帝之世，倉頡本鳥跡為字，取其孳乳[8]相生，故文字有六義[9]焉。自秦用篆書，焚燒先典，古文絕矣。魯恭王[10]得孔子宅書，不知有古文，謂之科斗[11]書，蓋因科斗之名，遂效其形耳。言大篆出于周宣之時，史籀[12]創著。平王東遷，文字乖錯，秦之李斯及胡毋敬[13]，又改籀書謂之小篆，故有大篆、小篆焉。然許氏《字說》[14]專釋于篆，而不本古文，言古隸之書起于秦代，而篆字文繁，無會劇務，故用隸人之省[15]，謂之隸書，或云即程邈于雲陽增損者，是言隸者，篆捷也。孫暢之嘗見青州刺史傅宏仁說：臨淄人發古冢，得桐棺，前和外隱為隸字，言齊太公六世孫，胡公之棺也。惟三字是古，餘同今書，證知隸自出古，非始于秦。

魏初，傳古文出邯鄲淳[16]，《石經》古文，轉失淳法，樹之于堂西，石長八尺，廣四尺，列石于其下，碑石四十八枚，廣三十丈。魏明帝又刊《典論》[17]六碑，附于其次。陸機言：「《太學贊》別一碑，在講堂西，下列石龜碑，載蔡邕、韓說、堂谿典等名。《太學弟子贊》復一碑，在外門中。」今二碑并無。《石經》東有一碑，是漢順帝陽嘉元年立，碑文云：「建武二十七年造，太學年積毀壞，永建六年九月，詔書修太學，刻石記年，用作工徒十一萬二千人，陽嘉元年八月作畢。」碑南面刻頌，表裏鏤字，猶存不破。《漢石經》北有晉《辟雝行禮碑》[18]，是太始二年立，其碑中折。但世代不同，物不停故，《石經》淪缺，存半毀幾，駕言永久，諒用憮焉[19]。考古有三雝之文，今靈臺、太學，并無辟雝處。晉永嘉中，王彌、劉曜入洛[20]，焚毀二學，尚彷佛前基矣。

注釋

1 國子太學：漢武帝在首都長安設立太學，聘名儒講授五經，為王朝中央最高學府，又稱國子學。太學生成績優秀者可出仕為官。後漢及魏、西晉在洛陽設太學。2 石經：後漢靈帝熹平四年（一七五）開始刻五經於石碑上，至光和六年（一八三）完成，稱為《熹平石經》，立於洛陽太學門前，為中國最早的官方定本儒家經書。三國曹魏於正始二年（二四一）有以大篆、小篆、隸書三種字體刻五經於石，稱為《正始石經》或《三體石經》、《三字石經》，刻成《尚書》、《春秋》和部份《左傳》等經文。後經多次戰亂，今只剩殘餘碎片。3 成均館：古代中國的最高學府，不同朝代有不同名稱：據説五帝時稱成均，虞舜時稱上庠，周代稱辟雍，漢以後稱太學，隋唐以後稱國子監，相當於近代的國立大學。4《學記》：《禮記》其中一篇。5《王制》：《禮記》其中一篇。6五官中郎將堂谿典：五官中郎將，漢朝官名，負責宮廷警衛；堂谿典，人名，姓堂谿名典。7書丹：古人刻碑，先以毛筆蘸硃砂在碑石書寫碑文，字為紅色，稱為書丹，刻工據此用刀鐫刻。用硃砂書寫是因為墨汁在光滑的石板容易流淌，而且筆畫會收縮失真，硃砂沒有這缺點。8孳乳（粵：茲與；普：zī rǔ）：本義是繁殖，泛指衍生。9六義：漢字的六種造字方法：象形、指事、形聲、會意、轉注、假借。10魯恭王：漢景帝子劉餘，封為魯王，都曲阜，因擴建王宮，拆毀孔子故居時在牆壁發現大批竹簡書籍。劉餘死後謚號為恭王，可作魯共王。11科斗：又寫為蝌蚪，即青蛙幼蟲。古文形狀似蝌蚪，故有此俗稱。12史籀（粵：袖；普：zhòu）：人名，後世有古代字書名《史籀篇》。13胡母敬：姓胡母名敬。14《字說》：指後漢許慎《說文解字》。15隸人之省：隸人，指低級小吏；省，簡化筆畫。16邯鄲淳：三國魏書法家，名竺，字子叔，一作子淑，一作子禮，文帝黃初時為博士給事中，博學有才，尤精古文大篆、八分隸書，善蒼雅蟲篆。17魏明帝又刊《典論》：《典論》為明帝父文帝曹丕所撰有關政治、文化的一部學術論著，全文共有二十二篇，大部份已亡佚，只存《自敍》、《論文》、《論方術》三篇。18辟雝（粵：闢雍；普：pì yōng）：周天子所設的學府，方形建築，環以圓形水池，正門有便橋，通往池外，其後歷代太學內都有相同建築物，為皇帝親臨講學，及舉行與教育有關禮儀的地方，今北京清朝國子監（太學）內仍有辟雍，保存完好。19憮（粵：武；普：wǔ）：失望。20「晉永嘉」句：劉曜，南匈奴人，劉淵族子，參與滅西晉戰爭，滅晉後鎮守長安。劉淵死後乘亂稱帝，都長安。但登位後不久，將領石勒叛變自立，中原再陷分裂。劉曜提倡儒學，設立學校。王彌，東萊郡人，西晉末為南匈奴劉淵大將，參與滅晉。

譯文

又往東流，經過國子太學石經的北面。《周禮》記述，「周朝設立國學，教授禮儀法度」。《學記》說：「從前，家裏有私塾，小村莊有庠，大村莊有序，國家有學。」也就是帝舜時代的上庠、下庠，夏朝的大學東序、小學西序，殷朝的大學左學、小學右學，周朝的大學東膠、小學虞庠。《王制》說：「把有學識的退休卿士稱為國老，供養於上庠；士人的老人稱為庶老，供養於下庠，分為太學、小學兩個級別，使他們教導國家的年青人，稱之為國子。」漢魏以來，在國子堂東邊設立太學。

後漢靈帝光和六年（一八三）把五經的經文刻鑿在石碑上，樹立在太學講堂的前面，全都排列在東邊。熹平四年（一七五），以大儒蔡邕為首，與五官中郎將堂谿典、光祿大夫楊賜、諫議大夫馬日磾、議郎張馴、韓說、太史令單颺等人，向皇帝上書，請求確定標準的《六經》經文，靈帝批准了。於是蔡邕親自把經文以硃砂寫在石碑上，請工匠鑿刻，樹立在太學門外。自此之後，晚輩的儒生學者，都來閱讀石經，查證正確的經文。石碑樹立的初期，到來觀看以及抄寫的人，馬車每日多達千餘輛，阻塞了附近的大街小巷。現今碑上刻着蔡邕等人姓名。魏正始年間（二四〇至二四九），又樹立了古文、篆書、隸書的《三字石經》。古文是黃帝時創造出來的，倉頡依據鳥類的足跡造字，其後有所變化和發展，於是有六種造字的規律，稱為六義。自從秦朝採用了篆書，焚燒前代的典籍，古文從此失傳。魯恭王在孔子故居的壁中獲得一批古代書籍，卻不認識這種古文，因為字形彎曲很像蝌蚪，所以稱之為蝌蚪文。據說大篆起源於周宣王時期，由史籀所創。平王東遷之後，文字的寫法沒有準則，於是秦朝的李斯和胡母敬，把史籀的文字寫法加以改造，稱為小篆，因此有大篆、小篆的分別。然而許慎《字說》一書，專門解釋篆文，卻不以古文為依據。古代的隸書，起源於秦朝，因為篆字筆畫繁複，不能適應繁忙的政務，所以採用了低級小吏的減省便捷寫法，稱為隸書。也有人說是程邈在雲陽增減筆畫，整理文字而形成的。稱之為隸書，是篆書的簡化。孫暢之曾聽到青州刺史傅宏仁說，臨淄人發掘古代墓冢，獲得一口桐棺，棺的前端和外側有一些隸書文字，說這是齊太公六世孫，胡公的棺柩。但只有三個字是古文，其餘文字的寫法與現代相同，以這文物為證據，得知隸書自古已有，並非從秦朝開始。

魏初，傳習古文的人都出自邯鄲淳門下，但《石經》上的古文寫法，卻不依照邯鄲淳的標準。石經樹立在太學正堂的西邊，每塊石碑高八尺，寬四尺，排列在堂下。碑石一共有四十八塊，從頭到尾排開長達三十丈。魏明帝又刻製了六塊《典論》碑文，附列在《石經》後面。陸機說：又有另外一塊《太學贊》碑，在講堂的西面，下面有石龜碑座，刻有蔡邕、韓說、堂谿典等人姓名。又有一塊《太學弟子贊》碑，在外門中間。現今兩塊碑都不存在。《石經》東面有另一塊碑，是漢順帝陽嘉元年（一三二）所立，碑文說：「建武二十七年（五一）創建太學，經歷多年逐漸毀壞，永建六年九月（一三一），皇上下令重修太學，刻石記年。工程耗費人力十一萬二千人，陽嘉元年八月完成。」碑的南面刻上頌辭，正反兩面所刻的字，依然完好無損。《漢石經》北面有晉朝的《辟雝行禮碑》，是太始二年（二六六）所立，已經攔腰折斷了。但世代變遷，事物更改，《石經》已經殘缺不全，至今保存下來的已不過半數，永久保存的說法，只會令人失望。查考典籍，古代有辟雝、明堂、靈臺，即所謂三雝的記載，現今只有靈臺、太學，卻沒有辟雝所在之地。晉永嘉年間（三〇七至三一二），王彌、劉曜攻入洛陽，焚毀靈臺、太學兩處學校，而基址遺跡依稀可尋。

賞析與點評

儒家學說自漢武帝以來都是歷朝思想學術主流，歷朝投放巨大資源，培養為朝廷效力、定國安民的儒生，洛陽城外的漢魏太學，其規模宏大，可見當時儒學之盛。

渠水卷二十二

本篇導讀——

渠即鴻溝運河，這是一條戰國中期魏國開鑿的人工水道。魏國的都城原本在河東（今山西省南部）的安邑（今運城市安邑鎮），魏惠王前元九年（前三六一），為了爭霸中原，遷都至黃河中游南岸的大梁（今河南省開封市），自此之後又稱為梁國。孟子曾經與梁惠王談論仁政，記述於《孟子・梁惠王篇》，梁惠王就是遷都之後的魏惠王。大梁位於濟水與大河分流附近，可以利用濟水、菏水、泗水等水道，通往東方的衞、魯、齊、越等國；東南方的淮北地區的宋、陳、許、蔡以及楚國，雖然有汝水、潁水、洧水、睢水、渦水、獲水等眾多淮水支流可以通舟楫，但這些支流都是西北往東南平行走向，沒有互相連接，交通不便。魏惠王遷都大梁的次年，由大梁以西的滎陽引出河水，入汴渠（可寫成汳，亦稱汳水），經圃田澤，又從圃田澤東開渠至大梁城北，折向南行，連接洧、睢、渦、獲、潁、汝等水的上游，稱為大渠，或簡稱渠，或稱鴻溝。鴻也是大的意思。由於戰爭及其他原因，至惠王三十一年（前三三九）完成。

鴻溝以圃田澤為水櫃，把當時中原的主要河流，如黃河、濟水、濮水、菏水、泗水、汝水、潁水、洧水、睢水、渦水、獲水等全部貫通，貢獻極大。楚漢相爭時，曾經劃鴻溝為界，溝以東屬楚，以西屬漢，亦即後世所稱的「楚河漢界」。

經 渠出滎陽北河，東南過中牟縣之北；又東至浚儀縣；又屈南至扶溝縣北，其一者[1]，東南過陳縣[2]北；又東南至汝南新陽縣[3]北；又東南過山桑縣北；又東南過龍亢縣南；又東南過義成縣[4]西，南入于淮。

注釋

1 其一者：其中一條分支水道。2 陳縣：今河南省周口市淮陽縣，位於黃河以南大平原中央，相傳是上古帝王伏羲、神農都城，周朝封帝舜後裔胡公滿於此，國號陳。春秋末陳國為楚所兼併，戰國後期，秦攻楚，攻陷楚都郢（音影，今湖北省荊州市），楚遷都於陳以避秦，稱為郢陳。秦繼續攻楚，楚又遷都壽春。秦攻佔陳，設立淮陽郡，治所在陳縣，以國為氏，後為部份陳姓起源地。3 汝南新陽縣：汝南，漢郡名，新陽縣在郡東北部，縣已廢。汝南郡周朝時為蔡、沈等國之地，春秋時被楚國兼併。戰國後期被秦攻佔，其地分屬潁川、陳郡，漢高祖五年（前二〇二）設置汝南郡，郡治在上蔡縣，屬豫州。其後多次廢興及分割，至隋朝改為蔡州。元朝為汝寧府治所，民國以後改為汝南縣至今。4 山桑縣、龍亢縣、義成縣：以上三縣已廢。

譯文

渠的源頭從滎陽以北的大河流出，往東南流，經過中牟縣的北面；又往東流，到了浚儀縣；又轉彎向南，到了扶溝縣的北面，其中一條水道，往東南流經過陳縣的北面；又往東南流，到了汝南郡新陽縣的北面；又往東南流，經過山桑縣的北面；又往東南流，經過龍亢縣的南面；又往東南流，經過義成縣的西面，往南流匯入淮水。

圃田澤、十字溝

經 渠出滎陽北河，東南過中牟縣之北。

注《風俗通》曰：「渠者，水所居也。」渠水自河與濟亂流[1]，東逕滎澤北，東南分濟，歷中牟縣之圃田澤，北與陽武分水。澤多麻黃草[2]，故《述征記》曰：「踐縣境便睹斯卉[3]，窮則知逾界[4]。」今雖不能，然諒亦非謬[5]。《詩》所謂「東有圃草」[6]也；皇武子[7]曰：「鄭之有原圃，猶秦之有具圃。」

澤在中牟縣西，西限長城[8]，東極官渡[9]，北佩渠水，東西四十許里，南北二十許里。中有沙岡[10]，上下二十四浦，津流逕通，淵潭相接，各有名焉。有大漸、小漸、大灰、小灰、義魯、練秋、大白楊、小白楊、散嚇、禹中、羊圈、大鵠、小鵠、龍澤、蜜羅、大哀、小哀、大長、小長、大縮、小縮、伯丘、大蓋、牛眼等浦，水盛則北注，渠溢則南播[11]，故《竹書紀年》「梁惠成王[12]十年，入河水于甫田[13]，又為大溝而引甫水」者也。又有一瀆，自酸棗[14]受河，導自濮瀆，歷酸棗，逕陽武縣南出，世謂之十字溝，而屬[15]于渠。或謂是瀆為梁惠之年所開，而不能詳也。斯浦乃水澤之所鍾[16]，為鄭隰[17]之淵藪[18]矣。

注釋

1 亂流：水流交錯。2 麻黃草：植物名，又稱草麻黃，可作藥用。3 卉（粵：委；普：huì）：草本植物總稱。4 窮：指消失；逾界：指越出縣界。5 謬（粵：茂；普：miù）：極錯誤，非常不合情理。6 東有圃草：句出《詩經．小雅．車攻》。7 皇武子：春秋時鄭國之卿（執政大臣，相當於後世的丞相或九卿），皇氏，謚武，事見《左傳》。8 長城：即戰國時鄭、魏之間邊界所築的長城，在今鄭州、開封兩市之間。9 官渡：古代濟河上著名渡口，在今鄭州市以東，漢末曾經於此地發生曹操與袁紹的決戰。10 沙岡：沙丘、沙堤。11 南播：遷移的意思。12 梁惠成王：即魏惠王。13 甫田：圃田的另一種寫法。14 酸棗：酸棗，漢縣名，屬陳留郡，今已廢。故址在今河南省延津縣。15 屬：連接。16 鍾：匯聚。17 鄭：古國名，今鄭州市；隰：低濕之地。18 藪（粵：鬥／守；普：sǒu）：大澤。

譯文

渠的源頭從滎陽郡北面的大河流出，往東南流，經過中牟縣的北面。

《風俗通》說：「渠就是水聚集的地方。」渠水從大河流出，濟水互相交錯，往東流經過滎澤的北面，轉向東南與濟水分開。經過中牟縣的圃田澤，在北面與流往陽武的水道分流。澤裏生長很多麻黃草，因此《述征記》說：「進入了縣境，看到這種植物，逐漸消失便知道離開了縣界。」現在雖然不能看到這景象，但恐怕不會是隨便說說。這就是《詩經》所提的「東有圃草」；春秋時鄭國大夫皇武子說：「鄭國有原圃，相當於秦國有具圃。」

圃田澤在中牟縣的西面，西側到達韓魏分界的長城，東面遠至官渡，北方與渠水連接，東西約四十里，南北約二十里，澤中有沙岡阻隔，上下有二十四浦，水流相通，深潭相接。各浦都有名稱，有大漸、小漸、大灰、小灰、義魯、練秋、大白楊、小白楊、散嚇、禹中、羊圈、大鵠、小鵠、龍澤、蜜羅、大哀、小哀、大長、小長、大縮、小縮、伯丘、大蓋、牛眼等浦。浦水大漲時向北流注（入渠水），渠水滿溢時向南湧進（圃田澤），因此《竹書紀年》記述：「梁惠成王十年（前三六〇），引河水注入甫田，又開鑿大溝引浦水流出。」又有另一水道，在酸棗接受河水，經濮瀆引導，經過酸棗，經陽武縣向南流出，民間稱之為十字溝，而與渠水連接。有人認為這水道是梁惠王時開鑿，但不能確定。這水道是水澤匯聚之處，是鄭國濕地的淵藪。

賞析與點評

圃田澤是古代黃河南岸的一片沼澤，位於今日河南省鄭州市與開封市之間，春秋時期是鄭、宋兩國的邊境，戰國時期是韓、魏的邊界。數千年的泥沙沖積，三國以後已逐漸填平，變為田野。時至今日，鄭州市東郊仍有圃田鄉，可供緬懷。戰國時魏惠王開鑿鴻溝，即利用圃田澤作為調節水量的水櫃。

五池口

【注】渠水右合五池溝。溝上承澤水，下流注渠，謂之五池口。魏嘉平三年，司馬懿帥中軍[1]討太尉王淩于壽春[2]，自彼而還，帝[3]使侍中[4]韋誕勞軍于五池者也。今其地為五池鄉矣。

注釋

1 中軍：中央軍。2「魏嘉平」兩句：王淩，三國曹魏大臣，叔父王允為漢司徒，煽動呂布誅除權臣董卓，後被董卓部屬所殺。曹操辟王淩為丞相掾屬（幕僚），官至南鄉侯、征東將軍、都督揚州諸軍事鎮守壽春（今安徽壽縣）。王淩不滿司馬懿奪權，在壽春起兵聲討，欲迎立曹操之子白馬王曹彪都許昌。司馬懿親征，淩兵敗自殺死。3 帝：此即曹魏皇帝曹芳，後為司馬懿藉故廢位，改為齊王，史稱廢帝齊王芳。4 侍中：官名，在秦朝是丞相的屬官，到了漢朝，官員獲得皇帝加授侍中，則可進入禁中，親近皇帝。後漢設立侍中寺，晉朝改為門下省，為皇帝的侍從、參與機密。南北朝時，門下侍中的權力逐漸擴大，成為中央政治機構的重心，地位等同宰相。

譯文

渠水又在右方與五池溝匯合。五池溝上游承接澤水，向下流注入渠水，匯流處稱為五池口。魏嘉平三年（二五一），司馬懿親自率領中軍討伐據壽春反叛的太尉王凌，從壽春回師，魏帝派遣使者韋誕到五池口勞軍。現在這地方已成為五池鄉。

賞析與點評

五池溝是渠水（鴻溝運河）連接黃河的水道之一，三國魏晉時仍然是戰略要地。

管城、不家水、百尺水

【注】渠水又東，不家溝水注之，水出京縣[1]東南梅山北溪。《春秋》襄公十八年，楚子馮、公子格率鋭師侵費，右迴梅山。杜預曰「在密[2]東北」，即是

山也。其水自溪東北流，逕管城西。故管國也，周武王以封管叔矣。成王幼弱，周公攝政，管叔流言曰：「公將不利于孺子。」公賦《鴟鴞》[3]以伐之，即東山之師是也。《左傳》：宣公十二年，晉師救鄭，楚次[4]管以待之。杜預曰：「京縣東北有管城者是也。」俗謂之為管水。又東北分為二水：一水東北流，注黃雀溝，謂之黃淵，淵周百步。其一水東越長城，東北流，水積為淵，南北二里，東西百步，謂之百尺水。北入圃田澤，分為二水。一水東北逕東武強城[5]北。《漢書·曹參傳》：「擊羽嬰[6]于昆陽[7]，追至葉[8]，還攻武強，因至滎陽。」薛瓚云：「按武強城在陽武縣。」即斯城也。漢高帝六年，封騎將莊不識[9]為侯國。又東北流，左注于渠，為不家水口也。一水東流，又屈而南轉，東南注白溝也。

注釋

1京縣：京，春秋時鄭國城邑。《左傳》第一則史事「鄭伯克段于鄢」，記述鄭莊公封其弟叔段於京城，謂之「京城大叔」，就是此地。前漢初年設置京縣，至北齊時廢入滎陽。今鄭州滎陽市東南十公里仍有一座被稱為「京城」的古代城址。2密：密縣，西周時屬密國，因「密山」得名，滅於鄭，前漢置密縣，一九九四年改為新密市。3鴟鴞（粵：雌梟；普：chī xiāo）：貓頭鷹一類的鳥。4次：接近。5武強城：又寫成武彊，漢初為侯國，後廢。6羽嬰：項羽將名。7昆陽：漢縣，王莽篡漢之後，推行政治經濟改革失敗，民間叛亂爆發，南陽郡漢朝宗室乘機起兵，號召復興漢朝，天鳳四年（一七）王莽派四十萬大軍南下鎮壓，漢裨將劉秀據守昆陽，以數萬人兵力擊敗王莽大軍，稱為昆陽之戰。劉秀後來成為後漢光武帝。今為河南省葉縣昆陽鎮。8葉：古代葉國，後被楚兼併，改為葉縣，在今河南省中部，屬平頂山市管轄。9騎將：即騎兵將領；莊不識：人名，漢高祖開國功臣，封武彊侯。

譯文

渠水又向東流，有不家溝水注入。不家溝水源出於京縣東南方梅山的北溪。《春秋》襄公十八年，「楚子馮、公子格率鋭師侵費，右迴梅山」，杜預注説「在密縣東北」，所指的就是這座山。水沿溪向東北流，經過管城縣西，這是古代的管國所在。周武王把地封給管叔。成王年幼，周公攝政，管叔散播流言説：周公將會對小孩做出不利的事。周公詠唱《鴟鴞》詩句表明心跡，領兵討伐管叔，這就是東山之師。《左傳》宣公十二年記事「晉師救鄭，楚軍在管地屯兵等待」，杜預注説「京縣東北方有管城」，就是指這城。民間把這條水稱之為管水。

不家水又向東北流，分為兩條支水：其中一條向東北流，注入黃雀溝，稱為黃淵，繞淵一周約一百步；另一條向東流，越過長城，東北流，水積聚成淵池，南北寬二里，東西闊百步，稱為百尺水。北流注入圃田澤，又分為兩支，一支向東北流，經東武強城北。《漢書・曹參傳》記述「擊羽嬰于昆陽，追至葉，還攻武強，因至滎陽」，薛瓚注云「按武強城在陽武縣」，就是指這座城。漢高帝六年（前二〇一），分封騎將莊不識於武強，立為侯國。水又繼續東北流，往左方注入渠水。匯流處稱為不家水口。另一支向東流，又折向南，往東南注入白溝。

賞析與點評

管城就是現代的鄭州市中心，西周初曾經是周武王的弟弟管叔的封國，監視殷朝遺民，武王逝世之後，兒子成王年幼，武王另一位弟弟周公旦攝政，管叔不服，聯同殷朝王子武庚起兵反叛，周公領兵東征，經過三年苦戰，滅武庚，誅管叔，平定東方。春秋時，管國故地是鄭國城邑，後世設立管城縣，唐朝以後隸屬鄭州。近代修築鐵路，貫通南北的京廣線，及橫貫東西的隴海線在鄭州交會，鄭州市的地位日益重要，在一九五四年取代開封成為河南省的省會。

清池水、清人城、七虎澗水

【注】渠水又東，清池水注之。水出清陽亭西南平地，東北流，逕清陽亭南，東流，即故清人城也。《詩》所謂「清人在彭」[1]，彭為高克邑[2]也。故杜預《春

秋釋地》云「中牟縣西有清陽亭」是也。清水又屈而北流，至清口澤，七虎澗水注之。水出華城南岡，一源兩派，津川趣別，西入黃雀溝，東為七虎溪，亦謂之為華水也。

注釋

1 清人在彭：語出《詩經・鄭風・清人》。清，春秋時鄭邑，在今河南省鄭州市中牟縣西；彭，黃河邊上鄭國地名。《清人》詩描寫駐守鄭國邊境彭地的清邑兵士軍紀敗壞，無所事事，諷刺主將高克玩忽職守。2 高克邑：高克，鄭國大夫，鄭文公命他率軍駐紮黃河邊上，久而不輪換，軍心渙散。高克邑，指高克駐守的城邑。

譯文

渠水又往東流，清池水注入。清池水源出清陽亭西南的平地，往東北流，經過清陽亭南，往東流，這是從前的清人城。《詩經》說「清人在彭」，彭是高克的食邑，因此杜預《春秋釋地》所言「中牟縣西有清陽亭」就是此地。清水又折而向北流，至清口澤，七虎澗水注入。七虎澗水源出華城南岡，同一源頭而分為兩支派，水流不同方向，西流的注入黃雀溝，東流的是為七虎溪，亦稱之為華水。

賞析與點評

渠水（鴻溝運河）是人工水道，必須沿途引入水源，以下的清池水、七虎溪、紫光澗等，都是鴻溝的水源。

紫光澗、棐林、苑陵故城

【注】又東北流，紫光溝水注之，水出華陽城東北，而東流，俗名曰紫光澗。又東北注華水。華水又東逕棐城[1]北，即北林亭也。《春秋》文公與鄭伯宴于棐林[2]，子家[3]賦《鴻雁》[4]者也。《春秋》宣公元年，諸侯會于棐林以伐鄭，楚救鄭，遇于北林。服虔曰：「北林，鄭南地也。」京相璠曰：「今滎陽苑陵縣[5]有故林鄉，在新鄭北，故曰北林也。」余按林鄉故城，在新鄭東如北[6]七十許里，苑陵故城在東南五十許里，不得在新鄭北也。考京、服之說，并為疏矣。杜預云：「滎陽中牟縣西南，有林亭，在鄭北。」今是亭南去新鄭縣故城四十許里，蓋以南有林鄉亭，故杜預據是為北林，最為密矣[7]。又以林鄉為棐，亦或疑焉。諸侯會棐，楚遇于此，寧得知不在是而更指他處也？積古之傳，事或不謬矣。

注釋

1棐（粵：匪；普：fěi/féi）：輔助的意思。棐城、棐林是地名。2「《春秋》」兩句：文公，指魯文公；鄭伯，指鄭穆公。《春秋・文公十三年》經文：「十有二月己丑，公及晉侯盟；公還自晉，鄭伯會公于棐。」《左傳》記述聚會情況：「公還，鄭伯會公于棐，亦請平于晉，公皆成之（之前，鄭親楚，與霸主晉國關係惡劣，鄭穆公委託魯文公傳達鄭與晉和解信息，文公達成任務）。鄭伯與公宴于棐，子家賦《鴻雁》。季文子曰：『寡君未免於此。』文子賦《四月》。子家賦《載馳》之四章。文子賦《采薇》之四章。鄭伯拜，公荅拜。」3子家：春秋時鄭國的執政大臣，即公子歸生。4《鴻雁》：《詩經・小雅・鴻雁》詩，詠歎鴻雁遠征飛鳴，不暇休息。子家詠這首詩，寓意感謝魯文公為鄭晉和解奔走辛勞。5滎陽苑陵縣：秦縣，隸屬潁川郡；漢朝改屬河南郡，魏晉改屬新設置的滎陽郡，至唐初廢。故城遺址位於今新鄭市龍王鄉古城師村。6東如北：即東面偏北。7密：精密、確切。

譯文

渠水又往東北流，紫光水注入。紫光水源出華陽城東北，向東而流，民間稱為紫光澗。又往東北注入華水。華水又往東經過棐城北，也就是北林亭。《春秋》記述文公與鄭伯在棐林宴會，子家賦詠《詩經・鴻雁》就在此地。《春秋》記述：宣公元年，諸侯在棐林會師，討伐鄭國，楚國救鄭，兩軍在北林相遇，服虔注說：「北林，在鄭國南部。」京相璠說：「今滎陽郡苑陵縣有從前的林鄉，在新鄭北，因此稱為北林。」我查核林鄉故城位置，在新鄭之東偏北七十多里，而苑陵故城在東南五十多里，不可能在新鄭之北。經考核，京、服兩人的說法，都有缺失。杜預說：「滎陽郡中牟縣西南，有林亭，在鄭北。」現今這亭南方距離新鄭縣故城四十餘里，由於南有林鄉亭，杜預據此稱為北林，最為確切。又把林鄉稱為棐，亦有可疑之處。諸侯在棐會師，與楚軍在該處相遇，怎能確知就在此地而不是別處？自古以來累積的說法，事情或許沒有錯誤。

賞析與點評

古代經史提及的一些地名，後世人不知道確實所在，不同的注釋家往往各有說法，酈道元在《水經注》中，經常指出前代注釋家的錯誤。

鹿臺南岡、期水、白溝水、承水

【注】又東北逕鹿臺南岡，北出為七虎澗，東流，期水注之。水出期城西北平地，世號龍淵水。東北流，又北逕期城西，又北與七虎澗合，謂之虎溪水，亂

流東注，逕城北，東會清口水。司馬彪《郡國志》[1]曰「中牟有清口水」，即是水也。清水又東北，白溝水注之。水有二源：北水出密之梅山東南，而東逕靖城南，與南水合。南水出大山[2]，西北流至靖城南，左注北水，即承水[3]也。《山海經》曰「承水出太山之陰，東北流，注于役水」者也。世亦謂之靖澗水。

注釋

1司馬彪：司馬彪，西晉皇族，司馬懿的侄孫，曾撰寫《九州春秋》一書，記述後漢末軍閥混戰。又彙集羣書，著成《續漢書》八十卷，但南朝范曄《後漢書》通行之後，彪書散佚，而范書沒有志（正史記述天文地理、典章制度的篇章），梁朝人劉昭注《後漢書》時，把彪書的十篇志併入，得以保存。2大山：山名，又稱太山，古文大、太通用。3承水：今《河南省地圖集．鄭州市區圖》有潮河，或許相當於承水，或下文之大水。

譯文

又往東北流經鹿臺南岡，向北流出為七虎澗，往東流，期水注入。期水源出於期城西北的平地，民間稱為龍淵水。向東北方流，又往北流，經過期城的西面，又往北流，與七虎澗匯合，稱為虎溪水。水道錯亂，向東流去，經過期城北面，向東與清口水相會。司馬彪《郡國志》說「中牟縣有清口水」，就是這條水道。清水又往東北流，白溝水注入。白溝水有兩個源頭：北源之水出於密縣的梅山東南，向東流，經靖城南，與南水匯合；南源之水出於大山，往西北流，至靖城縣南，左方注入北源之水，這就是承水。《山海經》說「承水出太山北面山坡，向東北流，注入了役水」，民間也稱之為靖澗水。

賞析與點評

鴻溝運河穿越水道縱橫的平原，沿運河有不少溪流匯入，使河道有充足的水源供舟船通航，但千餘年水道變遷，《水經注》所記諸小水，名稱和水道已有不少變化，不能確知相當於現代哪一水道。

中陽城、伯禽城、白溝、魯恭廟

【注】又東北流，大水注之。水出大山東平地[1]，《山海經》曰：「大水出于大山之陽，而東南流注于役水。」世謂之禮水也。東北逕武陵城[2]西，東北流，注于承水。承水又東北入黃甕澗，北逕中陽城[3]西。城內有舊臺甚秀，臺側有陂池，池水清深。澗水又東，屈逕其城北。《竹書紀年》「梁惠成王十七年，鄭釐侯[4]

來朝中陽」者也。其水東北流，為白溝，又東北逕伯禽城[5]北，蓋伯禽之魯往逕所由也。屈而南流，東注于清水，即潘岳《都鄉碑》所謂自中牟故縣以西，西至于清溝，指是水也。

亂流東逕中牟宰魯恭[6]祠南。漢和帝時，右扶風[7]魯恭，字仲康，以太尉掾[8]遷中牟令。政專德化，不任刑罰，吏民敬信，蝗不入境。河南尹袁安[9]疑不實，使部掾[10]肥親[11]按行之，恭隨親行阡陌[12]，坐桑樹下，雉[13]止其旁。有小兒，親曰：「兒何不擊雉？」曰：「將雛[14]。」親起曰：「蟲[15]不入境，一異；化及鳥獸，二異；豎子[16]懷仁，三異。久留非優賢，請還。」是年，嘉禾生縣庭。安美其治，以狀上之。徵博士[17]、侍中，車駕每出，恭常陪乘。上顧問民政，無所隱諱。故能遺愛，自古祠享來今矣。

注釋

1大山東平地：大山以東的平地。2武陵城：在今鄭州市東。3中陽城：在今鄭州市東，武陵北。4鄭釐侯：《史記．魏世家．索隱》引《竹書紀年》記述：魏惠王十四年（前三五六），「魯恭侯、宋桓侯、衞成侯、鄭釐侯來朝」，又稱，「鄭釐侯者，韓昭侯也」。韓哀侯滅鄭，遷都於鄭，因此韓國又稱鄭國。韓昭侯是哀侯孫，當時尚未稱王。昭侯為何又稱釐侯，不詳。5伯禽城：伯禽，周初周公旦的長子，周公東征平定武庚三監之亂後，封伯禽為魯侯，管治東方泰山以南古奄國之地，即今山東省曲阜市。伯禽從周本土前往封國時，經過此地，留下伯禽城地名。6魯恭：後漢名臣，漢章帝建初年間（七六至八四）任中牟縣令。7右扶風：魯恭是右扶風平陵縣人。右扶風，漢朝京畿地方行政區之一，管轄長安以西十餘縣，三國以後改稱作扶風郡。漢平陵縣在今陝西省咸陽市西北。8掾（粵：願；普：yuàn）：漢朝大臣、地方長官的副官、佐吏通稱為掾，通常由大臣、長官自行選任（辟舉）。漢朝官場重視「門生」、「故吏」，某人被某大臣辟舉為其掾屬，便視為該大臣的故吏，門生、故吏往往結成政治派系。9袁安：汝南郡汝陽縣（今河南商水）人。世代學習《孟氏易》，舉孝廉出仕，先後任河南尹等要職，官至司徒。漢和帝時期與權勢顯赫的外戚竇憲抗衡，為士林敬重，門生、故吏遍天下。袁安子孫顯貴，連續四代人曾任職太尉、司徒、司空（合稱「三公」，相當於宰相），有「四世三公」的美譽。曾孫袁紹、袁術，為漢末羣雄領袖。10部掾：河南尹屬下的屬吏。11肥親：姓肥名親。12阡陌（粵：千脈；普：qiān mò）：田間小路。13雉（粵：此；普：zhì）：野雉，善走而不能久飛，雄雉尾長，羽毛鮮艷；雌雉體型較小，尾短，羽毛黃褐色。14雛：哺育雛鳥。15蟲：指前文的蝗蟲。16豎子：小孩。17博士：戰國時已有博士官職，秦朝有博士七十人，掌管古今史事以及諸子典籍，備皇帝詢問。秦焚書後是否仍有此官職，未見明確記載。漢武帝設立五經博士，在太學傳授《易》、《書》、《詩》、《禮》、《春秋》五經，每經設一博士。直至清朝，國子監仍有此官。

譯文

又往東北流，大水注入。大水源出大山東面的平地，《山海經》說：「大水出於大山的向陽山坡，而往東南流，注入役水。」民間稱之為禮水。禮水往東流，經過武陵城的西面，又往東北流，注入承水。承水又往東北流入黃甕澗，向北流，經過中陽城的西面。城內有舊臺相當壯觀，臺側有陂池，池水又深又清澈。澗水又向東流，轉彎經過城北。《竹書紀年》記述「梁惠成王十七年，鄭釐侯來朝中陽」，就是這地方。這條水道向東北流，稱為白溝，又東北經過伯禽城北，因為伯禽前往魯國途中，在此路過而得名。

白溝轉彎向南流，往東注入清水，潘岳《都鄉碑》所謂「自中牟故縣以西，西至于清溝」，指的就是這條水道。水道散亂往東流，經過中牟縣宰魯恭的祠廟南面。漢和帝時，右扶風人魯恭，字仲康，以太尉掾遷任中牟縣令，他施政特別着重道德教化，不常用刑罰，吏民對他尊敬信賴，蝗蟲不入境損害。（魯恭的上司）河南尹袁安懷疑這不是事實，派下屬掾吏肥親巡視查察，魯恭伴隨肥親在田野阡陌上步行，坐在桑樹下休息，有雉雞停在兩人身旁，有個小孩走近，肥親對他說：「小孩，你為何不捕捉雉雞？」回答說：「牠快要養育雛鳥。」肥親起立說：「蝗蟲沒有入境，一異；德化及於鳥獸，二異；小孩有仁愛之心，三異。我在這裏逗留太久，對賢人太不優禮了。」要求停止查核，還郡覆命。這一年，縣府的天井中生出茂盛的禾穗。袁安讚賞魯恭的治績，把情況報告朝廷。徵拜魯恭博士、侍中，皇上的車駕每次出巡，魯恭經常在御車上陪乘。皇上向他顧問民政，完全沒有隱諱，因此受到百姓愛戴，自古至今一直有祭祀他的祠廟。

賞析與點評

鴻溝運河流經新鄭與大梁之間，沿線有不少古跡，酈道元引述了後漢一位清廉愛民父母官的故事。

博浪亭

【注】清溝水又東北逕沈清亭，疑即博浪亭也[1]。服虔曰：「博浪，陽武南[2]地名也。」今有亭，所未詳也。歷博浪澤，昔張良為韓報仇于秦，以金椎擊秦始皇，不中，中其副車于此。又北分為二水，枝津東注清水。清水自枝流北注渠，謂之清溝口。

注釋

1「清溝水」兩句：酈道元未能肯定，可知北魏後期，秦博浪沙、博浪亭已湮沒難尋。

2陽武南：指秦陽武縣南部。漢分陽武南部、渠水（鴻溝）以南設立武強、中牟兩侯國，博浪沙應在其中一國境內，其後武強國除，中牟改為縣。

譯文

清溝水又往東北流，經過沈清亭，這可能就是博浪亭，服虔說：「博浪，陽武縣南的地名。」現在有亭，但不知道是否就是這亭。清溝水流經博浪澤，從前張良為韓國被滅而向秦報仇，用鐵錘投擊秦始皇，擊不中，誤中副車，事件就發生在此地。清溝水又向北流，分為兩支，分支的水道向東流，注入清水。清水自支流往北注入渠水，這裏稱為清溝口。

賞析與點評

鴻溝運河流經的博浪亭，因張良在這地方埋伏行刺秦始皇而名留後世。據《水經注》此條所記，博浪亭在陽武縣南，清水注入鴻溝附近，即在今鄭州以東。但兩千年地理變遷，縣境的分割，縣城的遷徙，秦博浪亭早已湮沒，唐朝以後，有好事者在陽武縣新遷徙的縣城旁設立博浪沙景點，立碑建亭，供遊人憑弔懷古。一九五三年，陽武縣與原武縣合併，改稱原陽縣，縣城即唐陽武縣，古博浪沙景點在此。

【注】渠水又左逕陽武縣故城南，東為官渡水，又逕曹太祖壘北。有高臺，謂之官渡臺，渡在中牟[1]，故世又謂之中牟臺。建安五年，太祖營官渡，袁紹保陽武。紹連營稍前，依沙堆為屯，東西數十里。公亦分營相禦，合戰不利。紹進臨官渡，起土山地道以逼壘，公亦起高臺以捍之，即中牟臺也。今臺北土山猶在，山之東悉紹舊營，遺基并存。渠水又東逕田豐[2]祠北，袁本初[3]慚不納其言，害之。時人嘉其誠謀，無辜見戮，故立祠于是，用表袁氏覆滅之宜矣。

注釋

1 中牟：漢高祖分秦朝陽武縣東南部為中牟侯國，封功臣單父（粵：善府；普：shàn fǔ）聖為中牟侯，武帝時國除為縣。2 田豐：袁紹謀士，字元皓，鉅鹿（漢郡名，今河北鉅鹿縣一帶）人，為人剛直犯上，曾多次向袁紹進言而不被採納，後在官渡之戰時極力諫阻袁紹征伐曹操，被袁紹下令監禁。袁紹戰敗後，聽信讒言處死田豐。3 袁本初：袁紹字本初。

譯文

渠水又向左經過陽武縣故城南，東流稱為官渡水，又流經曹太祖壘北面，這裏有一座高臺，稱為官渡臺。渡口在中牟縣，因此民間稱之為中牟臺。建安五年

（二〇〇），太祖曹操在官渡紮營，袁紹守住陽武，袁紹互相連結的兵營逐漸向前移動，靠着沙堆駐紮，由東往西連綿數十里。曹公也分拆部隊抵禦，兩軍交戰不利。袁紹向前推進至官渡岸邊，築起土山和地道向曹軍營壘逼近，曹公亦築起高臺抵禦他，這就是中牟臺。現今臺的北方仍有土山存在，山的東面全是袁紹的兵營，殘留的基址仍在。渠水又向東流，經過田豐祠的北面，袁本初不採納他的意見，戰敗後，非常羞愧，竟把田豐殺了。當時人稱讚田豐有真知卓謀，卻無辜被殺，因此在這裏為他建立祠廟，藉此表達袁氏的覆滅是咎由自取。

賞析與點評

官渡水從鴻溝運河分出，後漢末，曹操與控制河北的羣雄共主袁紹展開生死決戰，隔官渡水對峙，最後曹操戰勝，官渡成為名重千古的古戰場。

役水、苑陵縣故城、山民城、酢溝、八丈溝

【一】**注** **又東，役水注之。水出苑陵縣西，隙候亭東。世謂此亭為郤城，非也，**

蓋隙、郤聲相近耳。中平陂，世名之溼泉也，即古役水矣。《山海經》曰：「役山，役水所出，北流注于河。」疑是水也。東北流逕苑陵縣故城北、東北流逕焦城[1]東，陽丘亭西，世謂之焦溝水。《竹書紀年》「梁惠成王十六年，秦公孫壯率師伐鄭。圍焦城，不克」，即此城也。俗謂之驛城，非也。役水自陽丘亭東流，逕山民城北，為高榆淵。《竹書紀年》「梁惠成王十六年，秦公孫壯率師城上枳[2]、安陵、山民」者也。又東北為酢溝[3]，又東北，魯溝水出焉。役水又東北，溼溝水出焉。又東北為八丈溝，又東，清水枝律注之，水自沈城東派，注于役水。

注釋

1 焦城：地名，在今鄭州市東。2 上枳（粵：止；普：zhǐ）：地名，在今鄭州市東。
3 酢（粵：措／昨；普：zuò）溝：水道名，在今鄭州市東。

譯文

渠水又向東流，役水注入。役水發源於苑陵縣西、隙候亭的東面。民間稱為郤亭，並不正確，這是由於隙、郤讀音相近而有誤。中平陂，民間稱之為溼泉，這就是古代的役水。《山海經》說：「役山，是役水的出處，向北流注入黃河。」可能就是指這條水道。這條水道向東北流，經過苑陵縣舊城的北方，向東北方流經焦城的東面、陽丘亭的西面，民間稱之為焦溝水。《竹書紀年》記「梁惠成王十六年（前三五四），秦公孫壯率領大軍討伐鄭國，圍攻焦城，不能攻陷」，就是這座城。民間稱之為驛城，並不正確。役水從陽丘亭將東流，經過山民城北面，就到了高榆淵。《竹書紀年》記載：「梁惠成王十六年，秦公孫壯率領大軍修築城上枳、安陵、山民等城。」役水又向東北流，稱為酢溝。又向東北流，魯溝水從這裏分出。役水又向東北流，涅溝水從這裏分出。又向東北流，是為八丈溝。又向東流，清水的分支水道注入，水道從沈城往東分出，注入役水。

賞析與點評

鴻溝是人工水道，引入了不少水源，水源名稱不一，而鴻溝因不同水源注入之後，另有名稱，使讀史者容易混淆，《水經注》追源溯流，一一梳理。

沫山、沫水、曹公壘、中牟

注 役水又東逕曹公壘[1]南，東與沫水合。《山海經》云：「沫山，沫水所出，北流注于役。」今是水出中牟城西南，疑即沫水也。東北流，逕中牟縣[2]故城西。

昔趙獻侯[3]自耿[4]都此。班固云：「趙自邯鄲徙焉。」趙襄子時，佛肸[5]以中牟叛，置鼎于庭，不與己者烹之，田英將褰裳[6]赴鼎處也。薛瓚注《漢書》云：「中牟在春秋之時，為鄭之堰也。及三卿分晉，則在魏之邦土，趙自漳北，不及此也。」《春秋傳》曰：「衛侯如晉，過中牟。」非衛適晉之次[7]也。《汲郡古文》曰：「齊師伐趙東鄙[8]，圍中牟。」此中牟不在趙之東也。按中牟當在漯水之上矣。按《春秋》：「齊伐晉夷儀[9]，晉車千乘在中牟，衛侯過中牟，中牟人欲伐之。衛褚師圃亡在中牟，曰：『衛雖小，其君在，未可勝也。』齊師克城而驕，遇之必敗，乃敗齊師。」服虔不列中牟所在。杜預曰：「今滎陽有中牟，迴遠，疑為非也。」然地理參差，土無常域，隨其強弱，自相吞并，疆里流移，寧可一也？兵車所指，逕紆難知。自魏徙大梁，趙以中牟易魏。故趙之南界，極于浮水，匪[10]直專漳也。趙自西取後止中牟。齊師伐其東鄙，于宜無嫌[11]，而瓚逕指漯水，空言中牟所在，非論證也。漢高帝十一年，封單父聖為侯國。

注釋

1曹公壘：曹操與袁紹兩軍在官渡隔水對峙，曹軍所建的營壘。2中牟縣：今河南省鄭州市東有中牟縣，其地位於戰國時韓、魏兩國交界，漢高祖時設置中牟侯國，後國除為縣。戰國初年趙國曾都中牟，但趙國領土在黃河以北，與今黃河以南的鄭州市中牟縣距離甚遠，趙國不可能在此地建都，經學者考證，趙都中牟同名異地，應在今河南省北部鶴壁市。3 趙獻侯：戰國初年趙國君主，名浣。當時趙國尚未稱王，死後稱趙獻子，其後其子趙烈侯稱侯，追諡其父為趙獻侯。4 耿：地名，古代有多處城邑名耿，其中一處在今河南省溫縣東，商王祖乙把國都從相遷到邢，邢古代讀音與耿相同，又寫成耿。其後盤庚自耿遷都殷，即今河南省安陽市殷墟。5 佛肸（粵：佛費；普：bì xī）：人名，春秋時晉國趙氏的家臣，與孔子同時。出任中牟的縣宰，其後據中牟城叛變，邀請孔子輔助，《論語．陽貨》記錄此事：佛肸召，子欲往。子路曰：「昔者由也聞諸夫子曰：『親於其身為不善者，君子不入也。』佛肸以中牟畔，子之往也，如之何！」子曰：「然。有是言也。不曰堅乎，磨而不磷；不曰白乎，涅而不緇。吾豈匏瓜也哉？焉能繫而不食？」（譯文：佛肸邀請孔子，孔子有意前往。子路說：「我聽您以前說過：『做壞事的人那地方，君子不會前去。』佛肸佔據中牟反叛，您卻要去，怎麼解釋？」孔子說：「對，我說過。沒聽說過堅硬的東西嗎？磨也磨不壞；沒聽說過潔白的東西嗎？染也染不黑。我豈能像個葫蘆瓜，只掛起來而不讓人吃呢？」）《古列女傳》記載了一則趙襄子指斥佛肸母親教子無方，她據理反駁的話：「今妾之子少而不慢，長又能使，妾何負哉！妾聞之，子少則為子，長則為友，夫死從子。妾能為君長子，君自擇以為臣，妾之子與在論中，此君之臣，非妾之子。君有暴臣，妾無暴子，是以言妾無罪也。」意思是我自幼把兒子教育成材，你因為他的才能任用他，可知並非我教子無方。兒子長大了，我只能當他是朋友，丈夫死了我只可以跟着兒子生活。是你選擇他為臣，他反叛了，豈是我的罪過。其中「夫死從子」一語，被後世一些人斷章取義，作為古代中國婦女沒有地位的證據。6 褰（粵：展；普：qiān）裳：裳，本義是套褲；褰裳，指夏天赤裸上身只穿短褲。《禮記·曲禮上》：「暑無褰裳。」唐白居易《夏日閒放》詩：「時暑不出門，亦無賓客至。靜室深下簾，小庭新掃地。褰裳復岸幘，閒傲得自恣。」7 適：前往；次：接近、旁邊。8 鄙：邊境。9 夷儀：地名，位置不詳。10 匪：並非。11 嫌：矛盾、衝突。

譯文

役水又向東流，經曹公壘南，東面與沫水會合。《山海經》說：「沫山，沫水發源之處，往北流注入役水。」現今這條水道源出於中牟城西南，可能就是沫水。往東北流，經過中牟縣故城西面，昔日趙獻侯從耿遷都這裏，班固說：「趙國從邯鄲遷都到此。」趙襄子時，佛肸據守中牟反叛，在中庭放置大鼎，不追隨自己作反者，投入鼎中烹煮，這就是田英穿了短衣走近大鼎就死的地方。薛瓚注《漢書》說：「中牟在春秋之時，是鄭國的堤堰，到戰國初三家分晉時，則成為魏國的土地。趙國領土在漳水之北，不到這地方。」《春秋傳》說：「衞侯到晉國，經過中牟。」這裏並非從衞國往晉國的路線之上。《汲郡古文》說：「齊師伐趙東鄙，圍中牟。」這處的中牟不在趙國的東面。經考核，中牟應當在漯水之上。查證《春秋》

記載：「齊國攻伐晉國的夷儀，晉戰車千輛在中牟戒備。衞侯經過中牟，中牟人準備攻擊他。衞國人褚師圃逃亡出國，當時在中牟居住，對中牟人說：衞國雖然弱小，但國君在陣中，你們沒有必勝把握。齊國軍隊攻克了一些城邑，非常驕傲，與他們交戰，必能打敗他們。最終打敗齊軍。」服虔注《春秋》，沒有說明中牟在甚麼地方。杜預說：「現在的滎陽郡有中牟，但位置太迂迴遙遠了，很有可能不是那裏。」但地理形勢複雜多變，地方界線沒有固定範圍，隨着列國的強弱，互相吞併，疆土變動不定，怎可以認定一地？戰爭之中，軍隊和戰車的指向，路線曲折迂迴，難以知曉。魏國遷都大梁之後，趙國以中牟與魏國交換，因此趙國的南方邊界，最遠到達浮水，並非只限於漳水。趙國往西伸展，到達中牟而止，齊軍攻伐它的東方邊境，沒有矛盾之處。而薛瓚隨意指濼水，說是中牟的所在，未有經過論證。漢高帝十一年（前一九六），封單父聖為侯國。

賞析與點評

異地同名是常有的情況，鴻溝運河附近有中牟城，而戰國時趙國曾經遷都中牟，而趙國領土主要在大河以北，兩個中牟是否同一地方，歷來注釋家頗有爭議，酈道元也未能確定，他提出：「地理參差，土無常域，隨其強弱，自相吞并，疆里流移，寧可一也？」未有實證之前，應予存疑，不應輕易否定。

【注】沐水又東北，注于役水。昔魏太祖之背董卓[1]也，間行出中牟，為亭長[2]所錄。郭長公《世語》云：「為縣所拘，功曹請釋焉。」役水又東北逕中牟澤，即鄭太叔攻萑蒲之盜[3]于是澤也。其水東流，北屈注渠。《續述征記》所謂「自醬魁城到酢溝十里」者也，渠水又東流而左會淵水，其水上承聖女陂，陂周二百餘步，水無耗竭，湛然清滿，而南流注于渠。渠水又東南而注大梁也。

注釋

1「昔魏」句：指曹操背叛董卓。2亭長：秦漢時管理地方治安的縣小吏，其下有求盜等人員。漢高祖微時，曾任泗水郡沛縣泗上亭長，結交不少市井之徒。3萑蒲（粵：桓蒲；普：huán pú）：本義為兩種蘆葦之類水生植物，古代盜賊、土匪經常藏身萑蒲密佈的沼澤中，因此萑蒲又指盜賊。

譯文

沐水又向東北方流，注入役水。從前魏太祖曹操背叛董卓，繞路到了中牟，被亭長所拘留。郭長公《世語》說：「被縣吏所拘留，功曹（縣官吏職位）請求把他釋放。」役水又向東北流，經過中牟澤，（春秋時）鄭大叔進攻萑蒲的盜賊，就是在這片沼澤。役水往東流，向北屈折注入渠水。這就是《續述征記》所說：「從醬魁城到酢溝十里。」渠水又往東流，左面與淵水會合。淵水源頭承聖女陂而來，繞陂一周二百餘步，水不會乾涸，水面光潔如鏡，清水滿池，向南流注入渠水。渠水又往東南，向大梁流注。

賞析與點評

河南滎陽的中牟城，是曹操在參與反對董卓失敗後，逃出洛陽，曾經被拘留的地方。

浚儀縣、梁溝

經 又東至浚儀縣。

注 渠水東南逕赤城北，戴延之所謂西北有大梁亭，非也。《竹書紀年》「梁惠成王二十八年，穰疵率師及鄭孔，夜戰于梁赫，鄭師敗逋[1]」，即此城也。左則故瀆出焉。秦始皇二十年，王賁[2]斷故渠，引水東南出以灌大梁，謂之梁溝。又東逕大梁城南，本春秋之陽武高陽鄉也，于戰國為大梁，周梁伯[3]之故居矣。梁伯好土功[4]，大其城，號曰新里。民疲而潰，秦遂取焉。後魏惠王自安邑徙都之，

故曰梁耳。《竹書紀年》「梁惠成王六年四月甲寅，徙都于大梁」是也。秦滅魏以為縣。

注釋

1 逋（粵：褒；普：bū）：逃跑。2 王賁（粵：奔；普：bēn）：秦始皇大將，老將王翦之子，《史記》載：秦王政二十二年（前二二五）王賁攻魏，引河水灌魏都大梁，大梁城壞，盡取其地，魏王假降，魏亡。3 周梁伯：西周諸侯，後被晉國所兼併。4 土功：古代建築城牆、宮室必須動員大量人力，役使百姓，稱為土功。

譯文

渠水又往東流到了浚儀縣。

渠水向東南流，經過赤城北面，戴延之所說「西北有大梁亭」，並不正確。《竹書紀年》所記「梁惠成王二十八年（前三四三），穰疵率領大軍到達鄭國的孔邑，連夜在梁赫交戰，鄭軍打敗」，就是這座城。左面，有舊水道分出。秦始皇二十二年，王賁堵截這條舊渠道，引水向東南流出，淹灌大梁城，這水道稱為梁溝。又向東流經大梁城南面，這原本是春秋時的陽武高陽鄉，戰國時稱為大梁。這就是周朝梁伯的故居。梁伯喜歡大興土木，把這座城擴大，稱之為新里，卻因百姓過度勞役而人心渙散，秦國於是把它奪取了。其後魏惠王把首都從安邑遷到這裏，因此又稱為梁國。這就是《竹書紀年》所記：「梁惠成王六年（前三六四）四月甲寅日，徙都于大梁。」秦滅魏之後，設置為縣。

賞析與點評

戰國時期，鴻溝運河流經的最重要城市，是魏國的首都大梁。鴻溝就是為了貫通大梁與淮河以北眾多支流而開鑿，因鴻溝的貫通，大梁成為了中原的水道樞紐。秦漢以後，由於鴻溝的逐漸淤塞，大梁亦一度衰落，隋唐以後，新的人工水道通濟渠（又名汴河）開通，大梁再成為交通樞紐、經濟中心，改名為汴州、開封府。

大梁城、夷門

【注】漢文帝封孝王[1]于梁，孝王以土地下濕，東都睢陽[2]。又改曰梁，自是置縣，以大梁城廣，居其東城夷門之東。夷門，即侯嬴抱關[3]處也。《續述征記》以此城為師曠[4]城，言：「郭緣生曾遊此邑，踐夷門，升吹臺，終古之跡，緬焉盡在。」余謂此乃梁氏之臺門，魏惠之都居，非吹臺也，當是誤證耳。《西征記》論儀封人即此縣，又非也。

《竹書紀年》：「梁惠成王三十一年三月，為大溝于北郛[5]，以行圃田之水。」《陳留風俗傳》曰：「縣北有浚水，像而儀之，故曰浚儀。」余謂故汳沙為陰溝矣，浚之，故曰浚，其猶《春秋》之浚洙乎？漢氏之浚儀水，無他也，皆變名矣。其國多池沼，時池中出神劍，到今其民像而作之，號大梁氏之劍也。

注釋

1 孝王：漢文帝竇皇后所生幼子，名武，景帝同母弟，封梁王。竇太后曾迫景帝承諾死後傳位梁王，後來景帝反悔，並疑忌梁王。梁王臣僚因涉嫌在長安買兇刺殺大臣袁盎獲罪，梁王憂憤而死，在梁王之位二十四年，謚號為孝，因此稱梁孝王。其陵墓在永城市芒碭山，現經考古發掘，出土大量文物。2 東都睢陽：遷都東方的睢陽。在睢水之陽（北岸）得名，即今河南省東部的商丘市，西周以來為宋國都城，宋亡，其地入魏。宋朝為南京歸德府。3 侯嬴抱關：侯嬴，魏國隱士，屈身為夷門守門小吏。得魏公子信陵君尊重，為信陵君定計讓曾受恩於信陵君的魏王寵妃如姬，從魏宮中盜出虎符，發兵救趙，史稱「信陵君竊符救趙」。4 師曠：春秋時晉國盲人音樂家，生而無目，自稱「盲臣」，他精音律，善彈古琴、鼓瑟。他曾對晉平公談論為學之道說：「臣聞之：少而好學，如日出之陽；壯而好學，如日中之光；老而好學，如炳燭之明。炳燭之明，孰與昧行（摸黑而行）乎？」意思是就算年紀老了，雖然學習能力衰退，但仍需學習，總比暗昧不學好些。5 郛（粵：撫；普：fú）：古代城牆外圍再建一圈的大城。

譯文

漢文帝把兒子孝王封於梁，孝王覺得土地低窪潮濕，遷都到東面的睢陽。又改稱為梁，自此之後設置縣。大梁城十分廣大，（渠水）流過東城夷門的東面。夷門，就是（戰國時隱士）侯嬴看守城門的所在地。《續述征記》認為這城是師曠城，說：「郭緣生曾經遊歷這城，走過夷門，登上吹臺，古代的遺跡，全都能看見。」我認為這應該是梁國的臺門，魏惠王的都城所在，卻不是吹臺，郭緣生搞錯了。《西征記》論說儀封人就是這個縣，又不正確了。

《竹書紀年》：「梁惠成王三十一年（前三三九）三月，在北面城側開闢大溝，以疏通圃田澤的積水。」《陳留風俗傳》說：「縣的北面有浚水，其形狀方正，因此稱為浚儀。」我卻認為昔日的汳沙原本是一條小溝，經過疏浚擴大，所以稱之為浚，這豈非與《春秋》所說的浚洙同一意思？漢朝稱為浚儀水，沒有別的原因，這是名稱的變異而已。這地方多池沼，古時池中曾冒出神劍，時至今日，當地的百姓建立了塑像，號為大梁氏之劍。

賞析與點評

戰國時期，魏國的首都大梁，曾經是各方遊士嚮往的城市，孟子到大梁見梁惠王，而戰國四公子之一的信陵君，在大梁招賢納士，成為後世佳話。秦漢以後，大梁衰落，漢文帝封少子劉武為梁王，國都遷往東面的睢陽。

吹臺

【注】渠水又北屈，分為二水。《續述征記》曰：「汳、沙到浚儀而分也。汳東注沙，南流。」其水更南流，逕梁王吹臺東。《陳留風俗傳》曰：「縣有倉頡[1]、師曠城，上有列仙之吹臺、北有牧澤，澤中出蘭蒲，上多俊髦[2]，衿帶牧澤，方十五里，俗謂之蒲關澤。」即謂此矣。梁王增築以為吹臺，城隍夷滅，略存故跡。今層臺孤立于牧澤之右矣，其臺方百許步，即阮嗣宗[3]《詠懷詩》所謂「駕言發魏都，南向望吹臺，簫管有遺音；梁王安在哉？」晉世喪亂，乞活[4]憑居，削墮故基，遂成二層，上基猶方四五十步，高一丈餘，世謂之乞活臺，又謂之繁臺[5]城。

注釋

1 倉頡：相傳軒轅黃帝時，創造文字的大臣，被尊為漢字之祖，稱為「倉頡先師」、「倉頡聖人」。後世有多處紀念倉頡的古跡，河南新鄭市城南是其中之一，宋朝時修建「鳳臺寺」。2髦（粵：毛；普：máo）：本義為長髮下垂。俊髦，指年輕才俊，此處喻意為美麗的花卉。3阮嗣宗：阮籍字嗣宗，文學家，魏晉之際竹林七賢之一。4乞活：西晉末，五胡亂華，北方逃難百姓聚結成羣，稱為乞活。周一良師在二十世紀三十年代曾發表〈乞活考〉論文，收於《魏晉南北史論文集》。5繁（粵：薄；普：pó）臺：今開封城東南仍有此景點，原是一座長約百米自然形成的寬闊高臺，上建有寺院，但已廢毀，只餘一座建於北宋開寶年間（九六八至九七六）的繁塔，是開封現存最古老的建築物。

譯文

渠水向又北轉彎，分流為兩條水道。《續述征記》說：「汳水、沙水到了浚儀就分流。」汳水往東流注，沙水往南流。沙水繼續向南流，經過梁王吹臺的東面。《陳留風俗傳》說：「縣境有倉頡、師曠城，城上有羣仙並列的吹臺，北面有牧澤，澤中生長出蘭蒲，上面有很多美麗的花朵，像牧澤的衿帶。牧澤十五里見方，民間稱之為蒲關澤。」就是說這景色。梁王增加修築，建造吹臺。城牆已經倒塌消失，只有少量遺跡留存，現今只剩下數層臺階，孤伶伶地挺立在牧澤的右方。環繞吹臺一周約百步，也就是阮嗣宗《詠懷詩》所說「駕言發魏都，南向望吹臺，簫管有遺音；梁王安在哉？」的吹臺。西晉末戰亂不休，「乞活」（成羣的流民）居住在臺下，把原來的臺基削平，分為兩層。上層臺基仍然有四、五十步見方，高一丈多，民間稱之為乞活臺，又稱之為繁臺城。

賞析與點評

梁孝王的吹臺，是大梁城曾經繁榮一時的歷史見證。西晉末天下大亂，吹臺成為了流民乞活棲身之所。

陰溝、鴻溝

【注】渠水于此，有陰溝、鴻溝之稱焉。項羽與漢高分王，指是水以為東西之別[1]。蘇秦說魏襄王曰「大王之地，南有鴻溝」是也。故尉氏縣[2]有波鄉波亭，鴻溝鄉鴻溝亭，皆藉水以立稱也。今蕭縣[3]西亦有鴻溝亭，梁國睢陽縣東，有鴻口亭，先後談者，亦指此以為楚、漢之分王，非也。蓋《春秋》之所謂紅澤者矣。

注釋

1「項羽」兩句：事見《史記・項羽本紀》：「項王乃與漢約，中分天下，割鴻溝以西者為漢，鴻溝而東者為楚。」2 尉氏縣：今屬河南省開封市。3 蕭縣：今安徽省北部有蕭縣。

譯文

渠水到了這裏，有陰溝、鴻溝的名稱。項羽與漢高祖分地為王，指定以這條水道為東、西的分界。蘇秦游説魏襄王説：「大王的轄地，南有鴻溝。」所指就是這水道。從前的尉氏縣有波鄉波亭、鴻溝鄉鴻溝亭，地名都因為水道而來；現今蕭縣西面亦有鴻溝亭，梁國睢陽縣東，有鴻口亭。從前和現在的談論者，都指稱這水道是楚、漢的分界，不正確。其實這是《春秋》所稱的紅澤。

賞析與點評

鴻溝在歷史上留名，其中最重要的事件，是項羽與劉邦定約，劃鴻溝為界，中分天下。定約之後，項羽退兵，但劉邦馬上悔約，命韓信、彭越、英布發兵追擊項羽，結果項羽在陔下被圍，兵敗自殺。

【注】渠水又東南流，逕開封縣，睢、渙二水出焉。右則新溝注之。其水出逢池，池上承役水于苑陵縣，別為魯溝水，東南流，逕開封縣故城北。漢高帝十一年，封陶舍為侯國也。《陳留志》稱：「阮簡，字茂弘，為開封令。縣側有劫賊，外白甚急數[1]，簡方圍棋長嘯[2]。吏云：『劫急。』簡曰：『局上有劫亦甚急。』其耽樂如是。」故《語林》曰：「王中郎以圍棋為坐隱，或亦謂之為手談，又謂之為棋聖。」

魯溝南際富城，東南入百尺陂，即古之逢澤也。徐廣《史記音義》曰：「秦使公子少官率師會諸侯逢澤。」汲郡墓《竹書紀年》作：「秦孝公會諸侯于逢澤。」斯其處也。故應德璉《西征賦》曰：「鸞衡東指，弭節逢澤。」其水東北流為新溝。新溝又東北流，逕牛首鄉北，謂之牛建城。又東北注渠，即沙水也，音蔡，許慎正作沙音，言水散石也。從水少，水少沙見矣。楚東有沙水，謂此水也。

注釋　1白：稟報；數：多次。2嘯：運氣呼叫。

譯文

渠水又往東南流，經過開封縣，睢、渙兩條水道由此分出。右方有新溝注入。新溝水源出於逢池，池的起源在苑陵縣承接役水，另有分支為魯溝水，向東南方流，經過開封縣舊城的北面。漢高帝十一年（前一九六），分封給陶舍，立為侯國。《陳留志》說：「阮簡，別字茂弘，任職開封令。縣城外藏了一羣打家劫舍的賊人，各地不斷有緊急報告送來，阮簡正在下圍棋、長嘯練氣功，屬吏說：『賊人正在打劫，情勢危急。』阮簡說：『棋局上也被劫，也很危急。』」他沉迷玩樂到這個程度。所以《語林》說：「王中郎把圍棋稱為坐隱，或稱之為手談，又稱之為棋聖。」

魯溝水南岸靠近富城，往東南流，注入百尺陂，就是古代所稱的逢澤。徐廣《史記音義》說：「秦國派遣公子少官領兵到逢澤，與列國諸侯會盟。」汲郡墓《竹書紀年》記載：「秦孝公在逢澤與諸侯會盟。」就是這地方，所以應德璉（應瑒）《西征賦》說：「駕衡東指，弭節逢澤。」魯溝水往東北流，稱為新溝。新溝又往東北流，經過牛首鄉的北面，稱為牛建城。又往東北流，注入渠水，也就是沙水，讀音蔡。許慎把讀音更正為沙，意思是水中的散石，寫法是水、少二字合成，水少，沙便看得見了。戰國時楚國的東部有沙水，就是這條水道了。

賞析與點評

鴻溝在大梁以南穿過多條淮水支流，其中睢水、渙水都從鴻溝流出，向東南方流入淮水。鴻溝向南流，積沙漸多，稱為沙水。

陳國（淮陽）、漢相王君碑、死沙

經 其一者，東南過陳縣北；

注 沙水又東逕長平縣故城北，又東南逕陳城北，故陳國[1]也，伏羲、神農并都之。城東北三十許里，猶有羲城，實中[2]。舜後嬀滿[3]，為周陶正[4]。武王賴其器用，妻以元女大姬[5]，而封諸陳，以備三恪[6]。太姬好祭祀，故《詩》所謂「坎其擊鼓，宛丘[7]之下」。宛丘在陳城南道東。王隱云：「漸欲平，今不知所在矣。」楚討陳，殺夏徵舒[8]于栗門，以為夏州，後……[9]城之東門內有池，池水東西七十步，南北八十許步，水至清潔而不耗竭，不生魚草。水中有故臺處，《詩》所謂「東門之池」也。城內有《漢相王君造四縣邸碑》，文字剝缺，不可悉識。其略曰：「惟茲陳國，故曰淮陽郡」云云，「清惠著聞，為百姓畏愛，求賢養士，千有餘人，賜與田宅」，「吏舍……自損俸錢，助之成邸」，「五官掾西華[10]陳騏等二百五人，以延熹二年」云云，故其頌曰「修德立功，四縣回附」。今碑之左右，遺墉尚存，基礎猶在。時人不復尋其碑證，云孔子廟學，非也。後楚襄王為秦所滅，徙都于此。文穎曰「西楚」矣，三楚[11]斯其一焉。城南郭里，又有一城，名曰淮陽城，子產[12]所置也。漢高祖十一年，以為淮陽國。王莽更名，郡為新平，縣曰陳陵，故豫州治。王隱《晉書地道記》云：「城北有故沙，名之為死沙[13]。」而今水流津通，漕運所由矣。

注釋

1陳國：周武王封大舜後裔胡公滿為陳侯，建都於淮陽，即西周至春秋的陳國。今河南省周口市淮陽縣。2實中：結實堅固。3媯滿：又稱胡公滿。4周陶正：負責製作陶器的大臣。5元女大姬：元女，長女；大姬，稱號，春秋及以前，女子稱號用姓，男子稱號用氏，周王室姬姓，所以王女稱姬，陳國媯（音輝）姓，所以陳女稱媯。6三恪：中國歷代王朝分封前代王室後裔爵位，稱為二王後、三恪（前二代後裔為二王後，封前三代後裔則稱為三恪），表示尊崇賓客，給予封邑，祭祀前代宗廟。7宛丘：山丘名。8夏徵舒：春秋時陳國貴族，曾弒君篡位，被楚國出兵干預殺死。史稱其母夏姬為春秋時著名淫婦，多位貴族大臣為她而死，曾改嫁多次，丈夫都遭遇不幸。近年清華大學所藏戰國時楚國竹簡《編年史》發表，稱夏姬是徵舒之妻。9 趙一清認為此處語意未完，有脫文。10 **五官掾**：郡吏，負責地方治安；**西華**：陳國屬縣。11 **三楚**：即南楚郢都（今湖北荊州市江陵區紀南城楚都遺址），東楚彭城（今江蘇省徐州市）及此處西楚陳（又稱郢陳）。12 **子產**：鄭國大夫。13 **死沙**：此處指乾涸的河道。

譯文

其中一條，東南經過陳縣北部；

沙水又往東流，經過長平縣舊城的北面，又往東南流，經過陳城的北面，這是從前的陳國，伏羲、神農都曾經在這裏建都。城的東北方三十多里，仍有一座義城，十分堅固實中，大舜的後裔媯滿，擔任周朝的陶正，周武王對他監造的陶器非常滿意，把長女太姬嫁給他，分封他到陳國，作為「三恪」之一。太姬喜歡祭祀神靈，因此《詩經》中有「坎其擊鼓，宛丘之下」（鼓聲隆隆地敲響，在宛丘的下面）詩句。宛丘在陳城南面的大道東側，王隱說：「逐漸被夷平了，現在已不知所在了。」楚國攻打陳國，在栗門殺了陳國的篡位者夏徵舒，以陳國為夏州縣，後……城的東門內有一個池，池水自東至西寬七十步，自南至北八十多步，水非常清潔，而且從來不乾涸，池中不生長魚類和水草。池水的中央有一座舊樓臺遺址，就是《詩經》所稱「東門之池」。城內有一塊《漢相王君造四縣邸碑》，文字已經剝落殘缺，不能夠全部讀通，大概的內容說：「現今的陳國，從前稱為淮陽郡」等等，又說「以清廉愛民被讚揚，受到百姓敬畏和愛戴。訪求供養賢士，達千人以上，賜給他們田地和住宅」，「吏舍……自己減少俸祿，捐助建成房舍」，「五官掾西華縣人陳騏為首的僚屬二百零五人，在延熹二年（一五九）」云云，碑上的頌詞說「修德立功，四縣回附（修仁德，立功勳，鄰近各縣的百姓都來歸附）」。現在石碑的左右兩旁，仍有殘垣破壁，祠廟的基址還在。當時人不查閱碑上的文字為證據，隨便說這是孔子廟的學校，錯誤了。

後來楚襄王被秦國所滅，把首都遷徙到這裏。文穎說：「這是西楚，三楚其中之一。」陳城南部的城內，又有一座城，名為淮陽城，是春秋時鄭子產所修建的。漢高祖十一年（前一九六），立為淮陽國。王莽時改郡名為新平，改縣名為陳陵。淮陽曾經是豫州的治所。王隱《晉書地道記》說：「城北有沙水舊水道，稱為死沙。」但現今水流暢通，是水路的運輸路線。

賞析與點評

鴻溝的南端終點，與潁水連接。潁水是淮水北岸重要支流，淮陽城位於潁水與鴻溝會合處附近。淮陽是古代陳國的都城，扼守南方通往中原的交通要衝。春秋時，南方的楚國興起，不斷向北擴張勢力，陳國首當其衝，不得已從屬楚國，最後被楚國所滅。戰國中期，楚國受秦國攻擊，國勢削弱，被迫遷都到陳。

經 又東南至汝南新陽縣北；

注 沙水自百尺溝東逕寧平縣[1]之故城南。《晉陽秋》稱：「晉太傅東海王越[2]之東奔也，石勒追之，焚屍于此。數十萬眾，斂手受害，勒縱騎圍射，屍積如山。王夷甫[3]死焉。」余謂俊者所以智勝羣情，辨者所以文身祛惑，夷甫雖體荷俊令，口擅雌黃[4]，污辱君親，獲罪羯勒，史官方[5]之華、王[6]，諒為褒矣。

注釋

1 **寧平縣**：今河南省周口市鄲城縣東寧平鎮。前漢設寧平縣，後漢光武帝為長妹伯姬寧平公主食邑。今已廢入鄲城縣。2 **東海王越**：西晉八王之亂最後一個勝利者，毒死晉惠帝，立晉懷帝，掌握軍政大權。但南匈奴首領劉淵乘晉朝虛弱，起兵反叛，劉淵部將羯人石勒擊敗晉軍，東海王越兵敗被殺。3 **王夷甫**：王衍字夷甫，出自名門望族，司徒王戎的堂弟。王戎、王衍兄弟愛好清談，不理實務，身為三公之一，卻在政治紛爭之中，沉默自保，最終被石勒殺害。後世指責王衍「清談誤國」。4 **雌黃**：礦石結晶之一，色黃，有劇毒。中國古人用以為修改錯字的塗改劑，因此引伸為「胡說八道」，例如成語「信口雌黃」。5 **方**：類比。6 **華、王**：魏晉名臣華歆、王朗。

譯文

又往東南方到汝南郡新陽縣北；

沙水從百尺溝往東流，經過寧平縣故城的南面，《晉陽秋》記述：「晉太傅東海王司馬越戰敗，向東逃奔，被石勒追上殺害，焚屍於此。數十萬軍民眾，無力抵抗遇害，石勒縱騎圍射，屍積如山。王夷甫死在此地。」我認為，聰明的人以過人的智慧使眾人服從，強辯的人試圖憑一丈身軀解除困惑，王夷甫雖然以其才智受人讚賞，又擅於辭令，辯才了得，卻使君親受辱，獲罪於羯人石勒，史官把他與華歆、王朗相比，實在推崇太過了。

賞析與點評

鴻溝的分支百尺溝並非重要的水道，但卻是西晉滅亡最後一幕的事發現場。晉朝太傅東海王司馬越被羯酋石勒擊潰，逃奔到百尺溝，被石勒追上，「數十萬眾，斂手受害，勒縱騎圍射，屍積如山」，西晉末年貴族、士大夫的軟弱無能，面對強敵，只能任由殺戮，實在無比悲涼，酈道元不禁為之嘆息。

陰溝水 卷二十三

本篇導讀——

陰溝水是淮水下游北岸支流之一，又名濄水，或寫成渦水，從蒗蕩渠分出，往東南流，注入淮水。這條水道並不太大，但它流經不少歷史名人的家鄉。

經 **陰溝水**[1]**出河南陽武縣蒗蕩渠，東南至沛，為濄水，又東南至下邳淮陵縣，入于淮。**

注釋

1 陰溝水：水道名，有小水的意思。

譯文　陰溝的源頭從河南郡陽武縣的蒗𦳝渠流出，往東南流，到了沛，稱為濄水，又往東南流，到了下邳郡淮陵縣，注入淮水。

陰溝水（濄水）源頭

經 陰溝水出河南陽武縣蒗𦳝渠。

注 陰溝首受於大河卷縣[1]故瀆，東南逕卷縣故城南，又東逕蒙城[2]北。《史記》秦莊襄王元年，蒙驁[3]擊取成皋、滎陽，初置三川郡，疑即驁所築也，於事未詳[4]。故瀆東分為二，世謂之陰溝水。

注釋　1卷縣：戰國時魏國城邑，漢朝開國功臣周勃，先世為卷人，遷居沛縣。2蒙城：秦朝設縣，在今安徽省北部，為古代兵家要地。3蒙驁：秦將，《戰國策》作蒙傲，本齊人，遷秦，歷仕秦昭襄王、孝文王、莊襄王、秦始皇四朝，戰績顯赫，官至上卿。其子蒙武、其孫蒙恬都是秦國名將。4酈道元對蒙城地名來源的推測，但不肯定。

譯文

陰溝水源出於河南郡陽武縣的蒗蕩渠。

陰溝源頭在卷縣承接了大河舊水道的河水，往東南流，經過卷縣舊城的南面，又往東流，經過蒙城的北面。《史記》記述：秦莊襄王元年（前二四九），蒙驁攻佔了成皋、滎陽，開始設置三川郡。蒙城可能是蒙驁當時所建，但事實不清楚。大河舊水道往東流，分為兩條水道，民間稱為陰溝水。

賞析與點評

陰溝水的源頭從黃河分出，據說秦國東侵時，在水源附近修建了蒙城，至今河南省東部仍然有蒙城縣。

【一】注 又東南逕封丘縣，絕[1]濟瀆，東南至大梁合蒗蕩渠。梁溝既開，蒗蕩渠故瀆實兼陰溝、浚儀之稱，故云出陽武矣。東南逕大梁城北，左屈與梁溝合，俱東南流，同受鴻溝沙水之目。其川流之會左瀆東導者，即汳水也，蓋津源之變名矣。故《經》云「陰溝出蒗蕩」者也。

注釋

1 絕：切斷。

譯文

陰溝水又往東南流，經過封丘縣，橫穿切過濟河水道，往東南流，到了大梁與蒗蕩渠會合。梁溝開鑿了之後，蒗蕩渠的舊水道實際上兼有陰溝、浚儀兩個名稱，因此經文說「陰溝水出陽武」了。陰溝水往東南流，經過大梁城的北面，向左轉彎，與梁溝會合，一起往東南流，同樣得到鴻溝、沙水的名稱。那條往東流所會合的左方水道，就是汳水，這是水道源頭的不同名稱而已。所以《水經》說「陰溝源出於蒗蕩」。

賞析與點評

戰國時魏國開鑿鴻溝，擾亂了濟水、蒗蕩渠一帶的水道，而水道的名稱因此混淆起來。

過水源、諸袁舊墓

經 東南至沛[1]為過水。

注 陰溝始亂蒗蕩，終別于沙[2]，而過水出焉。過水受沙水于扶溝縣。許慎又曰：「過水首受淮陽扶溝縣蒗蕩渠。」不得至沛方為過水也。《爾雅》曰：「過為洵[3]。」郭景純曰：「大水溢出別為小水也。」呂忱曰：「洵，過水也。」過水逕大扶城西城之東北，悉諸袁舊墓，碑字傾低，羊、虎碎折，惟司徒滂[4]、蜀郡大守騰[5]、博平令光碑字，所存惟此，自餘殆不可尋。

注釋

1 沛：秦縣名，即今江蘇省北部徐州市沛縣。2 別：分出。即從沙水分出過水。3 洵：粵：詢；普：xún。4「悉諸」至「司徒滂」段：多位袁氏先人。《後漢書》記述：袁滂字公熙，陳郡扶樂人（今河南省太康市），袁璋之子，袁渙之父，官至司徒，為官持正不阿，受士大夫敬重。5蜀郡大守騰：大守即太守，漢朝一郡最高行政長官稱為太守，至隋初廢諸郡，以州轄縣。蜀郡在今四川省成都市一帶。

譯文

往東南流至沛縣，這條水道就是濄水。

陰溝水先流入蒗蕩，之後又從沙水分出，再分出濄水。濄水在扶溝縣承接沙水。許慎又說：「濄水開端承接來自淮陽郡扶溝縣的蒗蕩渠。」不應該流到沛才稱為濄水。《爾雅》說：「濄水就是洵水。」郭景純說：「這是從大水分流出來的較小支水。」呂忱說：「洵水，就是濄水。」濄水流經大扶城西城的東北方，全是袁氏家族的舊墓，不少墓穴已塌陷了，墓碑傾斜、倒下，墓前的石羊、石虎破碎折斷，只有司徒袁滂、蜀郡太守袁騰、博平令袁光的墓碑，留下的就是這幾塊，其餘已尋覓不到了。

賞析與點評

濄水最先經過的名人家鄉，是後漢名臣袁滂的老家扶溝縣。他是後漢靈帝時的司徒，在黨爭中保持中立。據《後漢書》記述，他為人「純樸少私欲」，他的家族稱為「陳郡袁氏」，與袁紹家族「汝南袁氏」沒有關係。但到了南北朝時，兩家袁氏後人卻合成一家，以壯政治、社會聲勢。

【注】過水又東南逕陽夏縣[1]西，又東逕邈城北。城實中而西有隙郭[2]。過水又東逕大棘城南，故鄢[3]之大棘鄉也。《春秋》宣公二年，宋華元與鄭公子歸生戰于大棘，獲[4]華元。《左傳》曰：「華元殺羊食士[5]，不及其御[6]，將戰，羊斟[7]曰：『疇昔之羊，子為政[8]；今日之事，我為政。』遂御入鄭[9]，故見獲焉。」後其地為楚莊所并。故圈稱曰：「大棘，楚地。」有楚太子建[10]之墳，及伍員[11]釣臺，池沼具存。過水又東逕安平縣故城北，《陳留風俗傳》曰：「大棘鄉，故安平縣也。士人敦惷[12]，易以統御。」

注釋

1陽夏縣：漢縣名，今河南省太康縣，秦、漢稱陽夏縣，隋朝因境內有夏朝天子太康陵墓，改名太康。陽夏為東晉名臣太傅謝安及其族人謝石、謝玄、謝靈運、謝朓、謝道韞等人的祖籍，雖然世代居於南方，但仍稱陳郡謝氏（即所謂郡望）。2隙：城外之地；郭：城外再建一圈城牆。3鄢：古縣名。4獲：俘獲。5食（粵：字〔去聲〕；普：sì）：分給食物。殺羊食士，即宰羊，把肉分給將士。6不及：未有分給；御：為主帥駕馬車者。7羊斟：華元御者名。8疇昔：剛才。為政：指操縱、作主。9遂御入鄭：把馬車直接駛入鄭人軍陣之中，御者把主帥交給敵方。10楚太子建：楚平王之子，以伍奢、費無極為師傅。太子建喜歡伍奢，卻討厭費無極，費無極恨忌太子，在楚平王面前進讒，平王命太子建出守城父（在今河南省寶豐縣東。春秋時屬鄭，戰國時屬韓，又稱父城。楚國攻鄭得之，楚太子建守城父。城父又是張良的家鄉，史書有「張良出城父」的說法。戰國時東方另有一處城父，屬楚，在今安徽省亳州市），次年，又誣陷太子建謀反。平王派人往城父拘拿太子，太子與伍奢的次子伍員出奔，逃往鄭國。伍奢和長子伍尚都被處死。太子建在鄭國，不顧伍員的規勸，謀劃奪取鄭國政權，事敗被殺，伍員帶着太子建的兒子熊勝繼續出奔，逃往南方的吳國。11 伍員：即伍子胥。12 惷：又可寫成「蠢」，行動緩慢。

譯文

濄水又往東南流，經過陽夏縣的西面，又往東流，經過邈城的北面。城牆堅固，西面有外城。濄水又往東流，經過大棘城的南面，這是從前鄢縣的大棘鄉。《春秋》記述：「宣公二年（前六〇七），宋國大夫華元與鄭國公子歸生在大棘會戰，歸生俘虜了華元。」《左傳》說：「華元在出戰前宰羊給士兵吃，卻沒有把肉分給為他駕馬車的御者。將要開戰，御者羊斟說：『剛才分羊肉，由你作主；現在的行動，由我作主。』於是把馬車闖入鄭國軍陣中。華元因此被俘虜。」這地方後來被楚莊王所兼併。因此圈稱說：「大棘，是楚地，有楚太子建的墳墓和伍員的釣臺，池沼都存在。」濄水又往東流，經過安平縣舊城的北面，《陳留風俗傳》說：

「大棘鄉，從前的安平縣。當地士民敦厚樸實，很容易統治。」

賞析與點評

過水流經的大棘，曾經是古戰場，春秋時宋國大夫華元因為曾經待薄替他駕車的車伕，車伕在戰爭中報復，把馬車駛入敵陣。故事提醒掌握權勢者，要善待身邊的人。

鹿邑

【注】過水又東逕鹿邑[1]城北，世謂之虎鄉城，非也，《春秋》之鳴鹿矣。杜預曰「陳國武平西南，有鹿邑亭」是也。城南十里，有《晉中散大夫[2]胡均碑》，元康八年立。過水之北，有《漢溫令許續碑》。續字嗣公，陳國人也，舉賢良，拜議郎，遷溫令。延熹中立。過水又東逕武平縣故城北。城之西南七里許，有《漢尚書虞詡[3]碑》，碑題云：「虞君之碑」，「諱詡，字定安，虞仲之後。為朝歌令、武都大守」。文字多缺，不復可尋。按范曄《（後）漢書》：「詡字升卿，陳國武平人，祖為縣獄吏，治存寬恕，嘗曰：『于公[4]為里門[5]，子為丞相，吾雖不

及于公，子孫不必不為九卿。』故字詡曰升卿，定安蓋其幼字也。」魏武王[6]初封于此，終以武平華夏矣。

注釋

1 鹿邑：今河南省東部縣名，在河南、安徽兩省交界，古稱鳴鹿、真源、苦縣、穀陽、仙源，相傳是道家、道教始創人老子李耳的家鄉。2 晉中散大夫：前漢時為宮廷侍從官職位，隸屬九卿之一的光祿勳，秩六百石。無固定員額，也無固定職事，有時承擔傳達聖旨的任務。後漢用作大臣的加官，只有秩祿沒有職務。3 虞詡：後漢名臣，漢安帝時，為朝歌（在今河南省湯陰縣西南）縣令，後來遷任武都郡（在今甘肅省南部）太守，平定羌人之亂。漢順帝時，任司隸校尉，彈劾罷黜宦官中常侍張防。因觸犯權貴，曾經九次遭到譴責，三次遭受刑罰。後來官至尚書令。4 于公：前漢丞相于定國之父。于定國出身低微，其父為獄吏。5 里門：即閭。古制，聚族里居，比戶相連，里中有門，稱為「里門」。二十五家為一里門。此處為管理小區的小吏。6 魏武王：指曹操。曹操第一個爵位是武平侯。

譯文

濄水又往東流，經過鹿邑城的北面，民間稱為虎鄉城，這不正確，這是《春秋》提及的鳴鹿。杜預說「陳國武平的西南面，有鹿邑亭」，就是這裏。城南十里，有

《晉中散大夫胡均碑》，元康八年（晉惠帝二九八）樹立。濄水的北岸，有《漢溫令許續碑》，溫續別字嗣公，陳國人，取得舉賢良資格，官拜議郎，遷任溫縣令。碑是延熹年間（漢桓帝一五八至一六六）樹立。濄水往又東流，經過武平縣故城的北面。距離武平縣城西南方七里左右，有《漢尚書虞詡碑》，碑上題字是：「虞君之碑」，「名詡，別字定安，是虞仲的後裔。曾經任職朝歌縣令、武都郡太守」。碑上的文字缺損不全，已無法看清楚。查閱范曄《（後）漢書》的記述說：「虞詡別字升卿，陳國武平縣人，祖父是縣府的獄吏，以寬厚的恕道管治囚犯，曾說：『于公是里巷的守門人，兒子成為丞相，我雖然比不上于公，但我的子孫不一定不會成為九卿。』於是把虞詡的別字改為升卿，他幼時的別字是定安。」魏武王曹操最初的封邑就在這地方，終於以武平華夏。

賞析與點評

濄水流經不少古代名人家鄉，名人的家族為先人立碑紀念，《水經注》記錄了大量碑刻。

【注】過水又北逕老子廟東，廟前有二碑，在南門外。漢桓帝遣中官管霸[1]祠老子，命陳相[2]邊韶撰碑。北有雙石闕[3]，甚整頓。石闕南側，魏文帝黃初三年，經譙所勒[4]；闕北東側，有孔子廟，廟前有一碑，西面，是陳相魯國孔疇建和三年立；北則老君廟，廟東院中，有九井焉。又北，過水之側，又有李老（君）母廟。廟在老子廟北，廟前有李母冢，冢東有碑，是永興元年譙令長沙王阜所立。碑云：「老子生于曲、過間。」

過水又屈東，逕相縣故城南。其城卑小實中。邊韶《老子碑》文云：「老子，楚相縣人也。」相縣虛荒，今屬苦[5]，故城猶存，在賴鄉之東。過水處其陽，疑即此城也。自是無郭以應之。過水又東，逕譙縣故城北。《春秋左傳》僖公二十二年，楚成得臣[6]帥師伐陳，遂取譙，城頓而還是也。王莽之延成亭也。魏立譙郡，沇州[7]治。

注釋

1中官：指宮中宦官；管霸：人名。2陳相：後漢時，陳為王國，行政長官稱國相。3闕：左右對立的門樓，中間為通道缺口，因此稱為闕。4「魏文帝」兩句：魏文帝曹丕往家鄉譙（粵：俏；普：qiáo）縣，路過此地，為老子立碑。譙：春秋時為陳國焦邑，為楚所併，設置譙縣，秦屬碭（粵：盪；普：dàng）郡，漢朝改屬沛郡。曹操分沛郡設置譙郡。今安徽省北部亳州市。5 苦：苦縣，《晉書・地理志》云：「苦東有賴鄉祠，老子所生地。」6 得臣：楚成王時令尹（宰相），成氏，名得臣，字子玉。領兵伐宋，晉文公救宋，與楚成得臣決戰於城濮。7 沇州：即兗州。

譯文

過水又往北流，經過老子廟的東面。廟前有兩塊石碑，樹立在南門之外。漢桓帝派遣宦官管霸前來祭祀老子，命令陳相（王國的行政長官）邊韶撰寫碑文。廟的北面，有一對石闕，建造得非常端正莊重。石闕的南側，是魏文帝黃初三年（二二二），文帝經過譙郡時刻上的；石闕北面的東側，有孔子廟，廟前有一塊石碑，面向西，是陳相魯國人孔疇在建和三年（一四九）樹立；北面就是老君廟。廟東的院子中，有九口水井。又往北流，過水的旁邊，又有李老（君）母廟。廟在老子廟的北面，廟前有李母的墓冢，冢的東面有石碑，是永興元年（一五三）譙縣令長沙人王阜所樹立。碑文說：「老子生在曲水、過水之間。」

過水又向東轉彎，經過相縣故城的南面。相縣城雖然很小但非常堅固。邊韶的《老子碑》中說：「老子是楚國的相縣人。」相縣空虛荒涼，現隸屬苦縣，舊城還在，賴鄉的東面，過水在南面流過，碑文說的可能就是這座城，但已經沒有可以對應的城郭了。過水又往東流，經過譙縣故城的北面。《春秋左傳》記載，僖公二十二年（前六三八），楚國的成得臣領大軍攻打陳國，攻取了譙地，在頓築城之後退兵，王莽時改名延成亭。魏朝設立譙郡，是沇（兗）州的治所。

賞析與點評

渦水流經的另一處名人家鄉是當時的相縣，這是春秋戰國時的思想家老子的老家，老子的時代稱為苦縣。這地方原本是春秋陳國屬邑，陳國被楚國所滅，苦縣變成楚邑，老子也成為楚人。秦滅楚之後，苦縣改稱相縣，隸屬泗水郡，漢朝泗水郡改稱沛郡。因此漢朝人的説法，老子是沛郡相縣人。後漢末，曹操當權時，從沛郡分設譙郡，相縣隸屬譙郡。時至今日，老子的家鄉位於安徽省亳州市與河南省永城市交界，實際位置何在，兩省仍爭論不休。

曹嵩冢、曹氏族人墓冢

【一】注 沙水自南枝分，北逕譙城西，而北注渦。渦水四周城側，城南有曹嵩[1]冢，冢北有碑，碑北有廟堂，餘基尚存，柱礎仍在。廟北有二石闕雙峙，高一丈六尺，榱櫨及柱，皆雕鏤雲矩，上罘罳[2]已碎。闕北有圭碑，題云：《漢故中常侍[3]長樂太僕[4]特進費亭侯曹君之碑》，延熹三年立。碑陰又刊詔策，二碑文同。夾碑東西列對兩石馬，高八尺五寸，石作粗拙，不匹光武隧道所表象馬也。有騰兄冢，冢東有碑，題云：《漢故潁川太守曹君之碑》，延熹九年卒，而不刊樹碑歲月；墳北有其元子[5]熾冢，冢東有碑，題云：《漢故長水校尉曹君之碑》，歷太中大夫、司馬長史、侍中，遷長水，年三十九卒，熹平六年造。熾弟胤冢，冢東有碑，題云：《漢謁者曹君之碑》，熹平六年立。

注釋

1曹嵩：後漢順帝時大宦官曹騰的養子，身世不詳，有人稱原本是夏侯氏之子。後出錢一億買得太尉官職。漢獻帝時，戰亂頻繁，曹嵩往徐州避亂，遭徐州牧陶謙手下張闓殺害。曹嵩長子就是名震千古的曹操。其後曹操以為父報仇為名出兵攻打陶謙，並且在徐州屠城。曹魏建立後，追謚曹嵩為太皇帝，故也稱魏太帝。一九七三年，考古學家整理曹嵩墓，出土一襲銀縷玉衣。2罘罳（粵：浮思；普：fú sī）：屏障，指設在屋檐下防鳥雀的網，又指設在宮門外或城角的屏風，上有孔，形狀似網，用於守望和防衛。3中常侍：漢代宦官高級職位，為宮廷宦官首領。4長樂太僕：漢代皇太后居所為長樂宮，自有一套宮廷官署，與皇帝的未央宮相仿。長樂太僕掌管皇太后的儀仗車馬。5元子：即長子。

譯文

沙水從南面分枝流出，往北流，經過譙城的西面，往北流注入渦水。渦水圍繞譙城四周，城南有曹嵩的墓冢，冢的北面有石碑，碑北有廟堂，殘餘的基址還在，柱礎仍殘存。廟北有兩座石闕，對峙而立，高一丈六尺，石闕上刻有頂櫞斗栱以及立柱，雕刻了雲紋火焰等裝飾，上面的圍屏已經破碎。石闕的北面有一塊圭形石碑，碑上題字：《漢故中常侍長樂太僕特進費亭侯曹君之碑》，延熹三年（一六〇）樹立。碑的背面又刻上詔書，兩塊碑文相同。碑的兩旁有兩尊石馬，東西向互相對立，高八尺五寸（兩米五到三米間），石刻工藝粗拙，比不上漢光武帝墓前隧道所排列的石象和石馬。附近有曹騰兄長的墓冢，冢東有石碑，題字稱：《漢故潁川太守曹君之碑》，延熹九年（一六六）逝世，但沒有記下立碑年月；墳丘的北面有他的長子曹熾墓冢，冢東有石碑，題字稱：《漢故長水校尉曹君之碑》，他歷任太中大夫、司馬長史、侍中，遷任長水校尉，三十九歲逝世，熹平六年（一七七）造成。又有曹熾的弟弟曹胤的墓冢，冢的東面有石碑，題字稱：《漢謁者曹君之碑》，熹平六年樹立。

賞析與點評

渦水流經的歷史名人家鄉，還有譙縣，這是名震千古的曹操老家。古代的譙縣，即今日安徽省北部的亳州市，《水經注》記述了多個曹氏族人的墓冢和碑刻。二十世紀七十年代亳州附近出土了曹操父親曹嵩等人的墓葬，為曹氏家族的背景，提供了實物的線索。

譙城曹太祖舊宅

【注】城東有曹太祖舊宅，所在負郭[1]對廛[2]，側隍臨水。《魏書》曰：「太祖[3]作議郎，告疾歸鄉里，築室城外，春、夏習讀書傳，秋、冬射獵，以自娛樂。文帝[4]以漢中平四年生于此，上有青雲如車蓋，終日乃解。」即是處也。後文帝以延康元年幸譙，大饗父老，立壇于故宅。壇前樹碑，碑題云《大饗之碑》。碑之東北，渦水南，有譙定王司馬士會[5]冢。冢前有碑，晉永嘉三年立。碑南二百許步，有兩石柱。高丈餘，半下為束竹交文，作制極工。石榜云：「晉故使持節、散騎常侍、都督揚州江州諸軍事、安東大將軍、譙定王河內溫司馬公墓之神道。」

注釋

1 負郭：即背靠城牆。2 廛（粵：前；普：chán）：市廛。3 太祖：曹操。4 文帝：曹丕。5「譙定王」句：譙定王司馬隨，字士會，西晉宗室，司馬懿第六弟司馬防之曾孫，封譙王，謚號為定。

譯文

譙城東面有曹太祖（曹操）的故居，故居的位置背靠城牆，面向市街，旁倚城隍，前臨水道。《魏書》說：「太祖任職議郎，因病告假回鄉，在城外建屋，春、夏研讀經典史書，秋、冬射獵鍛練武藝，自得其樂。文帝曹丕於漢中平四年（一八七）在這裏出生，當時天上有一片車蓋形狀的青雲罩在屋上，從早到晚才散去。」就在這地方。後來文帝在延康元年（二二〇）駕幸譙郡，擺了盛大的筵席宴請父老，在故居設立祭壇，壇前樹立石碑，碑上題字稱《大饗之碑》。碑的東北面，在渦水的南面，有譙定王司馬士會的墓冢。冢前有石碑，晉永嘉三年（三〇九）樹立，碑的南面二百多步，有兩根石柱，一丈多高，下半部，有竹枝互相交叉的花紋，工藝非常精巧。石碑的文字說：「晉故使持節、散騎常侍、都督揚州江州諸軍事、安東大將軍、譙定王河內溫司馬公墓之神道。」

賞析與點評

譙縣附近，有不少曹操早年活動的歷史遺址，也有不少曹魏皇室的紀念建築。

【注】過水又東南，逕城父縣[1]故城北，沙水枝分注之。水上承沙水于思善縣，世謂之章水，故有章頭之名也。東北流逕城父縣故城西，側城東北流，入于過。過水又東逕下城父北。《郡國志》曰「山桑縣[2]有下城父聚」者也。過水又屈逕其聚東郎山西，又東南屈，逕郎山南，山東有垂惠聚，世謂之禮城。袁山松[3]《郡國志》曰「山桑縣有垂惠聚」，即此城也。過水又東南逕過陽城北。臨側過水，魏太和中，為州治[4]，以蓋表[5]為刺史，後罷州立郡，衿帶過戍。過水又東南逕龍亢縣[6]故城南，漢建武十三年，世祖封傅昌為侯國。故語曰「沛國龍亢至山桑」者也。過水又屈而南流，出石梁。梁石崩褫[7]，夾岸積石高二丈，水歷其間。又東南流，逕荊山北，而東流注也。

注釋

1 城父縣：今安徽省亳州市譙城區城父鎮，春秋時陳國之地。戰國時，韓國首都新鄭以南，另有一城父，在今河南省寶豐縣東。2 山桑縣：今安徽省蒙城縣檀城鎮。漢光武帝封功臣王常為山桑侯，傳二世，國除為縣。3 袁山松：一作袁崧，東晉學者，出自名門世族陳郡陽夏袁氏，曾任吳郡太守，五斗米道首領孫恩起兵作亂，山松被殺於滬瀆（今上海黃浦江下游）。袁山松所著《後漢書》百篇，曾被公認為不朽之作，其後被范曄《後漢書》取代。上海袁氏奉其為先祖。4州治：即豫州治所，州刺史駐節辦公之地。刺史，漢官，漢武帝時設置，最初為皇帝使者，奉詔監察指定郡國（國即王國）官吏及地方豪強，以六條問事，無固定治所，監察範圍稱為州（監察首都長安、東都洛陽周圍諸郡者稱為司隸校尉，權力較大），前漢有十三州部。至後漢，州刺史逐漸有固定治所，並有權指導地方政務，州演變為地方行政區，後漢黃巾之亂後，部份州刺史改為州牧，擁有地方軍政實權。5蓋表：姓蓋名表。6龍亢縣：漢朝龍亢縣隸屬沛郡。據《三國志》記述，曹操派堂弟曹洪到南方募兵，曹洪在廬江（今安徽省中部）募得上等甲士千餘人，又東到丹楊（今江蘇省南部南京、鎮江一帶）又募得數千人，與曹操會師龍亢。魏晉時，沛郡龍亢桓氏是名門大姓，東晉權臣桓溫、桓玄父子，祖籍龍亢。7梁石：指山樑上的岩石；褫（粵：此；普：chǐ）：剝落。梁石崩褫，即山崩。《水經注》記錄了這次山崩。

譯文

濄水又往東南流，經過城父縣故城的北面，沙水的一條分支注入。這條枝水上游在思善縣承接沙水，民間稱為章水，因此稱為章頭。章水往東北流，經過城父縣舊城的西面，靠着城邊往東北流，注入濄水。濄水又往東流，經過下城父的北面。《郡國志》說：「山桑縣有村莊名下城父聚。」濄水又轉彎，經過這村莊以東的郎山西面，又往東南轉彎，經過郎山的南面，郎山的東面有村莊名垂惠聚，民間稱為禮城。袁山松《郡國志》說：「山桑縣有村莊名垂惠聚。」就是這座城。渦水又往東南流，經過陽城的北面。城緊靠着渦水，魏太和年間（魏明帝二二七至二三二），是渦州的治所，任命蓋表為刺史，後廢州設郡，依水設險防守。渦水又往東南流，經過龍亢縣舊城南面，漢朝建武十三年（三七），世祖光武帝分封傅昌，立龍亢為侯國，因此俗語說：「沛國龍亢至山桑。」渦水又轉彎往南流，穿過石橋，石橋已塌毀，兩岸堆積了二丈高的石頭，水在石頭之間流過。渦水又往東南流，經過荊山的北面，向東面流注。

賞析與點評

渦水的下游稱為沙水，流經一連串古城，例如城父、山桑、渦陽、龍亢。

北肥水、山桑縣

經 又東南至下邳[1]淮陵縣[2]，入于淮。

注 **渦水又東，左合北肥水。北肥水出山桑縣西北澤藪，東南流，左右翼佩數**

源，異出同歸，蓋微脈涓注耳。東南流，逕山桑邑南，俗謂之北平城。昔文欽[3]之封山桑侯，疑食邑于此。城東南有一碑，碑文悉破，無驗，惟碑背故吏姓名尚存，熹平元年義士門生沛國蕭劉定興立。北肥水又東逕山桑縣故城南，俗謂之都亭城，非也。今城內東側，猶有山亭桀立[4]，陵阜高峻，非洪臺所擬。《十三州志》所謂「山生于邑，其亭有桑，因以氏[5]縣」者也。郭城東有《文穆冢碑》，三世二千石[6]，穆郡戶曹史，徵試博士、太常丞[7]，以明氣候，擢拜侍中、右中郎將，遷九江、彭城、陳留三郡，光和中卒。故吏涿郡太守彭城呂虔等立。

注釋

1下邳（粵：皮；普：pī）：戰國時齊邑，秦時隸屬郯（粵：談；普：tán）郡，張良在博浪沙刺殺秦始皇失敗後，《史記》說：「良乃更名姓，亡匿下邳。」在下邳圯上（圯，即橋，音巳）遇一老者，發生流傳千古的取履故事。漢朝改郯郡為東海郡，後漢明帝設置下邳國，封皇子劉衍為下邳王。下邳故城即今江蘇省睢寧縣古邳鎮。2淮陵縣：應是睢陵縣之誤。淮陵、睢陵同為後漢下邳國屬縣，據譚其驤教授主編的《中國歷史地圖集》，淮陵縣在淮河以南，今安徽省明光市；睢陵縣在泗水與淮河會合處。3文欽：三國時曹魏大將，曹操同鄉，官至前將軍，揚州刺史，封山桑侯。4桀立：高聳屹立。5氏：命名。6三世二千石（粵：擔；普：dàn）：漢朝九卿、郡太守（國相）等高級官員俸祿為每年二千石米糧，因此「二千石」意思是高官。7太常丞：太常，漢九卿之一，秦名奉常。負責國家典禮、宗廟禮儀，皇帝親臨祭祀時，太常為副，事重職尊，位列於諸卿之首。太常丞是太常卿的副手。

譯文

又往東南流，至下邳郡淮陵縣，注入淮水。

渦水又往東流，左方會合北肥水。北肥水源出於山桑縣西北方的沼澤，往東南流，左右兩方有幾條小水道分別注入，都是微不知名的涓涓細流，源頭不同但最終同歸一水。北肥水往東南流，經過山桑邑的南面，俗稱北平城。從前文欽封為山桑侯，食邑可能就是這裏。城的東南面有一塊石碑，碑文都已損壞，無法辨認了，但碑背刻上的故吏（舊屬吏）姓名還存在，看得出是熹平元年（一七二）義士門生沛國蕭縣人劉定興所立。北肥水又往東流，經過山桑縣舊城的南面，民間稱為都亭城，不正確。現今城內的東邊，山崗上仍然有一座高高屹立的亭子，山崗陡峻，非一般的大臺可以比得上。《十三州志》所說的：「城中有山，山上有亭，亭旁有桑樹，縣因此得名。」外城的東面有《文穆冢碑》，文穆的先人，三世擔任過二千石等級的高官，文穆起初是本郡的戶曹史，選拔進京試用為太學博士、太常丞，因懂得氣候變化的規律，升遷為侍中、右中郎將，遷任九江、彭城、陳留三郡太守，光和年間（一七八至一八四）逝世。石碑由故吏涿郡太守彭城人呂虔等樹立。

賞析與點評

沙水的終點是注入淮水，注淮之前，收納了北肥水，北肥水流經山桑邑，有豐富的歷史文化，《水經注》記述比較詳細。

瑕陂

【一】注 北肥水又東，積而為陂，謂之瑕陂。陂水又東南逕瑕城南。《春秋左傳》成公十六年，楚師還及瑕，即此城也。故京相璠曰：「瑕，楚地。」北肥水又東南逕向縣故城南。《地理志》曰：「故向國也。」《世本》曰：「許、州、向、申，姜姓也，炎帝後。」[1]京相璠曰：「向，沛國縣，[2]今并屬譙國[3]龍亢也。」杜預曰：「龍亢縣東有向城，漢世祖建武十三年，更封富波侯王霸為侯國，即此城也。俗謂之圓城。」非。又東南逕義城南，世謂之楮城，非。又東入于過，過水又東注淮，《經》言「下邳淮陵入淮」，誤矣[4]。

注釋

1「許、州」兩句：以上數國都是炎帝神農氏後裔，姜姓。2「向」兩句：向縣隸屬於沛國。秦時設置泗水郡（考古出土有多枚「四川太守」等秦封泥及存世「四川輕車」印章，據此應名為四川郡，因篆書字形相似而誤，漢初改為沛郡，後漢為王國，改稱沛國。3沛國、譙國：曹操家鄉，曹操分沛國設置譙郡，後為王國，稱為譙國。4「又東南」至「誤矣」段：漢、晉淮陵縣在淮水以南，不在渦水或泗水入淮處。

譯文

北肥水又往東流，積水為陂池，稱為瑕陂。陂水又往東南流，經過瑕城的南面。《春秋左傳》記載：成公十六年（前五七五），楚軍回師途中經過瑕地，就是這城。因此京相璠說：「瑕，楚國的地方。」北肥水又往東南流，經過向縣舊城的南面。《地理志》說：「這是從前的向國。」《世本》說：「許、州、向、申，都是姜姓的封國，是炎帝的後裔。」京相璠說：「向，是沛國的屬縣，現在已合併於譙國的龍亢縣了。」杜預說：「龍亢縣的東面有向城，漢世祖光武帝建武十三年（三七），改封富波侯王霸為向侯，他的封國就是這座城，俗稱圓城。」不對。北肥水又往東南流，過義城的南面，民間稱為楮城，不對。又往東流，注入渦水。渦水又往東流，注入淮水，《水經》說「在下邳郡淮陵縣注入淮水」，搞錯了。

賞析與點評

瑕陂是北肥水與渦水之間的古代湖泊，湖泊的周圍曾經有多個古代小國，但春秋戰國時一一被強國兼併。瑕陂附近的水道可能有變遷，所以《水經》經文與酈道元時代的實況有異，酈道元認為《經》文錯了。

江水

卷三十三至卷三十五

本篇導讀——

古代中國典籍所稱的「江」，即《水經注》的「江水」，又稱「大江」，就是現代人所說的「長江」。長江是中國境內最長的河流，也是亞洲第一、世界第三的長河，據現代的實地考察測量所得，長江的幹流發源於青藏高原東部巴顏喀拉山格拉丹東峰，流經青海、西藏、雲南、四川、重慶、湖北、湖南、江西、安徽、江蘇等省區，最終在上海市崇明島以東匯入太平洋，全長約六千三百公里。

先秦典籍《書經》、《爾雅》、《左傳》，都提及過這條「江」。自漢代以後，中原人對它認知增加，開始稱它為「大江」，三國東吳、東晉、南朝時，在江東（其實是大江的東南方，古人認為是東方）建國，出現了「長江」的名稱。但當時的長江是形容大江的源遠流長，不是固定專有名詞。

長江的不同段落，有不同的名稱：自江源至當曲河口稱沱沱河，以下至青海玉樹巴塘河口為通天河，玉樹至四川宜賓稱金沙江。宜賓以下統稱「長江」，但不同段落也各有名稱：宜賓至湖北宜昌又稱川江，湖北枝江至湖南岳陽城陵磯又稱荊江，安徽省境內的江段又稱皖江，江蘇南京以下至長江口的江段又稱揚子江。揚子江這一名稱源於隋代揚州（今江蘇省揚州市）、京口（今江蘇省鎮江市）之間的大江著名渡口揚子津，後來揚子一名，成為清末以來西方人對長江的稱謂（the Yangtze River）。

酈道元是北朝人，他從未涉足南朝，更未到過長江流經的任何地方，但他在《水經注》中，有關大江的山川形勢、風光民俗，描述得非常詳細，恍似身歷其境，事緣他搜集、抄錄了大量東晉、南朝人的記述，而這些記述，早已散佚不存，幸賴《水經注》的收錄而留下一鱗半爪，供後世賞閱。

經 岷山[1]在蜀郡氐道縣[2]，大江所出，東南過其縣北。又東南過犍為武陽縣[3]，青衣水[4]、沫水[5]從西南來，合而注之。又東南過僰道縣[6]北，若水[7]、淹水[8]合從西來注之。又東，渚水北流注之。又東過江陽縣[9]南，洛水[10]從三危山[11]，東過廣魏洛縣[12]南，東南注之。又東，過符縣北邪[13]，東南鰼部水[14]從符關東北注之。又東北至巴郡江州縣[15]東，強水、涪水、漢水、白水、宕渠水[16]，五水合，南流注之。又東至枳縣[17]西，延江水[18]從牂柯郡[19]北流西屈注之。又東過魚復縣[20]南，夷水[21]出焉。

又東出江關，入南郡[22]界。又東過巫縣[23]南，鹽水從縣東南流注之。又東過秭歸縣[24]之南，又東過夷陵縣[25]南，又東南過夷道縣[26]北，夷水從佷山縣南，東北注之。又東過枝江縣[27]南，沮水[28]從北來注之。又南過江陵縣[29]南。

又東至華容縣[30]西，夏水出焉。又東南當華容縣南，涌水入焉。又東南，油水從東南來注之。又東至長沙下雋縣[31]北，澧水、沅水、資水[32]合東流注之。湘水[33]從南來注之。又東北至江夏沙羨縣[34]西北，沔水[35]從北來注之。又東過邾縣[36]南，鄂縣[37]北。又東過蘄春縣[38]南，蘄水從北東注之。又東過下雉縣[39]北，利水從東陵西南注之[40]。

注釋

1 岷山：山脈名，是青藏高原往東伸延的部份，從今甘肅省南部延伸至四川省西北部，全長約五百公里，主峰雪寶頂，海拔五千五百八十八米，位於四川省松潘縣境內。岷山峰巒重疊，河谷深切，形勢險峻，為野生大熊貓產地之一。2蜀郡：今四川省西部成都平原一帶，古蜀國地，戰國時為秦國所滅，設置蜀郡，治所在今成都境內。氐道縣：在蜀郡北部，即今松潘縣，因有氐人聚居而命名。秦漢時期，有蠻夷聚居的縣稱為道。3犍為：漢武帝建元六年（前一三五），割廣漢郡南部僰道等縣，及新征服的南夷地置犍為郡。治所在僰道縣，即今四川省宜賓市，範圍相當於今四川省宜賓、內江、樂山、瀘州等市，及雲南省東北部昭通市、貴州省西部六盤水市一帶。近代出土的漢簡，犍為多寫成楗為。武陽縣：今四川彭山境內。4青衣水：今名青衣江。5沬水：今名大渡河。6僰（粵：白；普：bó）道縣：前漢時為犍（古代犍為一帶西南夷部族名）郡治所在，最初在瞥（粵：閉；普：piē）縣，即今貴州省遵義市西，其後移治僰道，即今四川省宜賓市。7若水：今名雅礱江。8淹水：又稱繩水，即今金沙江。9江陽縣：今四川省瀘州市。10洛水：又名雒水，即今沱江。11三危山：古代三危山有多處，此處在今四川省成都以北。今甘肅敦煌也有三危山。12廣魏：即廣漢郡，酈道元是北魏官員，改稱廣漢為廣魏；洛縣：廣漢郡治所。13符縣北邪：符字下有脫文，應為符節縣，今四川省合江縣。北邪意思不明，熊會貞認為邪字是多出的衍文，此句應是「又東，過符縣北」。可從。14鰼（粵：習；普：xí）部水：今名習水。15巴郡江州縣：巴郡，古國名，戰國時秦滅巴國，設置巴郡，範圍相當於今重慶市及四川省東部，治所在江州縣，即今重慶市中心。16「強水」句：強水，即今羌水；涪水，即今涪（音浮）江；漢水，又名前漢水，即今嘉陵江；白水，即今白龍江；宕渠水，即今渠江。17**枳縣**：今重慶市涪陵區。18**延江水**：今烏江。19**牂牁**（粵：裝柯；普：zāng kē）**郡**：本義是水中木柱，船隻停泊時綁繫之用。又為古代南方河流名，相當於今西江上游北盤江，在貴州省境內。又為古部族名，居水濱，善水性，先秦典籍《管子》有「南至吳、越、巴、牂柯……」的說法。漢武帝元鼎六年（前一一一），開西南夷設置牂牁郡，治所在且蘭縣（今貴州省貴陽市附近，一說在福泉市一帶），屬益州刺史部。20**魚復縣**：今重慶市東端的奉節縣。21**夷水**：今名清江河，流經湖北省西南部恩施等縣市，往東至宜昌市以南注入長江。夷水源頭，不與長江連接，酈道元弄錯了。22**南郡**：原為春秋時楚國首都郢（粵：jing5；普：yǐng）所在地，戰國時，秦攻楚，取其郢都，設置南郡，治所在江陵縣，即楚郢都故址。23**巫縣**：今湖北省巫山縣。24**秭歸縣**：今湖北省秭歸縣，傳為屈原故里。25**夷陵縣**：今湖北省宜昌市。26**夷道縣**：今湖北省宜都市。27**枝江縣**：今湖北省枝江市。28**沮水**：今名沮漳河。29**江陵縣**：今湖北省荊州市江陵區，有楚國故都遺址。30**華容縣**：今湖南省華容縣。縣境有夏水，注入長江。31**長沙下雋縣**：長沙郡，戰國時楚國南部地，秦滅楚設置長沙郡，因郡治臨湘江中有長形沙洲而命名，臨湘縣即今湖南省長沙市，沙洲今名橘子洲。下雋縣，在漢長沙郡東北部，今湖北省通城縣。32**澧水、沅水、資水**：此三水與下文湘水為今湖南省四大河流，俱注入洞庭湖。33**湘水**：今名湘江，為今湖南省四大河流之首。34沙羨縣：江夏郡沙羨縣，古縣名，在武昌以南江岸，現已廢。35沔（粵：免；普：miǎn）水：又名漢水，今名漢江，是長江中游最大支流，在今武漢市注入長江。江、漢會合處三城隔江鼎立，即江以南的武昌，江以北、漢以東的漢口，及江以北、漢以西的漢陽，合稱武漢三鎮，現合併為武漢市，為湖北省會。36邾縣：今湖北省黃岡市。37鄂縣：今湖北省鄂州市境內。38蘄（粵：其；普：qí）春縣：今湖北省蘄春縣。39下雉縣：今湖北省陽新縣境內。40《水經注．江水》經文到此為止。

譯文

岷山位於蜀郡氐道縣，是大江源頭所出，往東南流，經過縣城的北面。又往東南流，經過犍為郡武陽縣，青衣水、沫水從西南方流過來，匯合而注入大江。又東南流，經過僰道縣的北面，若水、淹水合流後，從西面而來注入大江。又往東流，渚水往北流，注入大江。大江又往東流，經過江陽縣南面，洛水從三危山發源，往東流經過廣魏郡洛縣南面，往東南流注入大江。又往東流，經過符節縣北面，東南方的鰼部水從符關而來，往東北流注入大江。又往東北流，到巴郡江州縣東面，強水、涪水、漢水、白水、宕渠水五條河流匯合之後，向南流，注入大江。又往東流，到枳縣西面，延江水從牂柯郡向北流，折向西，注入大江。又往東流，經過魚復縣南面，夷水流出。

江水又往東流，出江關，進入南郡境界。又往東流，經過巫縣南面，鹽水從縣的東南面流注大江。又往東流，經過秭歸縣的南面；又往東流，經過夷陵縣南面；又往東南流，經過夷道縣北面，夷水從佷山縣南面而來，往東北流注入大江。又往東流，經過枝江縣南面，沮水從北面而來，注入大江。又往南流，經過江陵縣南面。

又往東流，到華容縣西面，夏水流出來。又往東南流，正對華容縣南面，涌水注入。又往東南流，油水從東南方而來，注入大江。又往東流，到長沙郡下雋縣北面，澧水、沅水、資水會合，往東流，注入大江。湘水從南面而來，注入大江。又往東北流，到江夏郡沙羨縣西北面，沔水從北方而來，注入大江。又往東流，經過邾縣南面、鄂縣北面。又往東流，經過蘄春縣南面，蘄水從北方而來，向東流。又往東流，經過下雉縣北面，利水從東陵西南面而來，注入大江。

岷山、大江源頭

經 岷山在蜀郡氐道縣，大江所出，東南過其縣北。

注 **岷江，即瀆山也，水曰瀆水矣，又謂之汶阜山，在徼外[1]，江水所導也。《益州記》[2]曰：「大江泉源，即今所聞，始發羊膞嶺[3]下，緣崖散漫，小水百數，**

殆未濫觴[4]矣。東南下百餘里，至白馬嶺，而歷天彭闕[5]，亦謂之為天彭谷也。秦昭王以李冰為蜀守。冰見氐道縣有天彭山，兩山相對，其形如闕，謂之天彭門，亦曰天彭闕。」江水自此已上至微弱，所謂發源濫觴者也。漢元延中，岷山崩，壅江水，三日不流。揚雄《反離騷》[6]云：「自岷山投諸江流，以弔屈原，名曰《反離騷》也。」

注釋

1 徼（粵：皦；普：jiǎo）外：邊塞外，邊境外。2《益州記》：南朝宋．任豫撰，記述益州史地。益州為漢十三州部之一，管轄蜀、巴、廣漢、犍為等郡，其範圍包括今四川省、重慶市，及相鄰的貴州、雲南部份地區。3 羊膊嶺：今地不明，明朝《讀史方輿紀要》引述當時人說法：「江源出松潘衞北二百三十里之大分水嶺」，並判斷說「或以為即羊膊嶺，似誤」。4 觴：即酒杯。濫觴指江河發源處水量很小，僅可浮起酒杯。5 天彭闕：古代蜀人認為上天有天門，為人間通往天上的進出口，天門在高山之間的深谷中，稱之為闕。前漢文學家揚雄所撰《蜀王本紀》說，「謂汶山（岷山）為天彭闕，號曰天彭門，云亡者悉過其中，鬼神精靈數見」（把岷稱為天彭闕，號稱天彭門，據說死去的人都從這裏通過，因此經常有鬼神精靈出現）。6 揚雄《反離騷》：前漢著名文學家揚雄為憑弔屈原而作的賦。揚雄，蜀郡成都人。

譯文

岷山在蜀郡氐道縣，大江源頭就從這裏出來，往東南流，經過縣城的北面。

岷山就是瀆山，水稱為瀆水，又稱之為汶阜山。位於邊境之外，是江水所流出的地方。《益州記》說：「大江源頭的泉水，據現在所知，從羊膊嶺下開始發源，數以百計的涓涓細流，隨着山崖散開，水淺得幾乎連酒杯也浮不起來。水往東南傾瀉而下一百多里，到了白馬嶺，經過天彭闕，又稱為天彭谷。秦昭王任命李冰為蜀郡守，李冰見到氐道縣有天彭山，兩座山嶺互相對峙，形狀就像門闕，因此稱之為天彭門，又名天彭闕。」江水從這裏往上游，水十分微弱，就是經文所謂源頭的水僅能浮起酒杯。漢朝元延年間（漢成帝　前一二至前九），岷山發生山崩，堵塞了江水，斷流了三日，揚雄《反離騷》說：「從岷山投入江流之中，以弔祭屈原，名為《反騷》。」

賞析與點評

由於關山阻隔，古人難以實地探測大江的源頭，從《書經．禹貢》以來，以為岷江就是長江的正源，而岷江源出於岷山，於是長期以來各種文獻典籍，把長江的源頭認為在今四川北部與甘肅交界的岷山，將岷江直接稱之為「江」或「大江」。

明朝末年，徐弘祖（霞客）在他的《遊記》中，首先提出金沙江才是長江正源的意見，但甚少人接受，及至近代，經地理學家實地考察，才把長江的正源確定為金沙江。

【】注 江水又歷都安縣[1]。縣有桃關、漢武帝祠。李冰作大堰于此，壅江作堋。堋有左右口，謂之湔堋[2]，江入郫江[3]、撿江[4]以行舟。《益州記》曰：「江至都安，堰其右，撿其左，其正流遂東，郫江之右也。」因山頹水，坐致竹木，以溉諸郡。又穿羊摩江、灌江，西于玉女房下白沙郵[5]，作三石人，立水中，刻要[6]江神。水竭不至足，盛不沒肩，是以蜀人旱則藉以為溉，雨則不遏其流。故《記》[7]曰：「水旱從人，不知饑饉，沃野千里，世號陸海[8]，謂之天府[9]也。」郵在堰上，俗謂之都安大堰，亦曰湔堰，又謂之金堤。左思《蜀都賦》云：「西踰金堤者也。」諸葛亮北征，以此堰農本，國之所資，以徵丁千二百人主護之，有堰官。益州刺史皇甫晏至都安，屯觀阪，從事何旅曰：「今所安營，地名觀阪，自上觀反，其徵不祥。」不從，果為牙門[10]張和所殺。

江水又逕臨邛縣[11]，王莽之監邛也。縣，有火井、鹽水[12]，昏夜之時，光輿上照。

注釋

1 都安縣：漢縣，後世改為灌縣，由於都江堰位於其境，新曆一九八八年五月更名為都江堰市。2 湔（粵：煎／箭；普：jiān）：意思是洗刷。堋：氐羌人把堰稱為「堋」，都江堰因此稱為「湔堋」，即分水堤的意思。3 郫（粵：皮；普：pí）江：岷江其中一條分支，從都江堰分出，到成都南與錦江合流，途經郫縣，因郫江得名。今四川省成都市有郫縣。[4] **撿江**：岷江分支。[5] **玉女**：即女神，玉女房，地名，大概指女居所。晉朝人常璩《華陽國志》記述古代巴蜀史地，有「李冰于玉女房下白沙耻作三石人立三水中，與江神要約：水竭不至足，盛不沒肩」，大概是酈道元此條注文所本，但文字稍有差異。**白沙郵**：地名。[6] **刻要**：在石人腰部刻上標尺。[7] **《記》**：指《益州記》。[8] **陸海**：指物產豐饒如海洋。[9] **天府**：上天府庫的意思。後世稱四川為「天府之國」。[10] **牙門**：即侍衛。[11] **臨邛縣**：漢蜀郡下轄有臨邛縣，相當於今四川省邛崍市一帶。[12] **火井**：即噴火的井，地底蘊藏豐富天然氣或石油；**鹽水**：可以煮鹽的地下鹹水。

譯文

江水又經過都安縣，縣境有桃關、漢武帝祠。李冰在這裏建造了大堰，攔截了江流，堰壩的左右兩邊都有出水口，（水在堰上流過）稱為湔堋。大江流入郫江、撿江以便舟楫通行。《益州記》說：「大江到了都安，右方築了堰壩，左方建了堤堰控制流水，大江的正流於是移往東面，在郫江的右方。」水流順山勢而下，把山中竹木投入江中，不費氣力便可送到。江水又可以灌溉附近各郡。李冰又鑿穿羊摩江、灌江，在西邊的玉女房下白沙郵，造了三尊石人，樹立在水中，在石人身上刻了標尺，用作鎮江之神。水量枯竭時，浸不到石人足；水盛時，浸不過石人肩。於是蜀人天旱時放水灌溉，多雨時便不攔截水流。因此《益州記》說：「水旱都可以由人安排，沒有饑荒，沃野千里，世人把蜀地稱為陸海，又稱天府。」郵亭就建在堰壩上，民間稱之為都安大堰，又名為湔堰，又稱為金堤。左思《蜀都賦》說：「往西越過金堤。」就是這裏。諸葛亮北征，把這堰壩視為農業的命脈，國家財政的來源，他徵調了一千二百兵丁守護堰壩，設立堰官。益州刺史皇甫晏到了都安，屯兵於觀阪，從事（官名）何旅對他說：「現在紮營的地方，地名觀阪，上是觀，下是反，這是不祥之兆。」不聽，果然被牙門（侍衛）張和所殺。江水又經過臨邛縣，王莽時改名監邛。縣境內有火井、鹽水，黑夜時分，就會出現一片火光。

賞析與點評

都江堰是古代長江流域最重要的水利工程，戰國時秦國蜀郡太守李冰父子主持設計修建，經過歷代整修，兩千多年來依然為成都平原發揮巨大的作用：引水灌溉、防洪，及城市供水。現今是重要古跡和世界文化遺產。

【注】江水又東逕成都縣，縣以漢武帝元鼎二年立。縣有二江，雙流郡下。故揚子[1]《蜀都賦》云「兩江珥[2]其前」者也。《風俗通》[3]曰：「秦昭王使李冰為蜀守，開成都兩江，溉田萬頃。江神歲取童女二人為婦。冰以其女與神為婚，逕至神祠，勸神酒，酒杯恆澹澹[4]，冰厲聲以責之，因忽不見。良久有兩牛鬥於江岸旁，有間，冰還，流汗，謂官屬曰：『吾鬥大亟[5]，當相助也。南向腰中正白者，我綬[6]也。』主簿[7]刺殺北面者，江神遂死。蜀人慕其氣決，凡壯健者，因名冰兒也。」秦惠王二十七年，遣張儀與司馬錯等滅蜀，遂置蜀郡焉。王莽改之曰導江也。（張）儀築成都以象咸陽。晉太康中，蜀郡為王國，更為成都內史、益州刺史治。

《地理風俗記》曰：「華陽黑水惟梁州。」[8]漢武帝元朔二年改梁曰益州，以新啟犍為、牂柯、越嶲，州之疆壤益廣，故稱益云。初治廣漢之雒縣，後乃徙此。故李固[9]《與弟圄書》曰：「固今年五十七，鬢髮已白，所謂容身而遊，滿腹而去。周觀天下，獨未見益州耳。昔嚴夫子常言：『經有五，涉其四，州有九，遊其八。』欲類此子矣。」

初張儀築城取土處，去城十里，因以養魚，今萬頃池是也。城北又有龍堤池，城東有千秋池，西有柳池，西北有天井池，津流逕通，冬夏不竭。西南兩江有七橋：直西門郫江上，曰沖治橋；西南石牛門曰市橋，吳漢入蜀[10]，自廣都令輕騎先往焚之，橋下謂之石犀淵，李冰昔作石犀五頭，以厭水精[11]，穿石犀，渠於南江，命之曰犀牛里，後轉犀牛二頭，一頭在府市市橋門，一頭沉之於淵也；大城南門曰江橋；橋南曰萬里橋；西上曰夷里橋；下曰笮橋，南岸道東有文學，始文翁[12]為蜀守，立講堂，作石室於南城，永初後，學堂遇火，後守更增二石室，後州奪郡學，移夷里橋南岸道東。

注釋

1揚子：即揚雄，字子雲，蜀郡成都縣人，為人口吃，但潛心思考，早年傾慕同鄉先輩司馬相如，他模仿司馬相如撰寫辭賦，名聲遠播，其中《蜀都賦》鋪陳蜀郡成都的史事和繁榮景象，後世文人爭相模仿，例如班固《兩都賦》、張衡《二京賦》以及晉朝左思《三都賦》等。揚雄又仿《論語》作《法言》，模仿《易經》作《太玄》，都保留至今。前漢末王莽執政，揚雄讚揚王莽的託古改制政治理想，撰寫歌頌王莽的《劇秦美新》，為後世所詬病。2珥（粵：二；普：ěr）：垂珠耳環。此處指兩條水道在成都城兩側流過。3《風俗通》：又名《風俗通義》，漢獻帝時學者應劭撰，原書三十卷，今僅存十篇，保存了不少有關音律、樂器、神靈、山澤陂藪、姓氏源流的資料，是中國早期的百科全書式知識彙編。4 **澹澹**（粵：淡；普：dàn/tán）：此處是水波泛起的意思。5 **亟**（粵：氣；普：jí/qì）：急的意思。6 **綬**：官印上的綬帶，官員常繫在腰間以示身份。7 **主簿**：郡吏或縣吏的首領為主簿，由當地人之中選任。8 **「華陽」句**：此句源於《書經．禹貢》，華陽，指華山（秦嶺）以南；黑水，歷來爭議頗多，有學者認為是指金沙江。意思是秦嶺以南地區就是《禹貢》九州之中的梁州。9 **李固**：後漢中期大臣兼學者，官拜太尉，不滿外戚梁冀專橫，被誣陷而死。其弟李圄（粵：宇；普：yǔ）。10 **吳漢**：漢光武帝大將，奉命領兵平定割據益州的公孫述。11 **厭**：鎮伏；**水精**：水中妖怪。12 **文翁**：前漢蜀郡太守，治蜀首重教育，在成都興辦儒學，選派學生及小吏至長安，學習儒家經典，或學習律令，結業回歸鄉里，提升蜀郡文化。班固在《漢書》中評論說：「至今巴蜀好文雅，文翁之化也。」

譯文

江水又往東流，經過成都縣，縣在漢武帝元鼎二年（前一一五）設立。縣境有兩條江，雙雙流過郡城下面。所以揚子《蜀都賦》說：「兩江從前面穿過。」《風俗通》說：「秦昭王任命李冰為蜀郡守，鑿開了成都的兩條水道，這水利可以灌溉萬頃農田。江神每年要娶兩個女孩為妻，李冰把自己的女兒送去與江神成婚，直入神祠裏面，向江神勸酒，酒杯泛起了水紋，李冰厲聲斥責，江神和李冰都忽然消失了。過了很久，有兩頭牛在江岸旁相鬥。再過一會，李冰回來，渾身流汗，他對下屬說：我鬥得筋疲力盡了，你們過來幫我一下。南面那頭牛，腰間純白色的東西，是我的綬帶。於是主簿前去刺殺北面那頭牛，江神就死了。」蜀人敬佩李冰的勇氣和果斷，因此把強壯勇猛的人都稱為冰兒。秦惠王二十七年（前三一一），派遣張儀和司馬錯等人領兵滅蜀國，於是設置蜀郡。王莽時改名為導江。張儀模仿咸陽的格局，建築了成都城。晉朝太康年間（二八〇至二八九），蜀郡立為王國，長官改稱成都內史。成都是益州刺史的治所。

《地理風俗記》說：「華陽、黑水一帶就是梁州。」漢武帝元朔二年（前一二七），把梁州改稱為益州，這是因為新開發了犍為、牂柯、越嶲三郡，州的範圍益加遼闊，所以稱為益。州治起初在廣漢郡的雒縣，後來遷徙到這裏。因此李固《與弟圄書》說：「我李固今年五十七歲，鬢髮已白了，俗語說：生活安樂便要出遊，心滿意足便離去。我已經遊遍天下，只是未到過益州。從前嚴夫子經常說：『經書有五部，學習了四部；天下有九州，遊歷過八州。』我真想能像這位先生一樣呀！」當初張儀築城時，取土的地方，離城十里，蓄了水用來養魚，就是現在的萬頃池。城北又有龍堤池，城東有千秋池，西有柳池，西北有天井池，水道互相流通，無論冬夏都不枯竭。西南兩條江上架了七條橋：正對西門在郫江上的，名為沖治橋；西南石牛門的，名為市橋，吳漢領兵入蜀時，從廣都派遣一支輕騎兵先到，把橋燒掉。橋下的水池稱為石犀淵，從前李冰造了五頭犀牛，用來鎮壓水妖，又引渠道穿過石犀，通到南江，把當地命名為犀牛里，其後移走兩頭犀牛，一頭移到府城市場的市橋門，一頭沉在池底；大城南門的，名為江橋；江橋南面的橋，名為萬里橋；在西面上游的，名為夷里橋；下游的，名為笮橋，南岸的大道東面，有一所學堂。當初文翁任蜀郡守，設立了講堂，又在南城建造了石室。永初（一〇七至一一三）以後，學堂遇上火災，後任的郡守加建了兩間石室。後來州官府把郡學堂侵佔了，學堂遷移到夷里橋南岸的大道東邊。

賞析與點評

成都是蜀郡的政治、經濟中心，也是中原文明傳播到巴蜀的重要據點，秦漢時期，大批中原士商遷居蜀郡，同時派遣不少才識超卓的官員出任蜀郡太守，使蜀郡的文化迅速提升，人才輩出，張儀、李冰、司馬相如、揚雄、文翁等是其中皎皎者。這些歷史人物，為蜀郡的發展，留下不少故事和史跡。

錦官、廣都縣、長升橋、升仙橋（司馬相如題字處）

【注】道西城，故錦官也。言錦工織錦，則濯之江流，而錦至鮮明，濯以他江，則錦色弱矣，遂命之為錦里也。蜀有回復水，江神嘗溺殺人，文翁為守，祠之，勸酒不盡，拔劍擊之，遂不為害。

江水東逕廣都縣[1]，漢武帝元朔二年置，王莽之就都亭也。李冰識察水脈，穿縣鹽井，江西有望川原，鑿山崖度水，結諸陂池，故盛養生之饒，即南江也。又從沖治橋北折曰長升橋。城北十里曰升仙橋，有送客觀，司馬相如將入長安，題其門曰：「不乘高車駟馬，不過汝下也。」[2]後入邛蜀，果如志焉。李冰沿水造橋，上應七宿[3]，故世祖[4]謂吳漢曰：「安軍宜在七橋連星間。」漢自廣都，乘勝進逼成都，與其副劉尚南北相望，夾江為營，浮橋相對。公孫述[5]使謝豐揚軍市橋，出漢後襲破，漢墜馬落水，緣馬尾得出，入壁命將。夜潛渡江，就尚擊豐，斬之於是水之陰。

注釋

1廣都縣：在成都南，後縣廢。2高車駟馬：指四匹馬拉的高大馬車。意思是得不到榮華富貴，不會過橋還鄉。可見司馬相如的自負。3七宿：中國古天文學的七個星座，即角、亢、氐、房、心、尾、箕，分別代表青龍的角、咽喉、前足、胸、心、尾，龍尾搖擺形成旋風。4世祖：此處指漢光武帝的廟號。5公孫述：王莽時任導江卒正（即蜀郡太守），王莽託古改制失敗，天下大亂，述自稱輔漢將軍兼任益州牧，自稱為蜀王，割據益州。漢光武帝建武元年（二五），與劉秀同年自立為皇帝，國號「成家」，年號龍興。建武十二年（三六），漢光武帝大司馬吳漢攻破成都，縱兵大掠，漢軍盡誅公孫氏，成家滅亡。

譯文

大道西面的城，是從前的錦官。據說錦工把錦緞織成之後，放在這裏的江水中漂洗，錦會越發鮮艷明麗，在其他江水中漂洗，錦就會褪色，於是稱這地方為錦里。蜀郡有回復水，江神曾經在這裏把人浸死，文翁任太守時，在祠中祭祀江神，向他敬酒，江神沒有飲完，文翁拔劍刺他，從此不再害人。

江水又往東流，經過廣都縣，廣漢縣在漢武帝元朔二年（前一二七）設立，王莽時改稱就都亭。李冰懂得觀察水脈流向，他開鑿了縣境內的鹽井。大江的西面有望川原，鑿開山崖引水流過，匯集成為幾個陂池，因此百姓生活所需的物資非常豐盛，這就是南江。江水又從沖治橋往北轉彎，有橋名為長升橋。城北十里有橋名為升仙橋，橋邊有送客觀。司馬相如準備前往長安，在門上題字說：「我不乘高車駟馬，不會從你的下面走過。」後來他返回邛蜀，果然如他所願。李冰沿着江水造了七座橋，與天上的北斗七星相應，因此世祖光武帝對吳漢說：「（進攻成都時）軍隊應該部署在連成七星的七座橋之間。」吳漢從廣都乘勝進逼成都，與他的副將劉尚南北相呼應，隔江在兩岸建立軍營，以浮橋相連。公孫述派遣謝豐在市橋發兵，繞到吳漢的背後襲擊，攻破吳漢的陣地，吳漢墜馬落水，抓住馬尾才得以脱險。他進入軍營後，命令部將連夜偷偷渡江，向劉尚軍靠攏，合兵進擊，終於在大江南岸斬殺了謝豐。

賞析與點評

在漢朝，蜀郡最著名的物產是蜀錦，漢朝皇室在蜀郡設官監督生產，因此蜀郡治所成都又稱「錦官城」。唐詩人杜甫名句「錦官城外柏森森」就是據此而說。漢代蜀郡的名人，首推司馬相如，司馬相如和蜀錦，成為蜀郡的名片。

僰道縣、僰人、僰僮

經 又東南過僰道縣北，若水、淹水合從西來注之。又東，渚水北流注之。

注 縣，本僰人居之。《地理風俗記》曰：「夷中最仁，有仁道，故字從人。」

《秦紀》所謂「僰僮之富」[1]者也。其邑，高后六年城之。漢武帝感相如之言，使縣令南通僰道，費功無成，唐蒙南入，斬之，乃鑿石開閣[2]，以通南中[3]，迄於建寧[4]，二千餘里。山道廣丈餘，深三四丈，其塹鑿之跡猶存。王莽更曰僰治也。山多猶猢[5]，似猴而短足，好遊岩樹，一騰百步，或三百丈，順往倒返，乘空若飛。縣有蜀王兵蘭[6]，其神作大難[7]，江中崖峻阻險，不可穿鑿，李冰乃積薪燒之，故其處懸岩，猶有五色焉[8]。赤白照水，玄黃魚從僰來，至此而止，言畏崖嶼，不更上也。《益部耆舊傳》曰：「張真妻，黃氏女也，名帛。真乘船覆沒，求屍不得，帛至沒處灘頭，仰天而嘆，遂自沉淵。積十四日，帛持真手於灘下出。時人為說曰『符有先絡[9]，僰道有張帛』者也。」

注釋

1 僰僮之富：指蜀郡人以蓄養僰僮多少顯示財富。2 閣：指峽谷中的棧道。3 南中：漢朝益州以南的廣大地區稱為南中，相當今四川省大渡河以南和雲南、貴州兩省之地。4 建寧：漢武帝通西南夷，在南中之地設置益州郡、永昌郡。益州郡相當於今雲南省昆明市、大理市一帶，蜀漢改益州郡為建寧郡。西晉泰始七年（二七一），以建寧、興古、雲南及交州之永昌等四郡設置寧州。5 猢：獼猴的一種。6 蘭：即欄，柵欄。7 大難：指江神施法，阻止李冰開山。8「李冰乃」句：李冰用火燒裂岩石，使較容易開鑿，古人認為李冰與江神鬥法。9據《華陽國志》，符縣史先尼和在江中淺死，尋不到屍首，女兒先絡自沉江中，數日後，與父屍一起浮出。

譯文

又往東南流，經過僰道縣的北面，若水、淹水會合之後，從西面而來注入江水。

江水又往東流，渚水往北流，注入江水。

僰道縣原本是僰人的居住地。《地理風俗記》說：「夷人之中，僰人最善良，有仁愛之風。所以僰字的偏旁帶人。」《秦紀》也說：「擁有很多僰人僮僕。」僰道縣城修築於高后六年（前一八二），漢武帝聽從司馬相如的話，派遣縣令開闢通往南方的僰道，耗費了人力，但不成功。唐蒙向南深入，斬殺了僰人首領，於是穿石崖開闢棧道，通往南中，到達建寧為止，全長二千餘里。山路一丈多寬，下面的懸崖深三四丈，鑿壁開路的痕跡還存在。王莽時改名為僰治。

深山裏有很多猶猢，形狀像猴子但腳短，喜歡在岩樹之間嬉戲，一躍百步，甚至遠達三百丈，往來自由矯捷，淩空跳躍如飛。縣境內有蜀王的兵營欄柵。相傳山神大發神威，江水被高聳的山崖所阻截，非常險峻，無法開鑿，於是李冰堆積大量柴薪引火焚燒（希望燒裂岩石，方便開鑿），所以那裏懸崖下的岩石，仍留下斑斕五彩，或紅或白，映照在水中。有一種黑黃相間的魚，從僰人地方游來，到這裏便停下，據說是害怕懸崖和礁石，不敢再往上游了。《益部耆舊傳》說：「張真妻子，是黃氏的女兒，名叫帛。張真乘船沉沒，找不到屍首。黃帛來到沉船地點的灘頭，仰天而嘆，之後投身入沉淵之中，過了十四日，黃帛抓住張真的手，從灘下浮出來。當時人有句話是這樣說的：『符縣有孝女先絡，僰道有賢妻張帛。』」

賞析與點評

蜀郡及周邊原本是邊疆民族的居所，其後秦兼併其地，移民實邊，設置郡縣，漢朝更推行教化，原來的蜀人及其他民族逐漸與漢人同化，然而邊境山中，仍有漢化較淺甚至未經漢化的部族，僰人是其中之一。

三蜀、廣漢郡（三星堆）、沈鄉、犍為郡、牛鞞縣、綿水口

經 又東過江陽縣南，洛水從三危山，東過廣魏洛縣南，東南注之。

注 益州舊以蜀郡、廣漢[1]、犍為為三蜀。土地沃美，人士儁乂[2]，一州稱望。縣有沈鄉，去江七里，姜士遊[3]之所居。詩至孝，母好飲江水，嗜魚膾，常以雞鳴溯流汲江。子坐[4]，取水溺死，婦恐姑知，稱託遊學，冬夏衣服，實投江流。

於是至孝上通，湧泉出其舍側，而有江之甘焉。詩有田，濱江澤鹵，泉流所溉，盡為沃野。又湧泉之中，旦旦常出鯉魚一雙以膳焉，可謂孝悌發於方寸，徽美著於無窮者也。

洛水又南逕新都縣[5]，蜀有三都，謂成都、廣都，此其一焉。與綿水[6]合。水西出綿竹縣[7]。又與湔水合，亦謂之郫江也，又言是涪水。呂忱曰：「一曰湔。」然此二水俱與洛會矣。又逕犍為牛鞞縣[8]為牛鞞水。昔羅尚[9]乘牛鞞水，東征李雄[10]，謂此水也。縣以漢武帝元封二年置。又東逕資中縣[11]，又逕漢安縣[12]，謂之綿水也。自上諸縣，咸以溉灌，故語曰「綿、洛為沒沃」也。綿水至江陽縣[13]方山下入江，謂之綿水口。亦曰中水。

注釋

1廣漢：漢高祖六年（前二〇一），分蜀郡東部與巴郡數縣置廣漢郡，郡名取義於廣大漢朝。治所在梓潼縣，即今四川省梓潼，範圍相當於今四川省成都市以北綿陽、廣元等市，至甘肅文縣一帶。廣漢曾經是古代蜀國的重要據點，近年發現的三星堆遺址，出土大量與中原風格有異的青銅器和玉器。2雋乂（粵：艾；普：ai）：乂，治理的意思，如「保國乂民」；稱有才德的人為雋乂。3姜士遊：姜詩，字士遊，益州廣漢郡雒縣人，後漢時官至郎中。姜詩及其妻龐行，為二十四孝故事中「湧泉躍鯉」的主角，其事見於《後漢書》。4 子坐：兒子姜坐。5 新都縣：今成都市郊仍有新都縣。前漢末，外戚王莽封為新都侯。6 綿水：今名沱江。7 綿竹縣：今四川省綿竹市，在成都北。8 牛鞞縣：今四川省簡陽市。9 羅尚：西晉益州刺史，氐人首領李特叛晉，率軍攻打成都，史羅尚拒守，李特敗死。10 李雄：成漢國皇帝。成漢為西晉末至東晉割據巴蜀的政權，為「五胡十六國」之一。西晉末，益州蜀郡的巴氏族首領李特招集流民在蜀郡起兵反晉，攻克成都，公元三〇四年其子李雄稱成都王，兩年後稱帝，建國號為「大成」。傳至李壽，號國為「大漢」，因此史稱「成漢」。公元三四七年，東晉權臣桓溫率兵入蜀，成漢皇帝李勢投降，立國共四十六年。11 資中縣：今四川省資陽市。
12 漢安縣：今四川省內江市。13 江陽縣：今四川省瀘州市。

譯文

又往東過江陽縣南，洛水從三危山來，向東經過廣魏洛縣南，由東南方注入。

從前益州的蜀郡、廣漢、犍為三郡合稱為三蜀。這裏土地肥美，人士才智出眾，在一州之中有崇高聲望。縣內有沈鄉，離江邊七里的地方是姜士遊之住處。姜詩的母親喜歡飲江水，吃薄切魚片，他非常孝順，時常在雞啼的時候到上游地方汲江水。他的兒子姜坐打水時失足淹死，妻子恐怕婆婆知道傷心，瞞着她說出外求學去了。每年為他縫製冬夏衣服，其實都投放到江流之中。他們的孝行感動了上天，屋旁地下湧出泉水，味道像江水一樣甘美。姜詩有一塊田在江邊，地勢低窪，土壤貧瘠，因為有泉水流出灌溉，變成了肥沃的耕地。而且湧泉之中，每天都有鯉魚成對地出現，供他們食用，可以説孝敬的真情發於內心，美德的典範流芳百世了。

洛水又往南流，經過新都縣。蜀郡有三都，即成都、廣都，這是其中之一。洛水與綿水會合，綿水發源於西面的綿竹縣。洛水又與湔水會合，湔亦稱為郫江，又名涪水。呂忱説：「又名為湔。」這兩條水道都與洛水會合。洛水又經過犍為郡牛鞞縣，稱為牛鞞水。從前羅尚沿着牛鞞水而下，往東征伐李雄，指的就是這條水道。牛鞞縣在漢武帝元封二年（前一〇九）設立。又往東流，經過資中縣，又經過漢安縣，稱為綿水。以上幾個縣都利用這水溉灌，所以俗語説：「綿、洛可以淹灌。」綿水流到江陽縣方山之下，注入大江，匯流處稱為綿水口。綿水又名中水。

賞析與點評

戰國時，秦兼併巴、蜀，在其地設置巴、蜀二郡以資治理，並移民實邊。漢高祖劉邦最初受項羽封為漢王，其封國管有巴、蜀、漢中三郡，因此漢朝視巴、蜀為興王之地。隨着戶口增多，而巴、蜀地方廣袤，漢朝分巴、蜀二郡增設新郡，蜀郡分為蜀、廣漢、犍為三郡，稱為三蜀，武帝時廣開疆土，增設南中諸郡，設置益州刺史部監察地方行政。從巴、蜀郡縣的分置，益州之設立，可反映秦漢開發西南邊疆的趨勢。

巴郡江州縣、官橘園、官荔枝園、御米田

經 又東北至巴郡江州縣[1]東。強水、涪水、漢水、白水、宕渠水五水合，南流注之。

注 強水，即羌水也。宕渠水[2]即潛水、渝水矣。巴水出晉昌郡宣漢縣[3]巴嶺山[4]，郡隸梁州，晉太康中立，治漢中。縣南去郡八百餘里，故屬巴渠。西南流歷巴中，逕巴郡故城南，李嚴[5]所築大城北，西南入江。庾仲雍[6]所謂江州縣對二水口，右則涪內水，左則蜀外水。即是水也。

江州縣，故巴子之都也。《春秋》桓公九年，巴子使韓服告楚，請與鄧好[7]是也。及七國稱王，巴亦王焉。秦惠王遣張儀等救苴侯[8]於巴，儀貪巴、苴之富，因執其王以歸，而置巴郡焉，治江州。漢獻帝初平元年，分巴為三郡，於江州，則永寧郡治也。至建安六年，劉璋納蹇胤[9]之訟，復為巴郡，以嚴顏[10]為守。顏見先主入蜀，嘆曰：「獨坐窮山，放虎自衛。」此即拊心處也。

漢世郡治江州，巴水北北府城是也，後乃徙南城。劉備初以江夏費觀為太守，領江州都督。後都護李嚴更城，周十六里，造蒼龍、白虎門，求以五郡為巴州治[11]，丞相諸葛亮不許，竟不果[12]。地勢側險，皆重屋累居，數有火害，又不相容。結舫水居者五百餘家，承二江之會，夏水增盛，壞散顛沒，死者無數。縣有官橘、官荔枝園，夏至則熟，二千石常設廚膳，命士大夫共會樹下食之。縣北有稻田，

出御米也。

注釋

1巴郡江州縣：今重慶市中心。《華陽國志》記述：張儀滅巴國之後，在江州築城，為巴郡治所。江州（重慶）為川東政治中心的地位，一直延至今日。2宕（粵：蕩；普：dàng）渠水：又名潛水，今名渠江。3晉昌郡宣漢縣：今四川省達州市。後漢和帝時分宕渠縣設置宣漢縣。4巴嶺山：今名大巴山，為四川、陝西交界山脈。5李嚴：是一位被忽略的蜀漢重臣，據史書陳壽《三國志》記述，劉備臨終，諸葛亮及李嚴二人同為託孤大臣，其後李嚴在與諸葛亮派系政治較量中失敗，獲罪被貶，憂憤病死。李嚴在歷史記述中被淡化，在民間記憶中消失。6庾仲雍：東晉南朝有多人撰寫過《荊州記》，例如范汪《荊州記》、庾仲雍《荊州記》、郭仲產《荊州記》、劉澄之《荊州記》、陳運溶《荊湘地記》等，俱已散佚，因《水經注》引述而保存部份內容。7與鄧好：與鄧國修好。鄧國在今河南省西南部南陽盆地的鄧州市。8苴（粵：咀／茶；普：jū/chá）侯：苴音咀時為植物名，即苴麻；音茶時為古國名。苴人為巴人其中一支，分佈於漢中以南，蒼溪以北之地，即今巴中、閬中、廣元一帶，蜀王開明攻奪其地，封其弟為苴侯，建都於葭萌（今四川省廣元市昭化區）。9劉璋納蹇胤：益州牧劉璋部屬，只知為固陵人，其他不詳。建安六年（二〇一），劉璋分巴郡為三：以墊江以上為巴郡，以江州至臨江為永寧郡，朐忍至魚復為固陵郡。固陵人蹇胤認為失去巴郡名稱將會忘記歷史，上書爭取恢復巴郡名稱得劉璋接納，改固陵為巴東，墊江以北的巴郡改稱為巴西郡，江州的永寧郡恢復巴郡名稱，是為三巴。10 嚴顏：劉璋部將。建安十六年（二一一）劉備入蜀，當時嚴顏為巴郡太守，劉備大將張飛攻江州，嚴顏戰敗被俘，張飛對嚴顏說：「大軍至，何以不降而敢拒戰？」嚴顏回答說：「卿等無狀，侵奪我州，我州但有斷頭將軍，無降將軍也！」張飛把他釋放，以嚴顏為賓客，之後的事跡沒有記載。11「求以」句：李嚴建議分益州東部設置巴州，以巴郡江州縣為州治。12「丞相」兩句：諸葛亮疑心李嚴欲據三巴，擁地自重。

譯文

江水又往東北流，到巴郡江州縣的東面。強水、涪水、漢水、白水、宕渠水五水會合之後，往南流，注入江水。

強水，也就是羌水；宕渠水就是潛水、渝水；巴水源出於晉昌郡宣漢縣的巴嶺山，晉昌郡隸屬梁州，晉太康年間（二八〇至二八九）設立，治所在漢中。宣漢縣南面距離郡治八百多里，原本隸屬巴渠郡。巴水往西南流，經過巴中，經過巴郡舊城的南面、李嚴所築的大城北面，往西南流，注入大江。庾仲雍所說的「江州縣與兩處水口相對，右面的涪水是內水，左面的蜀水是外水」，就是這條水道。江州縣是從前巴子國的都城。這就是《春秋》所記載：「桓公九年（前七〇三年），巴子派遣韓服出使楚國，規勸楚國與鄧國修好。」到了七國稱王時，巴國也稱王了。秦惠王派遣張儀途經巴國救援苴侯，張儀貪圖巴、苴的財富，把兩國國王拘拿，帶回秦國，因此設立了巴郡，治所在江州。漢獻帝初平元年（一九〇），分巴郡為三個郡，江州便成為永寧郡治所了。到了建安六年，劉璋接受了蹇胤的爭辯，恢復了原來的巴郡，派嚴顏為郡太守。嚴顏見（劉璋邀請）先主劉備進入蜀地，嘆息地說：「獨坐深山之中，卻把猛虎放出來，為自己作保衛（太危險了）。」這裏就是嚴顏為劉璋的愚蠢而搥胸頓足的地方。

漢朝的時候，巴郡的治所江州，就是巴水北岸的北府城，後來遷徙到南城。劉備最初任命江夏人費觀為郡太守，兼任江州都督，後來都護李嚴改建城牆，周迴十六里，建造了蒼龍、白虎等城門，要求設立巴州，把附近五個郡劃歸巴州管轄，但丞相諸葛亮不批准，成立巴州的計劃最終沒有實現。巴郡多山坡，形勢險峻，房屋建在山坡上，層層重疊，經常發生火災，而且居民互不相容。在水邊搭建船屋的居民，有五百多家，地處兩條大江的會合處，夏季江水猛漲，淹沒沖壞不少船屋，淹死的人不計其數。縣境有官橘園、官荔枝園，夏天來臨，果實成熟，郡太守（二千石俸祿的職級）時常準備了飯菜，邀請士大夫們聚集在果樹下品嘗。縣城的北面有稻田，出產專供皇室御用的稻米。

賞析與點評

戰國時，秦國開闢南方，滅巴國，設置巴郡。巴人以長蛇為保護神，巴是長蛇的象形，巴人在夏商時期已見史載。巴人分佈於湖北西部山區，後來擴展到四川盆地東部、湘西、陝東南，這一帶山嶺連綿，稱為「大巴山」。周武王伐紂時有功，封為巴子國，但長期以來仍處部落聯盟狀態。據《後漢書·南蠻西南夷列傳》的記述，巴人稱首領為廩君，在廩君帶領下，一部份巴人沿夷水（清江）進入今湖北恩施州境內，戰勝鹽水女神部落之後，在夷城（今湖北恩施）建立都城。其後裔一部份繼續西遷，至今重慶、川東一帶，建立巴國。一部份巴人部落仍然留居在清江流域，並陸續向西部和南部流動，部份巴人進入了湘西。

西晉蜀郡學者常璩《華陽國志·巴志》記述了秦滅巴國的經過：「秦惠文王與巴、蜀為好。蜀王弟苴侯私親於巴。巴蜀世戰爭，周慎靚王五年（前三一六），蜀王伐苴侯。苴侯奔巴。巴求救於秦。秦惠文王遣張儀、司馬錯救苴、巴。遂伐蜀，滅之。儀貪巴、苴之富，執王以歸。置巴、蜀及漢中郡。分其地為四十一縣。」這是另一個「假虞滅虢」的故事。

巴國滅亡之後，其遺民尚在，近代學者普偏認同，散居於今湖北、湖南、四川、重慶、貴州等省市交界山區的土家族，就是巴人的苗裔。

朐忍縣、瞿巫灘、傘子鹽、檀井溪

經 又東過魚復縣南，夷水出焉。

注 江水又東，右逕朐忍縣[1]故城南。常璩[2]曰：「縣在巴東郡西二百九十里，縣治故城，跨其山阪，南臨大江。江之南岸有方山，山形方峭，枕側江濆[3]。」江水又東逕瞿巫灘，即下瞿灘也，又謂之博望灘。左則湯溪水注之，水源出縣北六百餘里上庸[4]界，南流歷縣，翼帶鹽井一百所，巴川資以自給。粒大者，方寸，中央隆起，形如張傘，故因名之曰傘子鹽。有不成者，形亦必方，異於常鹽矣。王隱[5]《晉書地道記》曰：「入湯口四十三里，有石，煮以為鹽。石大者如升，小者如拳，煮之，水竭鹽成。」蓋蜀火井之倫[6]，水火相得乃佳矣。湯水下與檀溪水合，水上承巴渠水，南歷檀井溪，謂之檀井水，下入湯水。湯水又南入於江，名曰湯口。

注釋

1朐（粵：拘；普：qú）忍縣：在今重慶萬州區、雲陽縣之間。2常璩：字道將，東晉蜀郡江原縣（今四川省成都市崇州）人，成漢時官至散騎常侍。東晉桓溫進攻成漢，常璩與中書監王嘏等勸李勢降晉。撰《華陽國志》十二卷，記述益、寧等州史地，今存。清朝學者洪亮吉認為，此書與《越絕書》是中國現存最早的地方志。3濆（粵：

棼；普：fén）：水邊，岸邊。宋王安石詩句：「茂松修竹翠紛紛，正得山阿與水濆。」4上庸：後漢建安二十年（二一五）分漢中郡東部設置上庸郡，治上庸縣（今湖北竹山縣西南）。5王隱：字處叔，晉元帝年間（三一八至三二一）人，留心晉代史事，撰有《晉書》九十三卷，已佚，《地道記》是其中一篇。6倫：相類的意思。

譯文

又往東魚復縣南，夷水流出來。

巴水又往東流，右邊流經朐忍縣舊城的南面。常璩說：「朐忍縣在巴東郡西二百九十里，縣治就在舊縣城，坐落在山坡上，南面瀕臨大江。」大江南岸有方山，山呈方形，山坡陡峭，一側緊靠江水而立。江水又往東流，經過瞿巫灘，也就是下瞿灘，又稱為博望灘。左面有湯溪水注入，湯溪水發源於縣北六百餘里的上庸郡界，往南流經過縣城，沿途流經鹽井一百多所，巴川一帶就靠這些鹽井自給。鹽粒大的一寸見方，中央隆起，形狀像一把張開的傘，因此稱為傘子鹽。有些結不成傘狀，但也一定是方形，與一般鹽粒不同。王隱《晉書地道記》說：「進入湯口四十三里，有一種石頭可以煮出鹽來。石頭大塊的像量米的升，小的像拳頭，放進水裏煮，水煮乾了就結成鹽。」這大概是與蜀地噴火井類似的現象，是水與火互相配合，產生出好品質的鹽來。湯水的下游與檀溪水會合，檀溪水上游承接巴渠水，往南流經過檀井溪，稱為檀井水，下游注入湯水。湯水又往南流注入大江，匯合處名為湯口。

賞析與點評

四川盆地南部出產井鹽，今自貢市仍有鹽都之稱。鹽是國計民生的重要物資，《水經注》對此有詳細記述。據正史《晉書》記載，晉朝的巴東郡「以鹽立國」，繁盛一時，人口戶數約為同時期巴郡的兩倍。

巴鄉清、靈壽木

【注】江之左岸有巴鄉村，村人善釀，故俗稱巴鄉清[1]，郡出名酒。村側有溪，溪中多靈壽木，中有魚，其頭似羊，豐肉少骨，美於餘魚。溪水伏流逕平頭山，內通南浦故縣[2]陂湖。其地平曠，有湖澤，中有菱芡鯽鴈，不異外江，凡此等物，皆入峽所無，地密[3]惡蠻，不可輕至。

注釋

1 巴鄉清：酒名，大抵是蒸餾酒，所以名為「清」。2 南浦故縣：晉朝巴東郡管轄魚復、朐忍、漢豐、南浦四縣；南朝劉宋時，巴東郡改稱巴東國，轄魚復、朐忍、漢豐、南浦、新浦、巴渠、黽陽七縣。其後南浦縣廢撤，因此稱南浦故縣。3 **地密：**指地方偏僻。

譯文

江水的左岸有個巴鄉村，村民善於釀酒，所以民間稱這裏的酒為巴鄉清，是郡中出產的名酒。巴鄉村旁邊有溪，溪中長了很多靈壽樹，水中有魚，魚頭像羊，肉厚骨少，味道比一般魚更鮮美。溪水潛流經過平頭山下面，與舊南浦縣內的陂湖相通。這一帶土地廣闊平坦，有不少湖泊沼澤，水中有菱、芡等植物，又有鯽魚、大雁等魚鳥，與外江沒有差別。進入峽谷之後，這些動植物全都看不到了。這裏地方偏僻，民風兇蠻，不可以隨便進去。

賞析與點評

自古以來，巴蜀出名酒，巴蜀美食也享譽全國，川菜為中國八大菜系之一，《水經注》介紹一千多年前的巴郡美酒佳餚。

永安宮、諸葛亮受遺命處

【一】注江水又東，右逕夜清而東歷朝陽道口，有縣治，治下有市，十日一會。

江水又東，左逕新市里南，常璩曰：「巴舊立市於江上，今新市里是也。」

江水又東，右合陽元水，水出陽口縣[1]西南，高陽山東，東北流逕其縣南，東北流，丙水注之。水發縣東南柏枝山，山下有丙穴，穴方數丈，中有嘉魚，常以春末遊渚，冬初入穴，抑亦褒漢丙穴之類也。其水北流入高陽溪。溪水又東北流，注於江，謂之陽元口。

江水又東逕南鄉峽，東逕永安宮南，劉備終於此，諸葛亮受遺處也。其間平地可二十許里，江山迴闊，入峽所無。城周十餘里，背山面江，頹墉四毀，荊棘成林，左右民居，多墾其中。

注釋 1 陽口縣：在長江南岸，今重慶市奉節縣永樂鎮、安坪鄉一帶。本節地名多不見於其他史籍。

譯文 江水又往東流，右方經過夜清，又往東流經過朝陽道口，這裏有一個縣治，縣治下有市場，十日一次集市。

江水又往東流，左方經過新市里的南面，常璩說：「從前巴郡在江水上設立市場，就是現在的新市里。」

江水又往東流，右方會合陽元水。陽元水源出於陽口縣的西南方，高陽山的東面，向東北流，經過縣城南面，往東北流，丙水注入。丙水發源於縣東南方的柏枝山，山下有丙穴，洞口數丈見方，洞中有嘉魚，常在暮春時節游到沙洲旁邊，冬天來臨藏入洞內，或許情況就像褒漢丙穴那樣吧。丙水往北流，注入高陽溪。溪水又往東北流，注入大江，匯合處稱為陽元口。

江水又往東流，經過南鄉峽。又往東流，經過永安宮的南面，劉備在這裏逝世，這也是諸葛亮接受遺詔的地方。其間平地二十餘里，大江兩側的山勢較開闊，進入峽谷之後就沒有這形勢了。永安城周迴十餘里，背靠高山，前臨大江，四面城牆都已塌毀，長滿了荊棘，附近的百姓，很多就在破城裏面開墾種植。

賞析與點評

劉備白帝城託孤的故事，千古以來膾炙人口，但託孤的細節，並非一般講史者能詳述；而白帝城永安宮的所在地，更少人注意。

諸葛亮圖壘（八陣圖）、赤岬山、赤岬城

【一】注 江水又東逕諸葛亮圖壘南，石磧[1]平曠，望兼川陸，有亮所造八陣圖，東跨故壘，皆累細石為之。自壘西去，聚石八行，行間相去二丈，因曰：「八陣既成，自今行師，庶不覆敗。」皆圖兵勢行藏之權[2]，自後深識者所不能了。今夏水漂蕩，歲月消損，高處可二三尺，下處磨滅殆盡。江水又東逕赤岬[3]城西，是公孫述所造，因山據勢，周迴七里一百四十步，東高二百丈，西北高一千丈，南連基白帝山，甚高大，不生樹木。其石悉赤。土人云，如人袒胛，故謂之赤岬山。《淮南子》曰：「徬徨於山岬之旁。」《注》曰：「岬，山脅也。」郭仲産曰：「斯名將因此而興矣。」

注釋

1石磧：石灘。2行藏之權：指虛實佈局，隨機應變。3岬（粵：甲；普：jiǎ）：肩胛。此處胛與岬通用。

譯文

江水又往東流，經過諸葛亮圖壘的南面，這裏石灘平坦開闊，河川及平野都可以一覽無遺。諸葛亮所造的八陣圖，往東跨越舊營壘，以細石壘砌而成。從營壘往西，堆砌了八行石頭，每行之間相距兩丈，砌成之後他說：「八陣排列成了，今

後用兵打仗，大概不會戰敗了。」八陣圖所表示的，是用兵的虛實佈置，隨機應變的戰術，但後人即使對兵法有深刻認識，也不能了解。現今夏季水流沖激，長年累月的侵蝕磨損，高處只剩下二三尺，低處已差不多完全磨滅了。江水又往東流，經過赤岬城的西面，這是公孫述所建造。赤岬城依據山勢而築，繞城一周有七里一百四十步，東面高二百丈，西北面高一千丈，南面的城基與白帝山連接，顯得非常高大，山上不生樹木，岩石都是赭赤色。當地的人說，這座山好像袒露肩膊的人，所以稱之為赤岬山。《淮南子》說：「徬徨在山岬的旁邊。」《注》說：「岬，就是山脅下的意思。」郭仲產說：「這個名稱將會因此而流行了。」

賞析與點評

諸葛亮不但是蜀漢丞相，他更是中國人傳說中的智謀代表，文能安邦，武能退敵，長江沿岸不少古跡，只要與諸葛亮扯上關係，便能受後人崇敬。長江岸上有一片排列奇特的石灘，被好事者稱為諸葛亮八陣圖，以至唐朝詩聖杜甫，也有「功蓋三分國，名成八陣圖」的名句，以讚揚諸葛亮。三峽水庫落成之後，八陣圖已沒入水中。

魚復縣故城、白帝城、巴東郡、淫預石

【一】注 江水又東逕魚復縣故城[1]南，故魚國也。《春秋左傳》文公十六年，庸[2]與羣蠻叛，楚莊王[3]伐之，七遇皆北，「惟裨[4]、儵、魚人逐之[5]」是也。《地理志》江關都尉治。公孫述名之為白帝，取其王色[6]。蜀章武二年，劉備為吳所破，改白帝為永安，巴東郡治也。漢獻帝初平元年，分巴為二郡，以魚復為故陵郡[7]。蹇胤訴劉璋，改為巴東郡，治白帝山城，周迴二百八十步，北緣馬嶺，接赤岬山，其間平處，南北相去八十五丈，東西七十丈；又東傍東瀼溪，即以為隍[8]；西南臨大江，闞[9]之眩目。惟馬嶺小差委迤[10]，猶斬山為路，羊腸數四，然後得上。益州刺史鮑陋鎮此，為譙道福所圍[11]，城里無泉，乃南開水門，鑿石為函道，上施木天公[12]，直下至江中，有似猿臂相牽引汲，然後得水。水門之西，江中有孤石，為淫預石，冬出水二十餘丈，夏則沒，亦有裁出處矣。

注釋

1魚復縣故城：今重慶市奉節縣城。2庸：古部族名，曾協助周武王伐紂。《書經・牧誓》云：「庸、蜀、羌、髳、微、盧、彭、濮人，稱爾戈，比爾干，立爾矛，予其誓。」庸為諸部族之首。庸人分佈於長江三峽東西兩側山區，其下有麇（粵：君／羣；普：jūn）、儵（粵：叔；普：shū）、魚、夔（粵：葵；普：kuí）等附屬小國。3楚莊

王：春秋時楚國君主，為五霸之一。4 **裨**（粵：卑；普：bì/pí）：細小。此處為部族名。5 此句出自《左傳．文公十六年》，原文為：「惟裨、鯈、魚人實逐之。」意思是楚莊王藉裨人、鯈人、魚人的幫助，打敗庸國。6 **「公孫述」兩句**：漢朝人深信五行相生相剋的說法，漢朝以火德統治天下，應該被土德取代，所以王莽自稱土德，篡漢，王莽滅亡，應該被金德取代，因此公孫述割據益州，自稱以金德建立政權。火德尚赤（紅色），土德尚黃，金德尚白，所以公孫述築白帝城。《後漢書．五行志》說：「時人竊言王莽稱黃，述欲繼之，故稱白。」7 **故陵郡**：前文益州牧劉璋曾分巴郡東部設置「固陵郡」，此處寫成「故陵」。今重慶市雲陽縣有故陵鎮，不知哪一個寫法正確。8 **隍**：本義是沒有水的護城壕。9 **闚**：窺的另一寫法。10 **小差**：稍為；**委迤**：此處指地勢平緩。11 **「益州」兩句**：東晉義熙元年（四〇五）益州兵變，譙周攻陷成都，殺害晉益州刺史毛璩而建立政權。晉相國劉裕派劉敬宣、鮑陋等領兵伐蜀，譙周大將譙道福阻險拒守，晉軍受阻。12 **木天公**：木造的臂架。

譯文

江水又往東流，經過魚復縣舊城的南面，這是從前的魚國。《春秋左傳》記載：文公十六年（前六一一），庸國與羣蠻反叛，楚莊王出兵討伐，七次交戰都被打敗，其實是裨、鯈、魚等族人把楚兵趕走的。據《地理志》記載，這是江關都尉的治所。公孫述稱之為白帝，因當地曾經有白龍王（白帝）現形而取名。蜀國章武二年（二二二），劉備被吳國打敗，改白帝為永安，這是巴東郡的治所。在漢獻帝初平元年（一九四），巴郡分設為兩個郡，原擬以魚復縣為故陵郡治所，蹇胤向（益州牧）劉璋提議，改稱為巴東郡，治所在白帝山城。白帝山城周迴二百八十步，北面依靠馬嶺，與赤岬山連接，兩山之間平坦的地方，南北相距八十五丈，東西相距七十丈；又東面瀕東瀼溪，就作為護城河；西南面俯臨大江，往下望令人頭暈目眩。只有馬嶺一帶山勢稍為連綿平緩，但也需要開山闢路，沿着彎彎曲曲的羊腸小徑，才可以盤山而上。益州刺史鮑陋在這裏鎮守，被譙道福所圍攻，城內沒有泉水，於是在南面開了水門，在岩壁上鑿開函道，上面架設了木天公，一直放到江中，好像猿猴手牽着手把水汲上城內，然後有水可用。水門的西面，江中有一塊孤石，就是淫預石，冬天露出水面二十餘丈，夏天則沉沒水中，也有僅有少許露出水面。

賞析與點評

據正史陳壽《三國志》記述，蜀漢章武元年（二二一）四月，劉備在成都稱帝，七月，以為關羽報仇為名，移駐巴東郡（今重慶市奉節縣）興兵伐吳。章武二年正月，攻克秭歸；二月，兵臨夷陵（今湖北省宜昌市）；六月，大敗於東吳軍，劉備「由步道還魚復，改魚復縣曰永安」，並在白帝城置永安宮。章武三年（二二三）二月，丞相諸葛亮自成都移白帝城，輔助劉備軍務；三月，劉備突然病篤，向丞相諸葛亮及尚書令李嚴託孤；四月癸巳，在永安宮駕崩，時年六十三。劉備自正式登基到駕崩，只在成都停留了三個月，其餘時間幾乎一直留在白帝城。白帝城永安宮是這位出身草莽、一生浪跡的皇帝的最後歸宿。

三峽、白鹽崖、瞿塘灘

【注】江水又東逕廣溪峽，斯乃三峽[1]之首也。其間三十里，頹岩[2]倚木，厥勢殆交。北岸山上有神淵，淵北有白鹽崖，高可千餘丈，俯臨神淵。土人見其高白，故因名之。天旱，燃木岸上，推其灰燼，下穢淵中，尋即降雨。常璩曰：「縣有山澤水神，旱時鳴鼓請雨，則必應嘉澤。」《蜀都賦》所謂：「應鳴鼓而興雨也。」峽中有瞿塘、黃龕[3]二灘，夏水迴復，沿泝[4]所忌。瞿塘灘上有神廟，尤至靈驗。刺史二千石[5]逕過，皆不得鳴角伐鼓。商旅上下，恐觸石有聲，乃以布裹篙[6]足。今則不能爾，猶饗薦[7]不輟。此峽多猨[8]，猨不生北岸，非惟一處。或有取之，放著北山中，初不聞聲，將同貉[9]獸渡汶而不生矣。其峽，蓋自昔禹鑿以通江，郭景純所謂：「巴東之峽，夏后疏鑿者。」

注釋

1三峽：瞿塘峽、巫峽、西陵峽，西起重慶市奉節縣的白帝城，東至湖北省宜昌市的南津關，全長一百九十二公里。2頹岩：傾側的岩石。3龕（粵：堪；普：kān）：小窟或小屋，後世指放置神像的小閣或洞穴。黃龕是地名。4泝（粵：訴；普：sù）：同溯，逆流而上。5二千石：唐以前官階，中央九卿，地方郡太守、國相，每年俸祿二千石糧食，因此稱為「二千石」。6篙：撐船的竹竿。7饗薦：以酒食祭祀神靈。8猨：同猿。9貉（粵：學；普：hé/ mò）：犬科動物，晝伏夜出，皮毛珍貴。

譯文

江水又往東流，經過廣溪峽，這就是三峽的開端了。峽谷長三十里，懸空欲墜的危岩，枝幹斜生的大樹，看起來兩岸要互相交接。北岸的山上有一個神祕的深淵，深淵的北面有白鹽崖，崖高一千多丈，可以居高臨下俯望神淵。當地人因為山崖又高又白，所以取名。天旱時，在岸上燃燒樹木，把灰燼往下推，污染了深淵，不久便會下雨。常璩說：「縣境有山澤水神，天旱時擊鼓求雨，必定應驗，喜降甘霖。」這就是《蜀都賦》所說的：「應鳴鼓而興雨。」（敲響鼓聲就會下雨）峽谷中有瞿塘、黃龕兩處險灘，夏季洪水猛漲激起漩渦，上灘下灘都得提心吊膽。瞿塘灘上有一座神廟，特別靈驗，刺史、二千石級別的高官經過，都不可以吹號打鼓驚擾神靈；商人旅客逆流而上或者順流而下，擔心撐竿碰觸到岩石發出聲響，都用布包起撐竿的下端。現在雖然不會這樣做，但祭祀水神仍然沒有間斷。這峽谷中猿猴很多，但北岸卻沒有猿猴，不僅僅某一地點。偶然有人捕捉一些猿猴，放到北山之中，其後卻聽不到猿猴的叫聲，也許就像貉子一樣，一渡過汶水便不能生存了。據說從前大禹為了疏導江水，鑿開了這峽谷，郭景純說過：「巴東峽谷，是夏禹王為了疏導大江而開鑿。」

賞析與點評

長江三峽，自古以來以險峻雄奇聞名天下，酈道元雖然從未涉足三峽，但閱讀了不少東晉南朝人對三峽的記述，抄錄在《水經注》中，在文字之外神遊三峽的壯美。

巫山、新崩灘

經 又東過巫縣南，鹽水從縣東南流注之。

注 江水又東逕巫峽，杜宇[1]所鑿以通江水也。郭仲產云：「按《地理志》，巫山在縣西南。」而今縣東有巫山，將[2]、郡、縣居治無恆故也。江水歷峽東，逕新崩灘，此山漢和帝永元十二年崩，晉太元二年又崩。當崩之日，水逆流百餘里，湧起數十丈。今灘上有石，或圓如簞[3]，或方似屋，若此者甚眾，皆崩崖所隕，致怒湍流，故謂之新崩灘。其頹岩所餘，比之諸嶺，尚為竦桀。其下十餘里，有大巫山，非惟三峽所無，乃當抗峰岷、峨[4]，偕嶺衡、疑[5]。其翼附羣山，并概青雲，更就霄漢，辨其優劣耳。

注釋

1 杜宇：傳説中古蜀國的國王。據揚雄《蜀王本紀》記載，杜宇從天降至朱提（今雲南省昭通市），娶江源（今四川省崇州市）井中冒出的女子利為妻，其後取代魚鳧（粵：符；普：fú；野鴨），在蜀地稱王。杜宇積極開疆擴土，東達嘉陵江，與巴國接壤；北至漢中，與秦為鄰。杜宇後來讓位給大臣鱉靈，其後秦國藉巴人之助，出兵滅蜀，再滅巴國。據稱杜宇實際上是被鱉靈推翻後逃亡，因復位不成，怨魂化為杜鵑鳥，每逢農曆三月，飛回家鄉悲鳴，直至吐出鮮血，滴在花瓣上，成為杜鵑花。而蜀人聽到杜鵑悲啼，便知已到播種時刻。2 將：魏晉以後，經常任命大臣為將軍，鎮守要地。3 簞（粵：丹；普：dān）：盛飯的圓竹器。《孟子・告子上》：「一簞食，一豆羹，得之則生，弗得則死。」4 岷、峨：岷山、峨嵋。5 衡、疑：衡山、九疑（嶷）山。

譯文

又往東經過巫縣南，鹽水從縣東南注入。

江水又往東流，經過巫峽，這峽谷是杜宇為了疏通江水而開鑿。郭仲產說：「查閱《地理志》，巫山在縣境的西南部。」但現在縣的東部有巫山，這是由於將軍、郡、縣的治所不固定的緣故。江水又經過巫峽的東面，經過新崩灘，山在漢和帝永元十二年（一〇〇）發生崩塌，晉太元二年（三七七）又崩塌。山崩的當日，江水倒流一百多里，湧起了高數十丈的巨浪。現在灘上有許多巨石，有的圓如籮，有的方似屋，都是從崖上崩裂墮下，使得水流急湍怒吼，因此稱為新崩灘。崩塌之後留下的山峰，比起其他山嶺，還是相當高峻。下游十餘里，有大巫山，山勢之高不但是三峽羣山之冠，而且可以與岷山、峨嵋一爭高下，以及與衡嶽、九疑互比高低。大巫山周圍相連的羣山，都是直插青雲，需要登上九霄之外，才可以分辨它們的高低了。

賞析與點評

長江穿越巫山山脈，形成壯偉的峽谷。古人不知道峽谷的成因，是由於地殼不斷緩緩摺曲上升，而江河侵蝕下陷所致，以為是大禹的鬼斧神功，因此留下不少神話傳說。

巫峽、石門灘

【】注 其間首尾百六十里，謂之巫峽，蓋因山為名也。自三峽七百里中，兩岸連山，略無闕處，重岩疊嶂，隱天蔽日，自非停午夜分，不見曦[1]月。至于夏水襄陵[2]，沿溯阻絕，或王命急宣，有時朝發白帝，暮到江陵[3]，其間千二百里，雖乘奔禦風，不以疾也。春冬之時，則素湍[4]綠潭，迴清倒影，絕巘[5]多生怪柏，懸泉瀑布，飛漱其間，清榮峻茂，良多趣味。每至晴初霜旦[6]，林寒澗肅，常有高猿長嘯，屬引淒異，空谷傳響，哀轉久絕。故漁者歌曰：「巴東三峽巫峽長，猿鳴三聲淚沾裳。」

江水又東逕石門灘。灘北岸有山，山上合下開，洞達東西，緣江步路所由，劉備為陸遜所破，走逕此門，追者甚急，備乃燒鎧[7]斷道。孫桓為遜前驅，奮不顧命，斬上夔道，截其要徑。備逾山越險，僅乃得免，忿恚[8]而嘆曰：「吾昔至京，桓尚小兒，而今迫孤，乃至于此。」遂發憤[9]而薨矣。

注釋

1曦：指太陽。2襄陵：指水漲。3「有時」兩句：唐詩仙李白，藉此寫下「朝辭白帝彩雲間，千里江陵一日還，兩岸猿聲啼不絕，輕舟已過萬重山」的名句。4素：白色；湍：激流。5巘（粵：演；普：yǎn）：大山上的小山。6霜旦：清晨的寒露凍結成霜。

7鎧：鎧甲。8忿恚（粵：憤渭，普：fèn huì）：憤怒、怨恨。9發憤：怒氣爆發。

譯文

從峽谷的開端到結束，長一百六十里，稱為巫峽，這是因山而命名。在三峽七百里中，兩岸羣山相連，幾乎沒有中斷的地方，重重疊疊的峭壁險峰，擋住了藍天，遮蔽了陽光，如果不在正午和中夜，看不見太陽、月亮。到了夏季水漲，江水淹蓋了小丘，上下航行阻絕。假如朝廷有緊急公文傳送，有時朝早上從白帝城出發，傍晚可以到達江陵，其間一千二百里，即使騎快馬、駕疾風，不一定更快。春冬時節，則兩岸白色的冰雪伴着急流；碧綠的潭水，清澈的水波蕩漾，水中倒影綽綽；渺無人跡的山峰之上，生長了許多姿態千奇百怪的柏樹，懸泉瀑布，從高處飛濺而下，水清山高樹茂，景物多姿多彩，情趣良多。每到雨後初晴，或霜凍清晨，林木清冷，山澗寂靜，時常有猿猴在高處引吭啼叫，啼聲連綿不斷，淒厲哀鳴，在空谷中迴蕩，很久才消失。所以漁人流傳着一首漁歌：「巴東三峽巫峽長，猿鳴三聲淚沾裳。」

江水又往東流，經過石門灘。灘的北岸有一座山，山的頂上連接，但下部分開，東西兩面貫通，沿着大江的步行路徑在這裏穿過。昔日劉備被陸遜打敗，逃走時經過這山門，後面的追兵來勢急猛，於是劉備焚燒鎧甲，以阻斷道路，孫桓是陸遜的先鋒，奮不顧命，斬山開路，經夔門而上，抄截劉備的前路，劉備翻過山嶺，越過險地，僅能脫身。他又怒又恨地嘆息說：「我當日到京城時，孫桓還是小孩，今日卻把我逼成這樣！」於是因憤恨氣死了。

賞析與點評

巫峽因長江穿越巫山而得名，西起重慶市巫山縣大寧河口，東至湖北省巴東縣官渡口，全長約四十五公里，以幽深秀麗著稱。巫山十二峰夾峙大江，終年雲霧縈繞，古人認為是神仙境界，因此有巫山神女的神話流傳千載。

秭歸縣、歸子國、屈原故里、丹陽城

經 又東過秭歸縣之南，

注 縣故歸鄉，《地理志》[1]曰：「歸子國[2]也。」《樂緯》曰：「昔歸典叶聲律[3]。」宋忠曰：「歸即夔。歸鄉蓋夔鄉矣。古楚之嫡嗣有熊摯者，以廢疾不立，而居于夔，為楚附庸。後王命為夔子。」《春秋》僖公二十六年，楚以其不祀滅之者也。袁山松曰：「屈原有賢姊，聞原放逐，亦來歸，瑜令自寬全。鄉人冀其

見從，因名曰秭歸。」即《離騷》[4]所謂「女嬃[5]嬋媛以詈余[6]」也。縣城東北，依山即坂，周迴二里，高一丈五尺，南臨大江。古老相傳，謂之劉備城，蓋備征吳所築也。縣東北數十里，有屈原舊田宅。雖畦[7]堰縻漫，猶保屈田之稱也。縣北一百六十里，有屈原故宅，累石為室基，名其地曰樂平里。宅之東北六十里，有女嬃廟，搗衣石猶存。故《宜都記》曰：「秭歸蓋楚子熊繹[8]之始國，而屈原之鄉里也，原田宅于今具存。」指謂此也。

注釋

1《地理志》：《漢書．地理志》。2 歸子國：商朝時已有歸國，西周時為歸子國，又稱夔子國，後被楚國兼併。戰國時楚大夫屈原，就是生於此地。3 歸典：人名。叶（粵：協；普：xié）：同協，調和聲律的意思。4《離騷》：屈原所撰的詩歌集，帶有濃厚的楚人風格，為漢代辭賦體裁的先驅。5 女嬃（粵：須；普：xū）：楚國傳說中的人物，一般被認為是屈原之姐，見《離騷》：「女嬃之嬋媛兮，申申其詈予。」6 嬋媛（粵：嬋緣；普：chán yuàn）：情思牽縈。詈（粵：厲；普：lì）：責備、責罵。7 畦（粵：葵；普：qí）：長方型的田，《說文解字》云：「田五十畝曰畦。」此處泛指田的意思。8 熊繹：楚國始封君主，周成王時，熊繹受封為楚君，春秋戰國時的楚國王族，都是熊繹的後裔。

譯文

江水又往東流，經過秭歸縣的南面。

秭歸縣是從前的歸鄉，《地理志》說：「歸子的封國。」《樂緯》說：「從前歸國世代掌管音樂。」宋忠說：「歸就是夔。歸鄉也就是夔鄉。古代楚國有一位名叫熊摯的嫡子，因為殘疾不能繼承王位，安置在夔地，成為楚國的附庸。被以後的楚王封為夔子。」《春秋》記載：僖公二十六年（前六三四），楚王因為夔子不祭祀楚國祖先，把夔國滅了。袁山松說：「屈原有個賢慧的姊姊，她聽聞屈原被放逐，也回到歸鄉，安慰他寬心保重。家鄉的人希望屈原聽姊姊的勸告，因此把這地方稱為秭歸。」這就是《離騷》所說「女嬃深情地牽着我的手，對我輕輕責備」。縣城的東北面依山坡而建，繞城一周有二里，城牆高一丈五尺，南面對着大江。據當地的老人相傳，稱之為劉備城，大概是劉備征伐吳國時所修築。縣東北數十里，有屈原昔日的田地和住宅。雖然田埂和堤堰已毀壞模糊了，但仍然保存着屈田的名稱。縣北一百六十里，有屈原的故居，屋基是壘石所砌成，這地方名為樂平里。故居的東北方六十里，有女嬃廟，擣衣石仍然保存，所以《宜都記》說：「秭歸是楚子熊繹最初的封國，又是屈原的家鄉，屈原的田地和住宅至今還在。」就是指這地方。

賞析與點評

長江東出巫峽，便離開巴、蜀地界，到達今湖北省境。湖北為古代楚國發源地，留有大量楚文化遺跡和與楚國有關的故事，其中戰國時偉大詩人屈原的家鄉就在巫峽出口的地方。

夷陵縣、東界峽、插灶、流頭灘

經 又東過夷陵縣南，

注 江水自建平[1]至東界峽，盛弘之謂之空泠峽。峽甚高峻，即宜都[2]、建平二郡界也。其間遠望，勢交嶺表，有五六峰，參差互出。上有奇石，如二人像，攘袂[3]相對，俗傳兩郡督郵[4]爭界于此，宜都督郵，厥勢小東傾[5]，議者以為不如也。

江水歷峽東，逕宜昌縣之插灶下，江之左岸，絕岸壁立數百丈，飛鳥所不能棲。有一火燼，插在崖間，望見可長數尺。父老傳言，昔洪水之時，人薄舟[6]崖側，以餘燼插之岩側，至今猶存，故先後相承謂之插灶也。江水又東逕流頭灘，其水并峻激奔暴，魚鱉所不能游。行者常苦之，其歌曰：「灘頭白，勃堅相持，倏忽[7]淪沒，別無期。」袁山松曰「自蜀至此，五千餘里，下水五日，上水百日」也。

注釋

1 **建平**：三國吳景帝孫休分宜都郡置建平郡，郡治在巫縣，範圍是今重慶、湖北交界。隋朝初郡廢。2 **宜都**：漢末，劉備在赤壁之戰後佔有荊州，在三峽以東設置臨江郡，後改稱宜都郡，治所在今湖北省宜都市，管轄夷道、西陵、佷山三縣。隋初郡廢。3 **袂**（粵：mai6；普：mèi）：衣袖。攘袂，即揚起衣袖。4 **督郵**：漢朝郡吏職位，奉太守之命到郡轄下各縣巡視，檢核官吏是否稱職，掌管郡內驛站，案驗刑獄，權力甚大。魏晉以後地位逐漸下降，隋以後督郵職位廢除。5 **「宜都」兩句**：宜都在東面，督郵向東傾，表示退縮。6 **薄舟**：泊舟。7 **倏**（粵：叔；普：shū）**忽**：極快。倏又可寫成儵，《楚辭・招魂》：「往來儵忽。」

譯文

江水又往東流，經過夷陵縣的南面。

江水從建平流到東界峽，盛弘之稱之為空泠峽。峽谷十分高峻，這就是宜都、建平兩郡的交界。在峽谷中遠望，山嶺高接天際，有五、六座山峰，參差交錯地挺立。山上有奇石，形態像兩人對立，振臂爭執。民間傳說，兩郡的督郵正在這裏爭論邊界：宜都的督郵姿勢稍為向東傾側，旁觀談論者認為氣勢不及對手。江水從東界峽穿過，流經宜昌縣的插灶下面，大江的左岸是直立的懸崖，高數百丈，連飛鳥也上不去棲息。崖壁間插着一塊燃燒未盡的木頭，望上去有數尺長，當地老人相傳，從前洪水大發的時候，有人停船靠在崖邊，把燒過未盡的木柴插在岩邊，這根木柴至今還在，所以世代相傳，稱這地方為插灶。江水又往東流，經過流頭灘，這裏的水流奔騰洶湧，連魚鱉也不能游過，旅行的人視這激流為畏途，有歌謠這樣說：「在灘頭的洶湧白浪中，大家奮力堅持；剎那間或許沉下水底，告別已來不及啊。」袁山松說：「從蜀郡到這裏，路程五千多里，順流而下行五日，逆流而上卻要行百日。」

賞析與點評

長江出峽之後，兩岸山勢逐漸開闊，江岸兩旁雖然仍然可見山丘，但已不及峽中雄偉壯觀，但民間對當地的奇岩怪石，仍有種種傳說。

宜昌縣、黃牛灘

【注】江水又東逕宜昌縣北，分夷道佷山[1]所立也。縣治江之南岸，北枕大

江，與夷陵[2]對界。《宜都記》曰：「渡流頭灘十里，便得宜昌縣。」江水又東逕狼尾灘而歷人灘。袁山松曰：「二灘相去二里。人灘水至峻峭，南岸有青石，夏沒冬出，其石嶔崟[3]，數十步中，悉作人面形，或大或小。其分明者，鬚髮皆具，因名曰人灘也。」江水又東逕黃牛山，下有灘，名曰黃牛灘。南岸重嶺疊起，最外高崖間有石色如人負刀牽牛，人黑牛黃，成就分明，既人跡所絕，莫得究焉。此岩既高，加以江湍紆迴，雖途逕信宿，猶望見此物，故行者謠曰：「朝發黃牛，暮宿黃牛，三朝三暮，黃牛如故。」言水路紆深，迴望如一矣。

注釋

1 佷（粵：很；普：hěn）山：在湖北省長陽縣西北，三國吳曾設置佷山縣，隸屬宜都郡。蜀漢章武二年二月，先主劉備親征東吳，從秭歸進軍猇亭，在佷山開路通向武陵郡，派遣侍中馬良招撫五谿蠻。2 夷陵：今湖北省宜昌市。古人云：「水至此而夷，山至此而陵。」意思是山到了這裏就變成了丘陵，水到了這裏化激湍為緩流了。3 嶔崟（粵：欽任；普：qīn yín）：山勢高險。

譯文

江水又往東流，經過宜昌縣的北面。宜昌縣是從夷道、佷山二縣各分出一部份設立，縣治在大江的南岸，北面靠着大江，與夷陵相對，隔江為界。《宜都記》說：

「過了流頭灘十里，便到達宜昌縣。」江水又往東流，經過狼尾灘，又流過人灘。袁山松說：「兩灘相距二里。人灘水流非常湍急，南岸有塊青石，夏天沒在水中，冬天露出水面，這塊石既巨大又怪異，在數十步內觀看，滿佈人面的形狀，有些大有些小，形態分明的，鬚髮都齊全，因此名為人灘。江水又往東流，經過黃牛山，山下有灘，名為黃牛灘。大江南岸山嶺重疊，最外層的高崖之上，有一塊顏色斑斕的岩石，形狀像一個人背着刀，牽着牛，人黑色，牛黃色，是天然生成，神態非常清晰。岩石的所在人跡不到，無法去詳細探究了。這塊岩石位置特別高，而且湍急的江流迂迴彎曲，雖然經過兩天的航程，也能夠看見這塊岩石，故此旅人們編了一首歌謠說：「早上從黃牛啟程，晚上在黃牛棲息，三早三晚，仍然是黃牛。」意思是水路迂迴彎曲，環視觀望景象相同，似乎是同一地方。

賞析與點評

大江過宜昌縣，江中多險灘，酈道元引述前人所記，講述船在險灘航行的艱難。

西陵峽、大禹斷江

【注】江水又東逕西陵峽，《宜都記》曰：「自黃牛灘東入西陵界，至峽口百許里，山水紆曲，而兩岸高山重障，非日中夜半，不見日月。絕壁或千許丈，其石彩色，形容多所像類[1]。林木高茂，略盡冬春。猿鳴至清，山谷傳響，泠泠[2]不絕。所謂三峽，此其一也。」山松言：「常聞峽中水疾，書記及口傳，悉以臨懼相戒，曾無稱有山水之美也。及余來踐躋此境，既至欣然，始信耳聞之不如親見矣。其疊崿秀峰，奇構異形，固難以辭敘。林木蕭森，離離蔚蔚，乃在霞氣之表。仰矚俯映，彌習彌佳。流連信宿，不覺忘返，目所履歷，未嘗有也。既自欣得此奇觀，山水有靈，亦當驚知己于千古矣。」江水歷禹斷江南。峽北有七谷村，兩山間有水清深，潭而不流。又耆舊傳言，昔是大江，及禹治水，此江小不足瀉水，禹更開今峽口，水勢并沖，此江遂絕，于今謂之斷江也。

注釋　1 像類：指各種各樣的物類。2 泠泠（粵：玲；普：líng）：此處是淒厲、清亮的意思。

譯文　江水又往東流，經過西陵峽。《宜都記》說：「從黃牛灘往東，進入西陵縣界，到峽口有一百多里，山水迂迴彎曲，兩岸的高山重重疊疊，不到正午或中夜，看不見太陽和月亮。懸崖絕壁有千丈多高，壁上的岩石彩色斑斕，形狀姿態似各種物類。這裏的樹林高大茂密，冬季依然蒼翠如春。猿猴叫聲清亮，回聲響遍山谷，久久不絕。所謂三峽，這就是其中之一。」山松說：「經常聽別人說，峽中的水流湍急，書中記載及口頭傳說，都說到經歷過的險惡情景，向別人提出告誡，從來沒有稱讚過這裏山水之美。當我親自踏上這地方，第一眼便滿懷欣喜，到這裏才相信耳聞不如親見。那層疊的崖壁，挺秀的峰巒，奇形怪狀，姿態萬千，實在難以用筆墨描述。那森林茂密，鬱鬱蔥蔥，樹木與雲霞相接。仰觀山色，俯視倒影，愈看愈覺佳妙。我在這裏流連遊賞了兩天，樂而忘返。我平生親眼見過的風景之中，未有比這裏更美的了。我很高興能觀賞得到這處奇景，假如山水有靈，也應該在千秋萬年歲月之中，得到我這個知己而感到驚喜了。」江水又經過大禹的斷江以南，峽谷的北岸有七谷村，兩山之間有一泓清泉，積水成潭，既清且深，靜而不流。當地老人傳說，這是從前的大江，在大禹治水的時候，由於水道太狹小，不足以宣泄大水，於是大禹另開水道，即現在的峽口，水勢從那裏直沖而下，這段水道便廢棄了，現在稱之為斷江。

賞析與點評

西陵峽是三峽之中最長的一段峽谷，西起湖北省秭歸縣香溪口，東至宜昌市南津關，全長約六十六公里。西陵峽中有「三灘」（泄灘、青灘、崆嶺灘）、「四峽」（燈影峽、黃牛峽、牛肝馬肺峽和兵書寶劍峽）。峽區高山聳峙，峽中有峽，險灘相繼，灘中有灘，自古三峽船伕有民謠說：「西陵峽中行節稠，灘灘都是鬼見愁。」然而，葛洲壩工程建成蓄水，使峽谷水位上升，險灘礁石永睡於江底。

江水出峽、故城洲、陸抗城、夷陵縣、馬穿穴

【一】**注** 江水出峽，東南流，逕故城洲[1]。洲附北岸，洲頭曰郭洲，長二里，廣一里，上有步闡[2]故城，方圓稱洲，周迴略滿。故城洲上，城周五里，吳西陵督步騭所築也。孫皓鳳凰元年，騭息[3]闡復為西陵督，據此城降晉[4]，晉遣太傅羊祜[5]接援，未至，為陸抗所陷也。

江水又東逕故城北，所謂陸抗[6]城也。城即山為墉，四面天險。江南岸有山孤秀，從江中仰望，壁立峻絕。袁山松為郡，嘗登之矚望焉，故其《記》云：「今自山南上至其嶺，嶺容十許人，四面望諸山，略盡其勢；俯臨大江，如縈帶焉，視舟如鳧雁矣。」

北對夷陵縣之故城。城南臨大江，秦令白起[7]伐楚，三戰而燒夷陵者也。應劭曰：「夷山在西北，蓋因山以名縣也。」王莽改曰居利，吳黃武元年更名西陵也，後復曰夷陵。縣北三十里，有石穴，名曰馬穿。嘗有白馬出穴，人逐之入穴，潛行出漢中[8]；漢中人失馬，亦嘗出此穴，相去數千里。袁山松言：「江北多連山，登之望江南諸山，數十百重，莫識其名，高者千仞，多奇形異勢，自非煙褰雨霽，不辨見此遠山矣。余嘗往返十許過，正可再見遠峰耳。」

注釋

1 洲：水中沙地為洲，《詩經．國風．關雎》：「關關雎鳩，在河之洲。」2 步闡：吳國名將步騭（粵：質〔品質的質〕；普：zhì）之子，替父親鎮守西陵，繼任西陵督。3 息：兒子。4「孫皓」至「降晉」三句：吳後主猜疑步闡，步闡計劃舉城降晉。5 羊祜：出身名門望族，世代顯宦，其姊為司馬師夫人，外祖父是漢末名儒蔡邕。西晉初，出任荊州都督，負責策劃滅吳。6 陸抗：吳國名臣陸遜之子，陸遜死後，孫權拜抗為建武校尉，領父親部曲五千人。其後拜鎮軍將軍，都督西陵（今湖北宜昌西北），後主孫皓繼位，加陸抗為鎮軍大將軍，領荊州牧。平定步闡叛變後不久病卒。7 白起：戰國時秦大將，戰功顯赫，封武安侯。8 漢中：漢中郡，治所在今陝西省南部漢中市。

譯文

江水流出峽谷，往東南流，經過故城洲。洲連接大江北岸，洲頭稱為郭洲，長二里，寬一里，上面有步闡的舊城，範圍大致與郭洲相等，只是四周的邊緣有些餘地。故城洲上有一座周迴五里的城，是吳國西陵督步騭所修築。孫皓鳳凰元年（二七二），步騭的兒子步闡又出任西陵督，據守這座城，步闡向晉朝投降，晉派遣太傅羊祜前往接應他，羊祜未到，已被陸抗所攻陷。

江水又往東流，經過一座舊城的北面，這就是所謂陸抗城。這城依山修築城牆，四面都是天險。大江南岸有一座山，孤峰獨秀，從江中仰望，崖壁直立，非常險峻。袁山松任職郡守時，曾經登上山峰，舉目眺望，所以他在《宜都記》說：「現今從山南攀登，到達峰頂，頂上可以容納十來個人，從峰頂環望，四周羣山形勢盡收眼底；俯瞰大江，好像迂迴的衣帶；江中舟船，小得像浮在水面的鵝雁。」北面與夷陵縣舊城相對。舊城南臨大江，秦國派遣白起率兵攻伐楚國，打了三仗，把夷陵城燒了。應劭說：「夷山在西北方，夷陵縣就是因山取名。」王莽時改名居利。吳國黃武元年（二二二），改名為西陵，後來又恢復夷陵舊名。縣北三十里，有一個石洞，名為馬穿。曾經有白馬從洞內出來，人們追逐牠，又逃入洞中，牠在地底洞穴中走動，走到漢中才出來。漢中有人走失了馬，也曾經在這洞穴出現，然而兩地相距數千里。袁山松說：「大江以北山嶺多互相連接，登山遙望江南羣山，山巒層層疊疊，多達數十甚至上百層，都不知道山名，山峰高的上千丈，形狀千奇百怪，山勢各有特色，假如不是雲霧消散，雨後放晴的日子，遠方的山不可以看得清楚。我曾經往來經過這裏十多次，僅有兩次可以望見遠山而已。」

賞析與點評

大江離開峽谷，進入平原，水流變得平緩，江岸及江心開始有沙洲堆積，蜀、吳對抗時，正是吳國屯兵守邊的要地。

江陵縣故城

經 又南過江陵縣南。

注 江水又東逕江陵縣故城南，《禹貢》：「荊及衡陽[1]惟荊州。」蓋即荊山之稱而制州名矣，故楚也。子革[2]曰：「我先君僻處荊山，以供王事，遂遷紀郢。」今城，楚船官地也，《春秋》之渚宮矣。秦昭襄王二十九年，使白起拔鄢郢[3]，以漢南地而置南郡焉。《周書》曰：「南，國名也。南氏有二臣，力鈞勢敵，競進爭權，君弗能制。南氏用分為二南國也」，按韓嬰[4]敍《詩》云：「其地在南郡、南陽[5]之間。」《呂氏春秋》所謂「禹自涂山，巡省南土」者也。是郡取名焉。後漢景帝以為臨江王榮[6]國。王坐侵廟壖地為宮[7]，被徵[8]，升車，出北門而軸折，父老竊流涕曰：「吾王不還矣！」自後北門不開，蓋由榮非理終[9]也。漢景帝二年，改為江陵縣。王莽更名郡曰南順，縣曰江陸。

注釋

1荊：指荊山；衡：指衡山，先秦衡山即今安徽省中部的天柱山，漢初衡山王吳芮改封為長沙王，把衡山地名遷移到長沙，自此之後，今湖南省南部的壽嶽改稱為衡山，被列為五嶽中的南嶽。原本的衡山改名天柱山。古人稱山之南、水之北為陽，因為山南水北受陽光較多。2子革：人名，春秋時楚國貴族。3鄢（粵：煙；普：yān）郢：春秋時，楚文王定都於郢，其後惠王曾遷都於鄢，仍稱為郢，因此楚人以「鄢郢」代表首都。4韓嬰：前漢儒生，以傳授《詩經》著名，其學派稱為「韓詩」。5南陽：秦漢南陽郡，今河南省西南部南陽市。6榮：漢景帝長子，生母為栗姬，景帝初立為皇太子，其後栗姬與王夫人爭寵，栗姬失勢，太子被廢為臨江王，獲罪賜死。7坐：漢朝法律用語，稱因犯某罪為「坐某事」；侵廟壖地：即侵奪高祖廟範圍內的空地。8徵：指徵召回京接受審問。9非理終：死於非命。

譯文

江水又往東流，經過江陵縣舊城的南面。

《禹貢》說：「荊山和衡山以南就是荊州。」大概荊州就是因荊山而得名，荊州是古時楚國的地方。楚國大臣子革說：「我們君王的祖先居住在偏僻的荊山，為了替周天子效力，於是遷往紀郢。」現在的江陵城，是楚國設置船官的地方，也就是《春秋》所稱渚宮。秦昭襄王二十九年（前二七八），派遣白起攻破鄢郢，以漢水之南的地方設置南郡。《周書》說：「南是國名。南氏有兩個大臣，勢均力敵，不斷爭權爭位，連君主也無法制止，南氏因此分為兩個南國。」參照韓嬰的《詩》序說：「那地方在南郡、南陽之間。」也就是《呂氏春秋》所說「大禹從涂山起程，巡視南土」的所在，這個郡因南國而取名。後來，漢景帝把這個郡分封給臨江王劉榮，改為臨江國。臨江王犯了侵佔高祖廟前的空地建築宮殿，被徵召回京，他上馬車而去。馬車剛出北門，車軸突然折斷，父老們偷偷流淚說：「我們大王不會再回來了！」從此以後北門不再打開，這是由於劉榮結局不幸的緣故。漢景帝二年（前一五五），改為江陵縣，王莽時改郡為南順，縣名為江陸。

賞析與點評

江陵是一座歷史悠久的古城，春秋時期曾經是楚國的首都，稱為郢，延至戰國中，秦國強大，屢次侵楚，楚國被迫放棄郢都，遷都往陳。屈原有《哀郢》一篇，就是懷念這個已失去的故都。

關羽所築舊城、金堤、棲霞樓、江津戍

【注】舊城，關羽所築。羽北圍曹仁[1]，呂蒙[2]襲而據之。羽曰：「此城吾所築，不可攻也。」乃引而退，杜元凱[3]之攻江陵也，城上人以瓠繫狗頸示之，元凱病癭[4]故也。及城陷，殺城中老小，血流沾足。論者以此薄之。江陵城地東南傾，故緣以金堤，自靈溪始。桓溫[5]令陳遵造。遵善于方功[6]，使人打鼓，遠聽之，知地勢高下，依傍創筑，略無差矣[7]。城西有棲霞樓，俯臨通隍，吐納江流，城南有馬牧城，西側馬徑，此洲始自枚回，下迄于此，長七十餘里，洲上有奉城，故江津長所治，舊主度州郡貢于洛陽，因謂之奉城。亦曰江津戍也。戍南對馬頭岸。昔陸抗屯此，與羊祜相對[8]，大宏信義，談者以為華元、子反[9]復見于今矣。北對大岸，謂之江津口，故洲亦取名焉。江大[10]自此始也。《家語》曰：「江水至江津，非方舟避風，不可涉也。」故郭景純云：「濟江津以起漲，言其深廣也。」

注釋

1 **曹仁**：曹操大將，以善守能攻著名。赤壁之戰後，曹操派曹仁南下守襄陽、樊城，被關羽以水圍城，關羽有威震華夏之勢，曹仁激勵將士死守樊城。吳將呂蒙乘虛偷襲關羽的根據地荊州。2 **呂蒙**：吳國大將，任虎威將軍，因此有呂虎威稱號，周瑜、魯肅死後，繼任為南郡太守，與劉備大將關羽隔江對峙，趁關羽北伐，出兵襲擊關羽根據地，關羽回師戰敗被擒，呂蒙以關羽首級送給曹操。不久呂蒙病死。呂蒙出身寒微，但發憤讀書，終於學問有成，被時人稱譽為「士別三日，刮目相看」、「非復吳下阿蒙」。3 **杜元凱**：杜預，字元凱，西晉初名臣，支持晉武帝出兵滅吳，陳兵江陵，以破竹之勢攻入吳都建業（今南京），即成語「勢如破竹」出處。杜預亦以注釋《左傳》為後世所重，《水經注》引用大量杜氏注文。4 **癭**（粵：影；普：yǐng）：肉瘤。5 **桓溫**：東晉末權臣，長期鎮守荊州，平定割據益州的成漢國，又三次北伐，取回不少河南失地，但對朝廷構成威脅。桓溫遙控朝政，操縱廢立皇帝，更領兵入京，圖謀篡奪帝位，卻受阻於朝中王氏和謝氏門閥勢力，鬱鬱得病，死前欲得九錫（九種皇帝級別的禮儀），亦因謝安等人藉故拖延，直至去世時也未能如願。6 **方功**：方術，法術。古人不知科技原理，以為陳遵懂得法術。7 **「使人打鼓」五句**：陳遵憑聲波震動，得出地面的傾斜度。8 **「昔陸」兩句**：西晉初，命大臣羊祜為荊州都督，與吳將陸抗隔江對峙。晉、吳雖然敵對，但羊、陸二人互相敬重，經常派人問候。羊祜對吳地軍民施以信義，吳人尊稱他為「羊公」，為日後晉朝滅吳打下基礎。9 **華元、子反**：春秋時代宋、楚兩國雖然敵對，但宋執政華元、楚令尹子反互相敬重，私交甚篤。

10 **江大**：指江面變得寬廣。

譯文

江陵舊城是關羽所修築。關羽北上圍攻曹仁，呂蒙從背後偷襲，佔領了江陵城。關羽說：「這座城是我修築的，不可以（任由敵人）進攻。」於是引兵後退。杜元凱進攻江陵城的時候，城上的人用葫蘆綁在狗頸上揶揄他，這是因為杜元凱頸上生了個大肉瘤。城陷之後，杜元凱屠城，無論老人小孩都殺，血流遍地，走過的人腳上都沾滿了血。談論的人都因此鄙視他。江陵城的地勢向東南傾斜，因此從靈溪開始，緣江修築了金堤。這是桓溫委派陳遵建造的。陳遵善於方術，他命人在不同地方打鼓，在遠處聽鼓聲，便可以知道地勢的高低，依據高下修築江堤，就不會有差錯了。江陵城的西面有棲霞樓，下面就是護城河，從大江引水流過。城南有馬牧城，西靠近馬徑，這個沙洲從枚回開始，伸延到了這裏，全長七十多里，沙洲上有奉城，是從前江津長的治所。江津長從前是主管附近州郡貢品集中送往首都洛陽的官職，所以治所稱為奉城，又名江津戍。戍防兵營南面與馬頭岸相對，從前吳國陸抗在這裏屯駐，與晉朝羊祜相對，雙方都很重視信義，談論者都稱讚，春秋時代宋國華元、楚國子反以信義交往的歷史重見於今日。江津戍北面與大岸相對，稱為江津口，沙洲亦因此得名。江水從這裏開始，變得寬闊了。

《家語》說：「江水到了江津，如果不是把小船連在一起抵擋風浪，不可以渡過大江。」所以郭景純說：「在江津渡江，水勢高漲，這是說大江既深且闊了。」

賞析與點評

關羽失荊州的故事，不少人耳熟能詳，而關羽在荊州的據點所在，未必能說清楚。酈道元指明確實地點，還補述了後來發生的一些史事。

城陵山、彭城磯、夏浦、下烏林（黃蓋敗曹操處）

經 又東至長沙下雋縣北，澧水、沅水、資水合東流注之。注 凡此諸水，皆注于洞庭之陂[1]，是乃湘水，非江川[2]。經 湘水從南來注之。

注 江水右會湘水，所謂江水會者也。江水又東，左得二夏浦，俗謂之西江口。又東逕忌置山南，山東即隱口浦矣。江之右岸有城陵山[3]，山有故城，東接微落山，亦曰暉落磯。江之南畔名黃金瀨，瀨東有黃金浦，良父口，夏浦[4]也。又東逕彭城口，水東有彭城磯，故水受其名，即玉潤，水出巴丘縣東玉山玉溪，北流注于江。

江水自彭城磯東逕如山北，北對隱磯，二磯之間，有獨石孤立大江中，山東江浦，世謂之白馬口。江水又左逕白螺山南，右歷鴨蘭磯北，江中山也。東得鴨蘭、治浦二口，夏浦也。江水左逕上烏林南，村居地名也。又東逕烏黎口，江浦也，即中烏林矣。又東逕下烏林南，吳黃蓋[5]敗魏武于烏林[6]，即是處也。

注釋

1陂：水池，此處指湖泊。2酈道元指出《水經》經文的錯誤：注入洞庭湖的是湘水，而非大江。3城陵山：即今湖南省岳陽市的城陵磯，為長江沿岸三磯之一（其餘二磯為南京燕子磯和安徽蕪湖采石磯），附近有岳陽樓，其前身相傳為三國時東吳大將魯肅的巴陵城上的「閱軍樓」，西晉南北朝時稱「巴陵城樓」，唐朝巴陵縣為岳州治所，因此改稱為岳陽樓。此後屢毀屢修，久歷滄桑，現存為一九八三年修復。4夏浦：夏季有水的牛軛湖（即原本是彎曲的河道，改道之後殘餘的弧形湖泊）。5黃蓋：三國孫吳大將，即小說《三國演義》中，以「苦肉計」欺騙曹操的老將。6烏林：在長江北岸，又名烏林磯，今湖北省洪湖市，與長江南岸的赤壁市隔江相望。

譯文

（江水）又往東流，到了長沙郡下雋縣的北面，澧水、沅水、資水會合之後往東流，注入大江。以上幾條水道，都匯注入洞庭湖，這應該是湘水，並非大江。湘水從南面而來注入。

江水右方與湘水合流，就是所謂江水會合處。江水又往東流，左面有兩個夏浦，民間稱為西江口。又往東流經過忌置山的南面，山的東面就是隱口浦了。大江的右岸有一座城陵山，山上有舊城，東面連接微落山，亦稱為暉落磯。江的南岸名為黃金瀨，瀨的東面有黃金浦、良父口，是一個夏浦。又往東流，經過彭城口，水的東面有彭城磯，水因此得名，也就是玉澗。玉澗水源出於巴丘縣東面的玉山玉溪，玉溪往北流，注入大江。江水從彭城磯往東流，經過如山北，山的北面與隱磯相對，二磯之間，有一塊大石孤獨地屹立在大江之中。如北山東面的江浦，民間稱為白馬口。江水又往左轉彎，經過白螺山的南面，右方經過鴨蘭磯的北面，這是大江中的山崗。東面是鴨蘭、治浦二口，也是個夏浦。江水左方經過上烏林的南面，這是村落的地名。又往東流，經過烏黎口，這是一處江浦，也就是中烏林。又往東流，經過下烏林的南面，吳國黃蓋在烏林擊敗魏武帝曹操，就是這地方了。

賞析與點評

赤壁之戰是三國時期最著名的戰役，但赤壁的地點歷來頗有爭議，北宋文豪蘇軾流放黃州（今湖北省黃岡市黃州區）時，撰寫了著名的前後《赤壁賦》，後人據此認為赤壁就在黃州。但當日曹操率水師從荊州江陵東下，目的是攻奪劉琦、劉備所據守的夏口（今武漢市武昌區），周瑜領東吳水師西上，與二劉合兵抗曹，聯軍與曹軍在赤壁相遇，必定在江陵、夏口之間，但黃州遠在夏口之東，不可能是兩軍相遇地點。《水經注》對赤壁、烏林位置有明確的記錄。

沙羨縣、鸚鵡洲、歎父山、歎州、陸渙城、江夏、沔水口

經 又東北至江夏沙羨縣西北，沔水從北來注之。

注 沌水[1]上承沌陽縣之太白湖，東南流為沌水，逕沌陽縣南，注于江，謂之沌口。有沌陽都尉[2]治。晉永嘉六年，王敦[3]以陶侃[4]為荊州鎮此，明年徙林鄣。江水又東逕歎父山，南對歎州，亦曰歎步矣。江之右岸當鸚鵡洲[5]南，有江水右迤，謂之驛渚。三月之末，水下通樊口水。江水又東逕魯山南，古翼際山也。《地說》曰：「漢與江合于衡北翼際山旁者也。山上有吳江夏太守陸渙所治城，蓋取二水之名。」《地理志》曰：「夏水過郡入江，故曰江夏也。舊治安陸，漢高帝六年置，吳乃徙此。」

城中有《晉征南將軍荊州刺史胡奮碑》。又有平南將軍王世將刻石記征杜曾事。有劉琦[6]墓及廟也。山左即沔水口矣。沔左有郤月城，亦曰偃月壘，戴監軍築，故曲陵縣也，後乃沙羨縣治。昔魏將黃祖[7]所守，遣董襲、凌統攻而擒之。禰衡[8]亦遇害于此。衡恃才倜儻；肆狂猖于無妄之世，保身不足，遇非其死，可謂咎悔之深矣。

注釋

1 沌（粵：撰；普：zhuàn）水：從漢水流出的分支，經今濳江、江陵、監利、沔陽、漢陽等縣市流入長江。2 都尉：漢代郡境過大時，在郡治以外另設都尉，管治局部地方行政，例如某郡東部都尉、南部都尉之類。3 王敦：東晉初權臣，出自世家大族琅邪（又可寫成瑯琊，在今山東省東南部青島市一帶）王氏。王氏族人率眾隨東晉元帝南渡，立國江左，當時有「王與馬，共天下」的說法。王敦擁兵鎮守荊州江陵，名為保護首都上游，實為割據，其堂弟王導為朝廷重臣。永昌元年（三二二）正月，王敦以討伐奸臣為名，從武昌起兵，進攻首都建康，迫元帝讓位予太子（明帝司馬紹），自任丞相、江州牧。太寧二年（三二四），王敦病重，無力駕馭大局，王導支持明帝。王敦部屬作亂，被明帝擊敗，王敦死，亂平。4 陶侃：東晉初名臣，鄱陽人，出身寒門，為穩定東晉政局立下戰功，王敦舉兵，為拉攏陶侃，推薦他加領江州刺史，不久又轉都督、湘州刺史，但陶侃不依附王敦，王敦敗死，陶侃遷為都督荊、雍、益、梁州諸軍事，本職加領護南蠻校尉、征西大將軍、荊州刺史。陶侃其中一位曾孫是著名詩人陶淵明。5鸚鵡洲：武漢市長江邊上的一處沙洲。相傳後漢末，狂士禰衡在洲上吟詠《鸚鵡賦》而出名。但古鸚鵡洲在明朝末年已被江水淹沒，不知位置所在，現在的鸚鵡洲是乾隆年間形成的新沙洲，最初稱為補課洲，後來為填補古鸚鵡洲消失的遺憾，改名為鸚鵡洲，又於光緒年間在洲上修築了禰衡墓。6劉琦：漢末荊州牧劉表長子，與諸葛亮友好。7黃祖：任職江夏太守，被孫權部將所敗。8禰衡：字正平，漢末狂士，以才氣自負，性情狷狹、不能容物。得好友孔融推薦投效曹操，卻因羞辱曹操被派往出使荊州牧劉表，又因對劉表口出惡言，被遣送給江夏太守黃祖，最後因得罪黃祖被處斬。

譯文

江水又往東北流，到了江夏郡沙羨縣的西北面，沔水從北面來注入。

沌水的上游承接沌陽縣的太白湖，往東南流就是沌水，經過沌陽縣的南面，注入大江，匯流處稱為沌口，這裏就是沌陽都尉的治所。晉朝永嘉六年（三一二），王敦因為荊州刺史陶侃鎮守這裏，次年便徙往林鄣。江水又往東流，經過歎父山，歎父山南與歎州相對，又稱為歎步。江水的右岸正對鸚鵡洲的南端，有江水的分支通往右方，形成小港灣，稱為驛渚。到了三月底，江水上漲，與下游的樊口水相通。江水又往東流，經過魯山的南面，就是古代的翼際山。《地說》說：「漢水與大江在衡北翼際山旁會合。山上有吳國江夏太守陸渙所建築的城，因為這兩條水道而得名。」《地理志》說：「夏水經過郡境匯入大江，所以稱為江夏。從前的郡治在安陸縣，漢高帝六年（前二〇一）設置，吳國時遷徙到這裏。」城內有《晉征南將軍荊州刺史胡奮碑》，又有平南將軍王世將所刻的石碑，記載了征討杜曾的史事。有劉琦的墓冢和祠廟。山的左方就是沔水口了。沔水左岸有郤月城，也稱為偃月壘，是戴監軍所修築，是從前的曲陵縣，後來又成為沙羨縣的治所。從前魏將黃祖在這裏駐守，吳國派遣董襲、淩統攻城，把黃祖俘虜了。禰衡也在這裏被殺。禰衡自恃才華出眾，放任不羈，在容易惹禍的時代，言行毫不檢點收斂，偏激快意，不能保住性命，慘遭殺身之禍，可以說實在太不幸了。

賞析與點評

東晉南朝時期，大江上游的荊州，經常被強藩控制，曾經發生多次舉兵反叛，或據地抗命，對偏安建康（今南京）的朝廷構成威脅。朝廷與荊州勢力交接的江夏一帶，往往成為雙方角力的前沿。

船官浦、黃鵠磯、夏口

【注】江之右岸有船官浦，歷黃鵠磯[1]西而南矣，直鸚鵡洲之下尾。江水溠[2]曰洑浦[3]，是曰黃軍浦，昔吳將黃蓋軍師所屯，故浦得其名，亦商舟之所會矣。船官浦東即黃鵠山。林澗甚美，譙郡戴仲若[4]野服居之。山下謂之黃鵠岸，岸下有灣，目之為黃鵠灣。黃鵠山東北對夏口城[5]，魏黃初二年孫權所築也。依山傍江，開勢明遠，憑墉藉阻，高觀枕流，上則遊目流川，下則激浪崎嶇，實舟人之所艱也。對岸則入沔津，故城以夏口為名，亦沙羨縣治也。

注釋

1 黃鵠磯：磯，水邊岩石；黃鵠，即黃鶴，段玉裁《說文解字注》說：「後人鶴與鵠相亂。」黃鶴樓建築於武昌蛇山的黃鵠磯上，俯瞰江、漢，極目千里。《南齊書．州郡志》說：「夏口城據黃鵠磯，世傳仙人子安乘黃鵠過此上也。邊江峻險，樓櫓高危，瞰臨沔、漢，應接司部，宋孝武置州於此，以分荊楚之勢。」2 溠（粵：詐；普：zhà）：水灣。3 洑（粵：伏；普：fú/ fù）：漩渦、游水，洑浦是地名。4 戴仲若：戴顒，字仲若，南朝宋人，以孝行著名，事跡載於《宋書．隱逸傳》。5 夏口城：漢水下游又稱夏水，漢水與大江會合處稱為夏口，吳主在大江南岸的蛇山黃鵠磯上築城，監臨江漢，即今為武漢市武昌區境內。清末在大江北岸的漢口開闢通商口岸，即今漢口區。

譯文

江水的右岸有船官浦，在黃鵠磯的西面，大江的南面，正對鸚鵡洲的尾端。江水有一條分支形成港灣，稱為黃軍浦，從前吳將黃蓋曾經在這裏屯駐軍隊，港灣因此得名，這裏也是商船停泊的地方。船官浦的東面就是黃鵠山，林木溪澗非常秀美，譙郡人戴仲若曾經穿着山野村夫的衣服在這裏隱居。山下稱為黃鵠岸，岸下有港灣，稱為黃鵠灣。黃鵠山的東北方與夏口城相對，是孫權在魏黃初二年（二二一）所修築。夏口城背靠山崗，前臨大江，視野廣闊，城牆形勢險固，城樓倚傍江流，高聳挺立，城樓上可以眺望大江，城樓下是洶湧的波濤，船伕在這裏行船實在非常艱苦。對岸可以通往沔水，所以城以夏口為名，這裏也是沙羨縣的治所。

賞析與點評

唐朝詩人崔顥《黃鶴樓》詩的名句：「晴川歷歷漢陽樹，芳草萋萋鸚鵡洲。」使黃鶴樓和鸚鵡洲名傳千載。李白也有一首《鸚鵡洲》詩：「鸚鵡來過吳江水，江上洲傳鸚鵡名。鸚鵡西飛隴山去，芳洲之樹何青青。煙開蘭葉香風暖，岸夾桃花錦浪生。遷客此時徒極目，長洲孤月向誰明。」可知詩人對鸚鵡洲的美麗景色充滿仙境的想象。黃鶴樓和鸚鵡洲也是古代的戰略要地，形勢險要。

浪水等卷三十七

本篇導讀——

《水經注》記載了多條南方的河流，卷三十七就有淹水、葉榆水、夷水、油水、澧水、沅水、浪水等大河，以及流入這些大河的許多支流。但由於唐、宋以前，南方仍是地廣人稀的煙瘴之地，土著民族部落散居河谷山林之中，開發程度甚低，成為朝廷貶斥官員、流放罪犯的地方。而南方居民主要是百越部族，散佈於廣大的山林、水濱，與中原文化差異甚大。古代中原人士對南方的情況不甚了解，從流放歸來的官吏、南征還鄉的士兵，以及曾經南下的商旅等人口中得知的信息，多是奇風異俗，處處潛伏危機，使人聞之生畏，但南方的奇珍異寶，又引人入勝。

《水經》經文和酈道元《水經注》對於南方河流的記載，有不少錯誤。其中浪水的錯誤非常嚴重。《水經注》所記載的浪水，基本上是現代的珠江水系，據現代的地理知識，珠江是由三大水系匯合而成，三大水系分別是西江、北江和東江，在古番禺（即現代的廣州）一帶分為眾多水道，交錯成珠江三角洲，分流注入珠江口。《水經》的著者和酈道元都未到過南方，更未涉足珠江流域，因此他們有關南方河流信息，多是合併不同資料和傳說而成，未經查證，因此《水經》和《水經注》所記述的浪水，與現代所知的珠江水系頗有差異。現代所知的珠江最大水源是流經廣西的西江，而西江的源頭在雲貴高原，稱為南盤江。但《水經》和《水經注》所記述的浪水源頭，是今廣西柳州附近的洛清江，洛清江源頭在廣西、湖南交界山區，也就是《水經》的「武陵鐔成縣北界沅水谷」，往南流會合柳江之後，在桂平注入西江主流，稱為潯江；往東流，在梧州（古代的蒼梧）會合桂江，開始稱為西江。桂江的上游，就是舉世聞名的山水風景：桂林灕江。《水經》和《水經注》完全沒有提及柳江以上的水系，可知當時中原人對這一帶的認知仍然模糊不清。

《水經》和《水經注》也無法弄清楚東江與西江的關係，於是依照傳聞，在浪水注入南海之後，卻有「餘水」重新出現，往東再轉往北流，經一千五百里，再與員水會合，然後再注入南海。這條「餘水」竟然逆流而上，實在不可想象。事實上，這條餘水就是現代流經廣東龍川、河源、惠州、東莞的東江。《水經》和《水經注》所記述的餘水，與員水會合，這條員水，應該就是流經現代潮州的韓江，而韓江的上游梅江，在龍川附近，與東江只有一嶺之隔，很可能古代曾經發生過河流尋奪，而傳聞之中，東江與梅江相通。

經 泿水[1]出武陵鐔成縣[2]北界沅水谷，南至鬱林潭中縣[3]，與鄰水[4]合。又東至蒼梧猛陵縣[5]為鬱溪；又東至高要縣[6]為大水；又東至南海番禺縣[7]西，分為二：其一，南入于海；其一，又東過縣東，南入于海。其餘水又東至龍川[8]為涅水，屈北入員水。員水又東南一千五百里，入南海。

注釋

1 泿（粵：銀；普：yín）水：古代傳說中的南方河流，《山海經．南山經》之中有禱過之山「泿水出焉，而南流注于海。其中有虎蛟，其狀魚身而蛇尾，其音如鴛鴦」。由於南方偏遠，中原人把嶺南的大河附會為《山海經》提及的泿水。2 武陵鐔成縣：漢高祖改秦黔中郡為武陵郡，治所在索縣。漢武陵郡範圍相當原今湖南省西部沅江流域，並伸延至鄰近的湖北、重慶、貴州、廣西一帶。鐔城縣，據《淮南子．人間訓》記述，秦始皇征伐嶺南，派尉屠睢發兵五十萬南下，分為五軍，其中一軍塞鐔城之嶺。鐔城縣具體位置不詳，應在湖南、廣西交界山區，東晉時縣廢。3 鬱林潭中縣：漢鬱林郡相當於今廣西壯族自治區西部，及貴州省相鄰山區，治所為潭中縣，即今柳州市。4 鄰水：漢朝鄰水又稱潭水，相當於今廣西境內的柳江。5 蒼梧：相當於今廣東、廣西交界地區，治所在廣信縣（在今廣西梧州市或廣東封開縣）。猛陵縣：在廣信縣以西，今廣西藤縣境內。6 高要縣：漢朝隸屬蒼梧郡，今廣東省肇慶市區。7 南海番禺縣：漢南海郡，相當於今廣東省中部及東部，治所在番禺縣，即今廣州市老城中心。8 龍川：秦開嶺南時所設置南海郡四縣（番禺、四會、博羅、龍川）之一，治所在今廣東省龍川縣佗城鎮。秦末，龍川縣令趙佗割據嶺南，建立南越國。

譯文

溳水的源頭從武陵郡鐔成縣北界的沅水谷流出，往南流，到了鬱林郡潭中縣，與鄰水會合。又往東流，到了蒼梧郡猛陵縣，稱為鬱溪；又往東流，到了高要縣，稱為大水；又往東流，到了南海郡番禺縣的西面，分為兩條水道：其一，往南流注入大海；其一，又往東流，經過縣城的東面，往南流注入大海。它伸延的水道又往東流，到了龍川縣稱為涅水；轉彎向北流，匯入員水。員水又往東南流一千五百里，注入南海。

溳水源

經 溳水出武陵鐔成縣北界沅水谷[1]。**注**《山海經》曰「禱過之山，溳水出焉，而南流注于海」是也。**經** 南至鬱林潭中縣，與鄰水合。**注** 水出無陽縣，縣故鐔成也。晉義熙中[2]，改從今名。俗謂之移溪，溪水南歷潭中，注于溳水。**經** 又東至蒼梧猛陵縣為鬱溪，又東至高要縣為大水。

注 鬱水出鬱林之阿林縣[3]，東逕猛陵縣。猛陵縣在廣信之西南，王莽之猛陸也。泿水于縣左合鬱溪，亂流逕廣信縣，《地理志》：「蒼梧郡治，武帝元鼎六年開。王莽之新廣郡，縣曰廣信亭。」王氏《交廣春秋》曰：「元封五年，交州自羸婁縣[4]移治于此。

注釋

1「泿水」句：古人對南方地理認識未清楚，認為嶺南最大河流（今珠江及其上游西江）的源頭是源於最接近中原的武陵郡潭水。2 義熙：東晉最後一個年號，共計十四年（四〇五至四一九）。3 鬱水：漢朝鬱水相當於今西江上游之鬱江（簡體借用郁字，稱郁江），及其上游支流右江。阿林縣：今廣西桂平市南。4 交州：漢朝十三州部之一，監察南海、蒼梧、合浦、鬱林、交趾、九真、日南等郡，範圍相當於今廣東、廣西、海南及越南北部。羸（粵：雷；普：léi）婁縣：今越南河內。

譯文

泿水源出於武陵郡鐔成縣北界的沅水谷。《山海經》這樣說：「泿水從禱過之山流出，往南流，注入大海。」泿水往南流到鬱林郡潭中縣，與鄰水會合。鄰水源出於無陽縣，就是以前的鐔成縣。晉朝義熙年間，改用現在的名稱。民間稱之為移溪。溪水向南流，經過潭中，注入泿水。泿水又往東流，到了蒼梧郡猛陵縣稱為鬱溪，又往東流至高要縣，水量變得很大。

鬱水源出於鬱林郡的阿林縣，往東流經過猛陵縣。猛陵縣在廣信郡的西南方，王莽時稱為猛陸。浪水在縣城的左面與鬱溪合流，亂流經過廣信縣。《地理志》說：「這是蒼梧郡治所，武帝元鼎六年（前一一一）設立，王莽時稱為新廣郡，縣稱為廣信亭。」王氏《交廣春秋》說：「元封五年（前一〇六），交州治所從羸婁縣遷移到這裏。」

賞析與點評

《水經注》引述古代文獻中有關嶺南的資料，主要是記述中原王朝開發嶺南時所設置的郡縣。

蒼梧郡治

【一】注 建安十六年，吳[1]遣臨淮步騭[2]為交州刺史，將武吏四百人之交州，道路不通。蒼梧太守長沙吳巨[3]擁眾五千，騭有疑于巨，先使渝[4]巨，巨迎之于零陵[5]，遂得進州。巨既納騭，而後有悔，騭以兵少，恐不存立。巨有都督[6]區景，勇略與巨同，士為用。騭惡之，陰使人請巨，巨往告景，勿詣騭。騭請不已，景又往，乃于廳事前中庭俱斬，以首徇[7]眾。」即此也。

注釋

1 指三國時的孫氏吳國政權。2 步騭：姓步名騭，臨淮郡（今江蘇淮安）人，士族出身，漢末天下大亂，到江東避亂，生活貧困，以耕種自給自足，空閒時研習典籍，各種書籍無不通讀博覽。與諸葛瑾（諸葛亮長兄）、嚴畯被稱為吳中才俊。後出仕吳國，遷任交州刺史、立武中郎將，領着千餘人南行接管交州，為吳國經營嶺南。3 吳巨：長沙郡人，趁中原戰亂，擁兵圖謀割據。4 渝：本義為改變，此處指安撫，使吳巨放心。5 零陵：郡名，治所在今湖南省南部永州市。由此可知，吳巨的勢力已伸展至零陵。6 都督：官名，始於後漢，最初是軍隊中的監察官，與監軍相同。魏晉之後演變為統領某支軍隊的長官。不同年代，都督的權力和地位有極大差異，曹魏末年，司馬懿為「都督中外諸軍事」，地位非常顯赫。此處的都督，是蒼梧太守轄下的軍隊指揮官。7 徇（粵：詢；普：xùn）：字義甚多，其中一義是對眾宣示的意思。

譯文

建安十六年（二一一），吳國派遣臨淮人步騭出任交州刺史，率領武官四百人前往交州，但道路不能通行。當時的蒼梧太守長沙人吳巨手上有五千兵力，步騭對吳巨起了疑心，先派使者去安撫吳巨，巨到了零陵迎接，步騭等人於是得以進入交州境內。吳巨接納步騭入境之後，覺得後悔，但步騭手上兵少，擔心不能在交州立足。吳巨屬下有位都督名叫區景，勇武和謀略與吳巨差不多，將士都願意為他效力。步騭很討厭他，暗中派人邀請吳巨會面，吳巨告訴區景，區景勸他不要去見步騭。騭多次邀請，區景陪同吳巨前往，於是步騭在大堂前的中庭把兩人一同處斬，把首級示眾。」事發就在這裏。

賞析與點評

三國時的吳國，銳意加強開發嶺南，當時嶺南是交州一部份，交州的轄區包括今日廣東、廣西和越南北部，但漢末天下大亂，地方豪強割據，交州也不例外。吳主孫權派大將步騭為交州刺史，領兵南下經營交州，但步騭一行到了零陵郡（今湖南省永州市）的交州北界，便遇到阻力，其後步騭用計清除擁兵跋扈的蒼梧太守和地方豪強，始能穩定交州局面。

高要縣峽口

【一】注 鬱水又逕高要縣。《晉書·地理志》曰：「縣東去郡五百里，刺史夏避毒，徙縣水居也。」[1]縣有鵠奔亭，廣信蘇施妻始珠[2]，鬼訟于交州刺史何敞處，事與斄亭女鬼[3]同。王氏《交廣春秋》曰：「步騭殺吴巨、區景，使嚴舟船，合兵二萬，下取南海。蒼梧人衡毅、錢博，宿巨部伍[4]，興軍逆[5]騭于蒼梧高要峽口[6]，兩軍相逢於是，遂交戰，毅與眾投水死者，千有餘人。」

注釋

1「刺史」兩句：州刺史避暑，遷地辦公。2廣信：漢朝嶺南縣名，古廣信所在位置，有今廣西梧州、廣東封開兩種説法；始珠：人名。3斄（粵：臺；普：tái）亭女鬼：斄亭，故地在今陝西省武功縣南。故事見《水經注．渭水注》（未有選注）：「王少林之為郿縣（出任郿縣令，郿，今陝西省眉縣）也，路逕此亭。亭長曰：『亭凶殺人（亭有邪靈，會害人）！』少林曰：『仁勝凶邪，何鬼敢忤？』遂宿。夜中聞女子稱冤之聲，少林曰：『可前求理（你可以在我面前伸冤）。』女子曰：『無衣不敢進。』少林投衣與之。女子前訴曰：『妾夫為涪令（涪縣縣令，故地在今重慶市境內），之官（赴任途中），過宿此亭，為亭長所殺。』少林曰：『當為理寢冤，勿復害良善也。』因解衣于地，忽然不見。明告亭長，遂服其事（服，認罪），亭遂清安。」4宿：同夙，往日的意思；部伍：即麾下部隊。5逆：抵擋、迎擊。6高要峽口：今肇慶市東北鼎湖區的羚羊峽，為肇慶三峽之一，羚羊山與爛柯山雄踞西江兩岸而成，山高坡陡，河道窄、河床深，峽谷連綿七點五公里，最窄處只有兩百公尺，形勢險要。

譯文

鬱水又經過高要縣。《晉書．地理志》說：「高要縣的東面距離郡治五百里，州刺史每年夏季避開炎熱的毒氣，遷移到水上辦公。」縣中有座鵠奔亭，廣信人蘇施的妻子名始珠，在交州刺史何敞的官署與鬼魂爭訟，事件與櫱亭女鬼的故事相同。王氏《交廣春秋》說：「步騭殺掉吳巨、區景，下令舟船戒備，聚集二萬士兵，攻取下游的南海郡。蒼梧人衡毅、錢博，是吳巨的舊部屬，起兵在蒼梧郡高要縣的峽口抵擋步騭，在這裏兩軍相遇，戰爭展開，衡毅戰敗，他和部眾投水而死的有一千多人。」

賞析與點評

嶺南的奇聞異事很多，中原人士從這些傳聞中，對嶺南有神祕的想象。

番禺、南海郡

經 其一，又東過縣東，南入于海。

注 泿水東別[1]逕番禺，《山海經》謂之賁禺[2]者也。交州治中合浦姚文式[3]問云：「何以名為番禺？」答曰：「南海郡昔治在今州城中，與番禺縣連接，今入城東南偏，有水坑陵[4]，城倚[5]其上，聞此縣人名之為番山[6]，縣名番禺，儻[7]謂番山之禺[8]也。」《漢書》所謂：「浮牂柯，下離津[9]，同會番禺。」蓋乘斯水而入越也。

秦并天下，略定揚越[10]，置東南一尉，西北一候[11]，開南海以謫徙民[12]。至二世時，南海尉任囂[13]召龍川令趙佗[14]曰：「聞陳勝作亂，豪桀叛秦，吾欲起兵，阻絕新道，番禺負險，可以為國。會病綿篤，無人與言，故召公來，告以大謀。」囂卒，佗行南海尉事，則拒關門設守，以法誅秦所置吏，以其黨為守，自立為王。

注釋

1 別：此處指別水，分支。2 番禺（粵：潘餘；普：pān yú）、賁禺（粵：奔餘；普：bēn yú）：古代番禺，指今廣州市區，是廣東省境內最早見於古史的地名。3 治中：漢朝州刺史屬下官職；合浦：後漢建安八年（二〇三）下轄五縣，即徐聞（今廣東海康縣）、高涼（今廣東茂名、電白一帶）、合浦（今廣西北海市、欽州市、防城港市、玉林市一帶）、臨允（今廣東新興縣）、朱盧（今海南瓊山縣境）。4 水坑陵：水坑旁邊的山丘。5 城倚：城牆緊靠山丘。6 番山：今廣州市區北京路、中山四路附近，曾有一座小山丘，當地人認為是古代史籍所記的番山，山丘東側為文溪所流經。番山西面有另一小山丘名為禺山，兩山之間的缺口曾是唐朝廣州城的南門，唐末開拓城區，把番山鑿平。宋朝以後的廣州府學宮，建在番山遺址之上，今為孫中山文獻館所在地，文獻館旁的山坡上還有一個小亭子名「番山亭」，為後來所重建。7 儻（粵：倘；普：tǎng）：字義甚多，其中一義表示假設，相當於倘若、可能。8 禺：與隅同，即旁邊。9 離津：今名灕江，簡體字寫成漓江，流經桂林市，為著名風景區。10 揚越：越為古代中原以南部族的總稱，部落眾多，又稱百越，有東越、閩越、南越、駱越等支派，揚越為其中一支。揚越之名最早出現於戰國時期，最初分佈於北至淮河、東南至海的廣大區域，包括今江蘇、安徽南部、江西東部和浙江、福建及廣東等省，還包括今湖南、湖北部份地區。11 尉、候：戰國、秦漢武官稱為尉，尉的等級甚多，最高級為太尉，主管全國軍事；負責宮廷警衛的長官為衛尉；執掌刑法的長官為廷尉。郡有郡尉，縣有縣尉，則只負責地方軍隊。候的本義是守望、偵察。秦、漢時在邊郡設置候或斥候巡察警戒邊防。12 謫徙民：貶謫罪犯。13 任囂：人名，秦末為南海郡尉。南海為新闢邊郡，着重軍事，因此不設郡太守，以郡尉為長官。14 趙佗：秦末龍川縣令，真定人，即今河北省石家莊市附近。從趙佗的姓氏可知，他祖籍趙國，其人仕秦，可能與始皇母親趙太后有關。秦時龍川縣境，包括今廣東省河源、梅州、潮州、汕頭等市。

譯文

其中一條，又往東經過縣東部，往南注入大海。

浪水往東流的分支水道經過番禺縣，《山海經》稱之為「賁禺」。交州治中（官名）合浦人姚文式提問：「為甚麼名為番禺？」回答說：「南海郡從前的治所在現今的州城之中，與番禺縣連接。在今日城內的東南邊，有一處水坑陵，城牆緊靠陵上。據說當地人稱之為番山，番禺縣因此得名，或許是指番山之禺（隅）。」《漢書》所說的「船行牂柯水上，沿離水而下，會合於番禺」，就是指沿着這條水道進入越地。

秦朝統一天下，平定了揚越，在東南設置一個尉官，西北部設置一個候官，把罪犯遷徙到新開發的南海郡。到二世時，南海郡尉任囂召見龍川縣令趙佗，對他說：「聽聞陳勝造反，各地豪傑叛秦，我打算起兵響應，封閉新開闢的道路，番禺形勢險要，可以據守立國。但我卻患了重病，恐怕不能痊癒，沒有其他人可以付託，所以請你過來，把我的計劃告訴你。」任囂死後，趙佗代行南海郡尉職務，於是封閉關隘，駐兵防守，以違法罪名誅殺秦朝所任命的官吏，改派同黨為郡守，自立為王。

賞析與點評

《水經注》引述古文獻，論證「番禺」一名的來歷。又引述《史記．南越列傳》的說法，記述了秦末趙佗割據嶺南建國的情況。

【一】注 高帝定天下，使陸賈就立佗為南越王[1]，剖符通使。至武帝元鼎五年，遣伏波將軍路博德等攻南越王，五世九十二歲而亡。以其地為南海、蒼梧、鬱林[2]、合浦、交趾、九真、日南[3]也。建安中，吳遣步騭為交州[4]，騭到南海，見土地形勢，觀尉佗舊治處，負山帶海，博敞渺目，高則桑土，下則沃衍，林麓鳥獸，于何不有，海怪魚鱉[5]，黿鼉[6]鮮鱷，珍怪異物，千種萬類，不可勝記。佗因岡作臺，北面朝漢，圓基千步，直峭百丈，頂上三畝，複道迴環，逶迤曲折，朔望升拜，名曰朝臺[7]。前後刺史、郡守，遷除新至，未嘗不乘車升履，于焉逍遙。騭登高遠望，睹巨海之浩茫，觀原藪之殷阜，乃曰：「斯誠海島膏腴[8]之地，宜為都邑。」建安二十二年，遷州番禺[9]，築立城郭，綏和百越，遂用寧集。

注釋

1秦始皇三十三年（前二一四），任囂、趙佗等率軍南下，征服南方越人，設置南海、桂林、象郡，任囂出任南海郡尉，以番禺縣築城為郡治，因城內有番山和禺山，故名為「番禺城」，史稱「任囂城」，範圍在今廣州市倉邊路以西的兒童公園（曾是明、清廣東布政使司衙門所在地，後改為公園）、廣州市文化局、廣東省財政廳一帶。2鬱林：現簡體字寫成郁林郡，又取普通話同音，改為玉林。3日南：漢朝交趾、九真、日南三郡在今越南北部及中部。4交州：即交州刺史。5鱉（粵：別；普：biē）：軟殼水生龜的統稱，又名甲魚、水魚、山瑞、王八等。6鼉（粵：陀；普：tuó）：水陸兩棲短吻類動物，俗稱豬婆龍，又名揚子鱷，最大可達到長二公尺，為中國特產動物，分佈在長江下游、太湖流域一帶，皮可製鼓。《墨子・公輸》有「魚鱉黿鼉」的說法。7「佗因」至「朝臺」段：近年在廣州市兒童公園地下發現大規模南越國宮署及園林遺址，已改建為遺址公園。遺址之中有迂迴曲折的石砌水道，可證《水經注》記載正確。8膏腴：指富庶。9番禺：漢朝交州治所在交趾郡羸𨻻縣，今越南河內，步騭把治所遷至番禺。《三國志・吳書》記述，吳主孫權「黃武五年（二二六），分交州合浦以北，置為廣州」，就是此事。這是廣東成為正式行政區劃的開端。

譯文

漢高祖平定天下之後，派遣使者陸賈往當地，封趙佗為南越王，此後使者往來，互通符節。到了武帝元鼎五年（前一一二），派伏波將軍路博德等攻打南越王，南越經歷了五世，立國九十二年而滅亡。漢朝在南越國故地設立南海、蒼梧、鬱林、合浦、交趾、九真、日南等郡。建安年間（一九六至二二〇），吳國派步騭出任交州刺史，步騭到達南海，參詳土地形勢，觀察趙佗昔日的治所，得知這地方背靠山嶺，面向大海，曠野遼闊，一望無際，高地適宜種植桑樹，低地肥沃富饒，樹林和山麓中鳥獸繁多，應有盡有，海中各種聞所未聞的魚鱉、黿鼉、鮮鱷，珍貴的奇異物種，千種萬類，數之不盡。

趙佗在山岡之上建造樓臺，朝向北方表示向漢稱臣，圓形的基址環繞一周約一千步，垂直高聳一百丈，頂上面積三畝，周圍有夾道環繞，彎曲迂迴，每月的初一和十五日，登上臺祭祀，稱為朝臺。此後每一任刺史、郡守，每逢上任抵達，或者調職改任，總會乘車到來，踏着前人步履，在這裏領略神仙逍遙之樂。步騭登上高臺遠望，眼前是浩瀚無際的海洋，富饒的平原藪澤，他於是說：「這的確是海島膏腴之地，應該設置都邑。」建安二十二年（二一七），把州治遷到番禺，建築城牆，安撫百越，自此之後地方安寧，百姓歸附。

賞析與點評

趙佗在秦末趁中原羣雄逐鹿，割據嶺南建國稱王稱帝，即歷史上所稱的南越國。南越王趙佗非常長壽（在位約前二〇三至前一三七），經歷了漢高祖、惠帝、呂后、文帝時期，漢朝強盛時，自稱「外臣」，漢朝政局動盪時，則稱帝自娛。漢武帝元鼎六年（前一一一），第五代南越王趙建德排斥國內親漢勢力，與漢朝對抗，漢武帝出兵征伐，五路大軍於次年（前一一一）攻破番禺，南越國滅亡。南越，歷經五代君主，九十二年。

南越國的都城番禺，即今廣州市舊城的核心地帶，近年考古學家在中山四路附近，陸續發現南越國的宮殿和御花園遺址，可以與包括《水經注》在內的文獻資料互相參照。

【】注 交州治中姚文式《問答》云：「朝臺在州城東北三十里。」裴淵《廣州記》曰：「城北有尉佗墓，墓後有大岡，謂之馬鞍岡。秦時占氣者[1]言，南方有天子氣。始皇發民鑿破此岡，地中出血，今鑿處猶存。以狀取目[2]，故岡受厥稱焉。」王氏《交廣春秋》曰：「越王趙佗，生有奉制稱藩之節，死有秘奧神密之墓。」佗之葬也，因山為墳，其壠塋[3]可謂奢大，葬積珍玩。吳時，遣使發掘其墓，求索棺柩，鑿山破石，費日損力，卒無所獲。佗雖奢僭，慎終其身，乃今後人不知其處，有似松、喬僊[4]景，牧豎固無所殘矣。

注釋

1 占氣者：又稱望氣者，即今所謂風水先生。2 目：此處指名稱。3 壠：即堆土為丘；塋（粵：塋；普：yíng）：墳墓。4 松：指赤松子，也是廣州人和香港人熟悉的黃大仙；喬：即王子喬。二人是古代傳說中的仙人。僊：即仙字的另一寫法。

譯文

交州治中（官名）姚文式《問答》說：「朝臺在交州城的東北方三十里。」裴淵《廣州記》說：「城北有尉佗的陵墓，墓後面有大山岡，稱為馬鞍岡。秦朝時有看風水氣數的人說，南方有天子氣，始皇因此調動民伕把這座山岡掘破，地裏竟然流出血紅色的水。」時至今日掘破的地方仍在。以馬鞍的形狀取名，這山岡因此得名。王氏《交廣春秋》說：「越王趙佗生前向漢朝稱臣，恪守藩國的臣節，死後卻有修建得隱蔽祕密的墓穴，無人知曉。」趙佗的葬地，依山勢而為墳丘，他的墓地可說是宏大奢華，隨葬的珍寶器物堆積如山。吳國時，派遣使者發掘他的陵墓，尋覓棺柩，開山劈石，耗費了大量時間和人力，最後一無所獲。趙佗雖然奢侈僭越，但行事慎重，最後得善終，甚至後世人也不知道他所葬之處，有些像赤松子、王子喬登仙而去的景象，山岡上放牧小孩也無從破壞了。

賞析與點評

南越第二代君主文王趙眜的陵墓在一九八三年被發現。該墓位於廣州老城北面越秀山旁的小丘象崗之上。墓穴深埋山中人工開鑿的石室之中，出土隨葬品超過一千件，其中以絲縷玉衣、有「文帝行璽」字樣的金印、角形玉杯等最為珍貴。陵墓原址興建了前漢南越王博物館，一九九三年落成開放。至於南越開國君主武王趙佗的陵墓，仍在找尋之中。

泿水入海

【】**注** 鄧德明《南康記》曰：「昔有盧耽，仕州為治中，少棲仙術，善解雲飛[1]。每夕，輒凌虛歸家，曉則還州。嘗于元會[2]至朝，不及朝列，化為白鵠[3]，至闕前，迴翔欲下，威儀[4]以石擲之，得一隻履，耽驚還就列，內外左右，莫不駭異。時步騭為廣州，意甚惡之，便以狀列聞，遂至誅滅。」《廣州記》稱：「吳平，晉滕修為刺史，修鄉人語修，蝦鬚長一赤，修責以為虛。其人乃至東海，取蝦鬚，長四赤[5]，速送示修，修始服謝，厚為遺。」

其一水南入者，鬱川分派，逕四會[6]入海也。其一即川東別逕番禺城下，《漢書》所謂「浮牂柯、下離津，同會番禺」，蓋乘斯水而入于越也。

注釋

1雲飛：指駕雲飛翔。2元會：元旦日官員集會。3鵠（粵：菊；普：hú）：鳥名，俗稱天鵝。4威儀：維持秩序的士兵。5赤：即尺。6四會：秦南海郡所屬四縣之一，治所在今肇慶四會市中心。因當時嶺南眾水匯集在此地出海而得名。

譯文

鄧德明《南康記》說：「從前有個名叫盧耽的人，在廣州任職治中，年少時學過仙術，懂得騰雲駕霧。每到晚上，經常在空中飄浮返家，早上回到州署。有一次元旦日官府舉行朝會儀式，他來不及就位，化身為白鵠，飛至官署門前，當牠盤旋飛翔準備下降時，儀仗士兵用石頭擲向牠，結果掉下一隻鞋，盧耽驚惶失措地來到位置，所有在場的人，沒有不為之詫異。當時步騭擔任廣州刺史，心裏對盧耽十分厭惡，把他的所作所為上報朝廷，判處他死罪。」《廣州記》說：「吳國平定之後，晉朝任命滕修為刺史，滕修同鄉的人對他說，有些蝦鬚長達一尺，滕修批評他胡說八道。這個人去至東海，取回鬚長四尺的大蝦，趕緊送給滕修看，滕修這才相信，向他道歉，並且送厚禮給他回去。」

有一條向南流的水道，是鬱水的分支，經過四會縣入海。另一條會合鬱水，向東分流，經過番禺城下，《漢書》所謂「船行牂柯水上，沿離水而下，會合於番禺」，就是指沿着這條水道進入越地。

賞析與點評

《水經注》所記述的溳水入海部份，並不正確，而且也不夠詳細，但對於南方的「異物」，卻特別留意。

《水經注》總目

（據北京中華書局陳橋驛二〇〇七年版《水經注校證》）

卷十一 易水、滱水
卷十二 聖水、巨馬水
卷十三 㶟水
卷十四 濕餘水、沽河、鮑丘水、濡水、大遼水、小遼水、浿水
卷十五 洛水、伊水、瀍水、澗水
卷十六 穀水、甘水、漆水、滻水、沮水
卷十七 渭水
卷十八 渭水
卷十九 渭水
卷二十 漾水、丹水
卷二十一 汝水
卷二十二 潁水、洧水、潩水、潧水、渠沙水
卷二十三 陰溝水、汳水、獲水
卷二十四 睢水、瓠子河、汶水
卷二十五 泗水、沂水、洙水
卷二十六 沭水、巨洋水、淄水、汶水、濰水、膠水
卷二十七 沔水

卷二十八　沔水
卷二十九　沔水、潛水、湍水、均水、粉水、白水、比水
卷三十　淮水
卷三十一　滍水、淯水、㶏水、瀙水、潕水、溳水
卷三十二　漻水、蘄水、決水、沘水、泄水、肥水、施水、沮水、漳水、夏水、羌水、涪水、梓潼水、涔水
卷三十三　江水
卷三十四　江水
卷三十五　江水
卷三十六　青衣水、桓水、若水、沫水、延江水、存水、溫水
卷三十七　淹水、葉榆河、夷水、油水、澧水、沅水、浪水
卷三十八　資水、漣水、湘水、灕水、溱水
卷三十九　洭水、深水、鍾水、耒水、洣水、漉水、瀏水、潤水、贛水、廬江水
卷四十　漸江水、斤江水、江以南至日南郡二十水、禹貢山水澤地所在

名句索引

二至五畫

今灘上有石，或圓如簞，或方似屋，若此者甚眾，皆崩崖所隕，致怒湍流，故謂之新崩灘。其頹岩所餘，比之諸嶺，尚為竦桀。 三一八

民有姓劉名墮者，宿擅千釀，採挹河流，醞成芳酎，懸食同枯枝之年，排于桑落之辰，故酒得其名矣。 〇四九

六畫

西四十里有風山，上有穴如輪，風氣蕭瑟，習常不止，當其衝飄也，略無生草，蓋常不定，眾風之門故也。 〇四二

至天井，井裁容人，穴空，迂迴頓曲而上，可高六丈餘。山上又有微涓細水，流入井中，亦不甚霑人。上者皆所由陟，更無別路，欲出井望空，視明如在室窺窗也。 〇五七

池上有客亭，左右楸桐，負日俯仰，目對魚鳥，水木明瑟，可謂濠梁之性，物我無違矣。 一三九

有石闕，祠堂石室三間，椽架高丈餘，鏤石作椽瓦，屋施平天，造方井，側荷梁柱，四壁隱起，雕刻為君臣、官屬，龜龍、鱗鳳之文，飛禽、走獸之像，作制工麗，不甚傷毀。 一四四

地勢側險，皆重屋累居，數有火害，又不相容。結舫水居者五百餘家，承二江之會，夏水增盛，壞散顛沒，死者無數。 二九九

江之左岸有巴鄉村，村人善釀，故俗稱巴鄉清，郡出名酒。村側有溪，溪中多靈壽木，中有魚，其頭似羊，豐肉少骨，美於餘魚。 三〇六

自三峽七百里中，兩岸連山，略無闕處，重岩疊嶂，隱天蔽日，自非停午夜分，不見曦月。 三二〇

江之左岸，絕岸壁立數百丈，飛鳥所不能棲。 三二五

七畫

余之壽春，路值兹邑，升眺清遠，勢盡川陸，羈途遊至，有傷深情。 〇八三

宋元嘉中，右將軍到彥之留建成將軍朱修之守此城，魏軍南伐，修之執節不下。其母悲憂，一旦乳汁驚出，母乃號踴，告家人曰：「我年老，非有乳時，今忽如此，吾兒必沒矣！」修之絕援，果以其日陷沒。 〇八八

沛公起兵，野戰，喪皇妣于黃鄉，天下平定，乃使使者以梓宮招魂幽野于是。丹蛇自水濯洗，入于梓宮，其浴處有遺髮焉。故謚曰昭靈夫人，因作寢以寧神也。 一二七

每至晴初霜旦，林寒澗肅，常有高猿長嘯，屬引淒異，空谷傳響，哀轉久絕。故漁者歌曰：「巴東三峽巫峽長，猿鳴三聲淚沾裳。」 三二〇

八畫

事有似而非，非而似，千載眇邈，非所詳耳。 〇五四

昔禹治洪水，山陵當水者鑿之，故破山以通河。河水分流，包山而過，山見水中若柱然，故曰砥柱也。 〇七五

其山雖闢，尚梗湍流，激石雲洄，澴波怒溢，合有十九灘，水流迅急，勢同三峽，破害舟船，
自古所患。 ○七九

其中引水飛皋，傾瀾瀑布，或枉渚聲溜，潺潺不斷，竹柏蔭于層石，綉薄叢于泉側，微飆暫
拂，則芳溢于六空，實為神居矣。 一八○

其國多池沼，時池中出神劍，到今其民像而作之，號大梁氏之劍也。 二三三

東遷永安宮南，劉備終於此，諸葛亮受遺處也。其間平地可二十許里，江山迴闊，入峽所無。
城周十餘里，背山面江，頹墉四毀，荊棘成林，左右民居，多墾其中。 三○八

或王命急宣，有時朝發白帝，暮到江陵，其間千二百里，雖乘奔御風，不以疾也。 三二○

依山傍江，開勢明遠，憑墉藉阻，高觀枕流，上則遊目流川，下則激浪崎嶇，實舟人之所艱也。 三四八

九至十三畫

津之東南有白馬城，衛文公東徙，渡河都之，故濟取名焉。袁紹遣顏良攻東郡太守劉延于白
馬，關羽為曹公斬良以報效，即此處也。 ○九二

南流歷縣，翼帶鹽井一百所，巴川資以自給。粒大者，方寸，中央隆起，形如張傘，故因名之
曰傘子鹽。有不成者，形亦必方，異於常鹽矣。 三○四

晉世喪亂，乞活憑居，削墮故基，遂成二層，上基猶方四五十步，高一丈餘，世謂之乞活臺，又謂之繁臺城。 二三五

俯臨大江，如縈帶焉，視舟如鳧雁矣。 三三二

登高遠望，睹巨海之浩茫，觀原藪之殷阜。 三六四

溪水東南流入河。昔魏文侯與吳起浮河而下，美河山之固，即于此也。 ○四七

道西城，故錦官也。言錦工織錦，則濯之江流，而錦至鮮明，濯以他江，則錦色弱矣，遂命之為錦里也。蜀有回復水，江神嘗溺殺人，文翁為守，祠之，勸酒不盡，拔劍擊之，遂不為害。 二九○

十四畫以上

綿古茫昧，華戎代襲，郭邑空傾，川流戕改，殊名異目，世乃不同。 ○一四

漢元延中，岷山崩，壅江水，三日不流。 二八○

歷北出東崤，通謂之函谷關也。邃岸天高，空谷幽深，澗道之峽，車不方軌，號曰天險。 ○六一

過水四周城側，城南有曹嵩冢，冢北有碑，碑北有廟堂，餘基尚存，柱礎仍在。廟北有二石闕雙峙，高一丈六尺，榱櫨及柱，皆雕鏤雲矩，上罦罳已碎。 二六○

濟水又東北，華不注山單椒秀澤，不連丘陵以自高；虎牙桀立，孤峰特拔以刺天。青崖翠發，望同點黛。 一四二

瞿塘灘上有神廟，尤至靈驗。刺史二千石逕過，皆不得鳴角伐鼓。商旅上下，恐觸石有聲，乃以布裹篙足。 三一五

疊崿秀峰，奇構異形，固難以辭敘。林木蕭森，離離蔚蔚，乃在霞氣之表。仰矚俯映，彌習彌佳。流連信宿，不覺忘返。 三三〇

新 視 野
中華經典文庫

新 視 野
中華經典文庫